美学概论（第二版）

MEIXUE GAILUN

董学文　主编

北京大学出版社
PEKING UNIVERSITY PRESS

图书在版编目(CIP)数据

美学概论/董学文主编. —2 版. —北京:北京大学出版社,2013.7
(博雅大学堂·文学)
ISBN 978-7-301-22749-7

Ⅰ.①美… Ⅱ.①董… Ⅲ.①美学-高等学校-教材 Ⅳ.①B83

中国版本图书馆 CIP 数据核字(2013)第 143146 号

书　　名	美学概论（第二版） MEIXUE GAILUN
著作责任者	董学文　主编
责任编辑	张雅秋
标准书号	ISBN 978-7-301-22749-7
出版发行	北京大学出版社
地　　址	北京市海淀区成府路 205 号　100871
网　　址	http://www.pup.cn　新浪微博:@北京大学出版社
电子邮箱	编辑部 wsz@pup.cn　总编室 zpup@pup.cn
电　　话	邮购部 010-62752015　发行部 010-62750672 编辑部 010-62757065
印　刷　者	三河市博文印刷有限公司
经　销　者	新华书店
	650mm×980mm　16 开本　17.75 印张　290 千字 2003 年 2 月第 1 版 2013 年 7 月第 2 版　2024 年 1 月第 10 次印刷
定　　价	65.00 元

未经许可,不得以任何方式复制或抄袭本书之部分或全部内容。
版权所有,侵权必究
举报电话 010-62752024;电子邮箱:fd@pup.cn
图书如有印装质量问题,请与出版部联系,电话:010-62756370

编写者（以姓氏笔画为序）：

马建辉　　王彦霞
李心峰　　金永兵
赵　文　　饶先来
徐　贞　　董学文

目录

导　论/1

第一章　美论/13
一、美的探索/14
二、美的事物的本质/28
三、审美关系/42

第二章　美感论/53
一、美感的社会历史生成/54
二、美感的心理结构/62
三、美感的特征/68
四、美感的生理和心理要素/76

第三章　美的形态论/90
一、美的事物的存在形态/90
二、美的表现形态（上）/113
三、美的表现形态（下）/123

第四章　艺术美论/140
一、何谓艺术/141
二、艺术类型划分/158
三、艺术的基本种类/171

第五章　审美论/184
一、作为接受活动的审美/184
二、审美过程和特征/195
三、审美批评/204

目录

第六章 美育论/215
一、何谓美育/215
二、美育的任务和功能/224
三、美育的实施/242

余论：美学的未来/249

修订后记/280

导 论

我们生活在一个充满美的世界。

观自然风物,山川之壮丽,花草之秀美,令人心旷神怡。赏艺术天地,《二泉映月》之凄婉、《蒙娜丽莎》之恬美,令人沉醉流连。看社会万象,崇高人格之美、丰沛心灵之美,令人油然起敬。览科技领域,技术工艺之巧、理性精神之美,令人赞叹不已。美是任何人都能充分体验、尽情享受的,它使我们欢欣鼓舞,使生活富有意义。因此,著名美学家车尔尼雪夫斯基这样说道:"美的事物在人心中所唤起的感觉,是类似我们当着亲爱的人面前时洋溢于我们心中的那种愉悦。我无私地爱着美,我们喜欢它,如同喜欢亲爱的人一样。"①

正是因为美对于人类如此重要,我们不仅感受美、追求美,而且创造美、思索美。美学——简单说来,就是人类思索美的理论体系。尽管它不像美的享受那般亲切诱人,但是通过领悟历代哲人、美学家的智慧之思,通过考察美的来源、性质和形态等问题,我们可以在理性层面认识美,提高美的鉴赏力,从而以更加理智和虔诚的心,去创造美的生活和美的世界。

那么,什么是美学呢?让我们从对美学史的回顾和对其学科对象及研究方法的考察中寻找答案。

---

① 〔俄〕车尔尼雪夫斯基:《当代美学概念批判》,载《美学论文选》,北京:人民文学出版社1957年版,第54页。

一、美学的产生和发展

人类对美的探讨源远流长。自从人类通过劳动摆脱了动物的状态，开始有意识地进行原始审美活动的时候起，人类的审美观念和最初的美学思想就已经产生了。因此，它几乎与人类的起源一样古老。至于美学这门学科的渊源，至少也可以追溯到两千多年以前的奴隶制社会。在我国先秦时期，诸子百家及史书中就已经出现了对美的谈论。一般认为，《国语》中楚国臣子伍举论美，是我国历史上关于美的最早论述。伍举说："夫美也者，上下、内外、大小、远近皆无害焉，故曰美。"他强调了美和善的关系。孔子"尽善尽美"的审美标准、孟子"充实之谓美"的论断以及老庄对美丑辩证关系和审美态度的表述，都对我国历代的美学思想有着深刻的启示。《乐论》则更可以称得上是美学的专门著作，其中关于人类审美心理活动和客观事物的审美特性的论述，极为精辟。此后，尤其是魏晋南北朝以后，出现了大批的诗论、画论和书论等著作，无不蕴藏着丰富的美学思想。不过，在讲求整合会通的中国古代文化传统中，美学并没有建立起独立规范的学科。如何发掘和整理古代美学思想，一直是当代美学界共同为之努力的理论课题。

在西方，公元前6世纪的古希腊时期，毕达哥拉斯(Pythagoras)学派在探求宇宙本原时最早谈到美的问题，提出了"美是和谐与比例"。苏格拉底(Socrates)论述美和善的关系，为了解美的事物的本质提供了许多有益的启示。其后的柏拉图(Plato)和亚里士多德(Aristotle)是西方美学思想的奠基人。柏拉图明确区分"美的事物"和"美本体"，开创了西方对美和艺术进行哲学思辨的传统。其弟子亚里士多德的《诗学》，则首先从文艺实践的角度提出了一整套的美学理论。他们提出了以后美学思想中的一些基本问题，如美的本质、艺术的本质和审美教育等。可以说，柏拉图的"美的理念"和亚里士多德以"艺术摹仿说"为核心的美学思想，影响了整个西方美学的发展进程。

但是，在科学没有充分发展和严格分科的情况下，许多对于美的真知灼见往往同哲学、宗教、政治、伦理和文艺观点混杂在一起，在相当一段时间里没有严格意义上的美学专著，也没有明确划分美学研究的特殊对象。古罗马的美学思想是对古希腊美学思想的延续。在漫长的中世纪,美学思想沦为宗教神学的附庸,即使在文艺复兴时期高扬人文主义为美学思想的发展带来了巨大的生机和活力,但系统的美学理论依然没有出现。

直到18世纪以后,近代欧洲科学的各个学科才逐步形成,并全面发展起来。在哲学领域,大陆理性主义哲学和英国经验哲学,对美学的许多问题进行了深入讨论,为美学思想的发展提供了新的动力。尤其是,维柯(G. Vico)的《新科学》探讨了人类文化和思维发展的历史,莱布尼茨(G. W. Leibnitz)和沃尔夫(F. A. Wolff)对理性的研究,博克(P. Burke)和休谟(Hume)对情感、感觉、观念的研究,都直接为美学学科的产生创造了条件。1750年,德国哲学家鲍姆嘉通(Baumgarten)的《美学》正式出版,在美学史上具有划时代的意义。鲍姆嘉通认为,人类心理活动有知、情、意三个部分,"知"和"意"分别由逻辑学和伦理学在研究,而惟独"情"的部分即感性认识没有相应的学科,因此主张应该建立新的学科来填补这个空缺。他首次用"伊斯特惕克"(Äesthetica)来为这门学科命名。Äesthetica源于希腊文,是感性、感知的意思,这也是鲍姆嘉通对"美学"的界定,即研究感性认识的学科。[①] 这一初步界定,标志着美学作为一门独立的学科从此确立。

此后,德国古典美学,特别是康德(Kant)和黑格尔(Hegel)的理论,使这门学科获得了长足的进步,形成了美学史上的第一座高峰。康德用系统的哲学观点,严格按照知、情、意的三分法,把美学对应于人的审美判断力,将它视为沟通知性与理性、现象与本体(物自体)的桥梁,并深入研究了审美活动中个体心理的"心意能力",这对近现代欧洲的文艺思潮产生了巨大的影响。黑格尔则是德国古典美学的集大成者,他的三卷本的《美学》巨著,建立了一个相当完整的美学体系,并且把历史的方法和逻辑的方法第一次运用到美学研究中,这是对美学的重大贡献。不过,康德、席勒(Schiller)、谢林(Schelling)和黑格尔等这一传统下的美学,强调个体、感性和心灵理念,忽略了现实世界与人类的实践。即使是黑格尔的"历史"也是"绝对精神"运动的历史。这一缺陷受到了俄国革命民主主义美学的批判。以别林斯基(Белинский)、车尔尼雪夫斯基和赫尔岑(Герцен)等为代表的俄国革命民主主义美

---

① 参见鲍姆嘉通:《美学》,北京:文化艺术出版社1987年版。

学理论,坚持文艺的现实主义立场,结合社会生活和文艺实践来阐述美学问题,使美学研究更加开阔,从而使美学向科学迈进了坚实的一步。

美学成为一门真正的科学,是在马克思主义哲学诞生以后。马克思和恩格斯虽然没有专门的美学著作,但是在以《1844年经济学哲学手稿》《神圣家族》和《德意志意识形态》等为代表的许多哲学思想中,涵盖了大量美学观点和对审美现象的分析,使美学研究领域发生了重大变革。它的革命性意义在于:第一,马克思提出了"劳动生产了美"①和"人也按照美的规律来构造"②的伟大命题,并指出"五官感觉的形成是迄今为止全部世界史的产物"③,后来还讲过人类的生产有三种即物质生产、精神生产和人对人自身的生产;人类掌握世界的方式有四种,分别是理论的方式、宗教的方式、艺术的方式和实践—精神的方式;艺术对象创造出懂得艺术和能够欣赏艺术美的大众,等等。这样,就把美学问题和人类社会实践联系了起来,为探讨美的事物的本质和审美创造的规律,提供了历史唯物主义的宏观视野,奠定了美学研究的科学理论基础。第二,继承了康德—席勒—黑格尔对审美主体的高扬,康德"自然向人生成"的命题和黑格尔"本质力量对象化"的命题,被马克思用"劳动实践"带入了广阔的社会历史。西方审美认识论的传统向审美本质论的转向,以康德"美是崇高的象征"为征兆,途经席勒"美是自由的象征",到马克思《手稿》中所说的扬弃"异化"、复归于"感性的人",才真正打通了血脉。第三,以辩证唯物主义的世界观和方法论为指导,在探讨具体审美对象和文艺作品时,提出了美学研究的方法论原则,即逻辑与历史相统一、理论与实践相统一。这为引导对审美现象的具体研究面向社会实践、面向人与客体之间的关系,提供了科学范例。

马克思主义美学思想的诞生,是人类美学思想一次伟大的变革,一次壮丽的日出。马克思主义美学之后,随着人类审美实践的扩展和审美经验的丰富,以及各门社会科学和自然科学蓬勃发展并渗透到美学领域,美学研究越来越细致、专门化,如实验美学、审美心理学、精神分析美学、艺术社会学等等。美学流派也不断出现,如移情派美学、符号

---

① 《马克思恩格斯文集》第1卷,北京:人民出版社2009年版,第158—159页。
② 同上书,第163页。
③ 同上书,第191页。

美学、阐释学美学、现象学美学、实用主义美学和接受美学等等。到了20世纪下半叶，人类的生活更加丰富，科学技术日新月异，部门美学得到了空前发展，诸如技术美学、生态美学、旅游美学、各种艺术美学等纷纷出现。这些研究顺应了人类审美要求的需要，拓宽了美学的研究领域，为美学注入了新的活力。

值得注意的是，自美学学科诞生至今，只有二百多年的历史，可以说它依然很年轻。许多美学的基本问题如美的根源、美的事物的本质和美感等问题，在各家各派中莫衷一是，并没有完全得到解决。马克思主义美学固然在宏观上为我们提供了世界观和方法论的指导，但是，如何将其贯彻到具体微观的审美过程，如何面对层出不穷、五花八门的审美现象，仍是美学面临的重要课题。更何况在中国，学科意义上的美学研究，以王国维引进西方美学为开端，经过几代学人的努力，虽然扎下根来，但是，如何彻底地改变中国美学是"西方美学在中国"的理论状态，如何综合各美学学派的研究成果和中国古代丰富的美学思想，从而建立起具有中国特色的、完整的美学体系，仍是我们今天美学研究的艰巨任务。这就需要我们不能仅仅停留在对部门美学的逐"新"追"潮"，或对西方美学流派"言听计从"的层面，而要坚定地用马克思主义的科学方法扎根基础理论研究，并紧密结合现实审美实践的发展，把中国当代的美学建设推向一个更高的层次。

以上我们简单勾勒了美学学科产生和发展的历史。对于在美学史上举足轻重的理论家及其美学思想，在后面的论述中我们还会详细介绍。美学就是在这些宝贵的思想积累中成长起来的，它将继续朝着科学化、体系化的道路前进。

二、美学的研究对象和研究方法

美学作为一门学科，必然有它独特的研究对象和与之相应的研究方法。明确这一点，有助于我们了解美学的学科性质，从而进一步认识什么是美学。

1. 美学的研究对象

能否有明确的研究对象，是美学作为一门学科能否成立的重要前提和标志。然而，这一问题在中外美学史上历来有着不同的看法。有人感慨道:"在我所熟悉的任何学科中,还没有一门学科的论述像美学这样,如此难于被阐述得恰如其分。"①更有一些学者因此质疑甚至否定美学作为一门学科存在的合理性。比如,英国分析哲学家艾耶尔(A. J. Ayer)就认为,所谓伦理学、美学等价值判断,实际上只是一种情感的表现,没有科学上的真理性或客观的有效性。因此,"与伦理学一样,不能证实美学是现实知识的一种形式"②。而维特根斯坦则声称,根本就没有什么美学,而只有文学批评、音乐批评的原则。

的确,审美现象无处不在,审美判断因人而异,这些都为美学对象的确定带来了困难。各派美学往往根据自己研究的重点,对美学的对象有着不同的界定。鲍姆嘉通的《美学》规定:"美学的目的是感性认识本身的完善。这种完善就是美。"③这其实是把情感和感性认识当作美学的对象。康德继承并深化了这一思路,他在《判断力批判》中对美和崇高的分析,研究的依然是美感。最先提出反对观点的是黑格尔,他的《美学》开篇指出:"美学的对象是广大的美的领域,说得更精确一点,它的范围就是艺术,或者毋宁说,就是美的艺术。"因此,"'伊斯特惕克'(Äesthetica)这个名称实在是不完全恰当的,……我们的这门科学的正当名称却是'艺术哲学',或者更确切一点,'美的艺术的哲学'。"④应该说,西方美学由"感性认识的科学"到"艺术哲学"是一大飞跃。这首先在方法论上就发生了一场革命,正如马克思所说的"人体解剖对猴体解剖是一把钥匙"一样,发展尚处于低级阶段的事物,只有在更高更成熟的事物形态中才能看得清楚。艺术美是美的集中表现和高级形态,对它的研究,有助于我们更好地理解现实中的美的事物。

以美(美感)或艺术为美学的研究对象,是西方传统美学的两大流向。也有不少学者致力于综合这两派的观点,主张全面研究美和艺术。西方现代美学兴起以后,主要是20世纪以来,"美学研究的对象从以美的本质为重心,转变到以审美经验的探讨为重心……从罗列和寻找一

---

① 〔英〕克莱夫·贝尔(Bell, Clive):《艺术》,周金怀、马钟元译,北京:中国文联出版公司1984年版,第1页。
② 〔英〕艾耶尔:《语言、真理与逻辑》,尹大贻译,上海译文出版社1981年版,第110—111页。
③ 马奇主编:《西方美学史资料选编》上卷,上海人民出版社1987年版,第693页。
④ 〔德〕黑格尔:《美学》第一卷,朱光潜译,北京:商务印书馆1997年版,第1—2页。

系列美的特质转变到对审美主体的审美经验进行描述"①。在关注艺术美的同时,强调审美经验和审美心理"本身的意义",成为了现当代西方美学的主要特色。加上各种部门美学的兴起,美学的对象更加具体化、多样化,也更加难以确定。

我国美学界对这一问题的探讨,除了以上看法以外,以人对现实的审美关系为美学的研究对象,则更有代表性。这种观点,最早是苏联学者从19世纪美学家车尔尼雪夫斯基《艺术对现实的审美关系》(曾翻译为《生活与美学》)中受到启发,结合马克思主义人与现实关系的丰富性而提出来的。这种看法的最大优点是,抓住了人类的审美实践。众所周知,由于客观世界的复杂性和人类主观需要的多样性,人在长期的社会实践中,同客观现实形成了多种关系。这些关系可以归纳为物质关系和精神关系,而精神关系则包括伦理关系、认识关系和审美关系等。马克思同样是肯定人对现实的审美关系的。既然如此,美学以审美关系为研究对象,则既可以包括审美客体即美的现象,又可以包括审美主体即主观的美感,还可以研究审美主体与审美客体之间的关系。此外,还包括审美关系的物化形态——各种艺术。这样,就比较全面地概括了美学的研究对象。

这种观点的确存在着较多的合理性,因为它避免了以美或艺术为研究对象这两种要么过分宽泛、要么过分狭窄的界定,并且以人类实践作为其科学性的保证。不过,"审美关系"毕竟是个较为含混的概念。如果说一门学科研究的是"关系",总还是让人有些不好把握,摸不着头脑。况且,正如我国美学前辈蒋孔阳所说:"这一派容易把哲学和美学等同起来……大谈人对现实的关系,大谈人的本质……容易忽视了美学研究对象的特殊性。"②

我们倾向于以兼容、开放的态度综合以上观点,尤其是"人与现实的审美关系"这一观点,全面研究美的事物的本质、美感、美的形态、审美经验、艺术美和审美教育等。并且,突出美学研究的特殊性,加强对审美经验和艺术美的研究,通过艺术来研究人对现实的审美关系。这样做的好处是:"由于谁也不怀疑艺术作品的存在和完美作品的真实

---

① 朱狄:《当代西方美学》,北京:人民出版社1984年版,第235页。
② 蒋孔阳:《美学新论》,北京:人民文学出版社1993年版,第37页。

无伪,因之如果根据作品来给审美对象下定义,审美对象就容易确定了。"①而审美教育则是美学研究的必然归宿,越来越受到学界的重视,因为美学为的就是"人的全面发展"。近年来,在美的研究对象的问题上,还有一些新的见解值得采纳。比如,有人把美学的对象界定为人类的审美活动,尤其是艺术活动。这就比"审美关系"更加具体明确;还有人把美学的对象分成不同的层次,其中基础理论部分面向美、美感和美的形态等,重在哲学探讨;具体理论部分面向艺术美、审美接受和审美教育,以此充实、印证和完善基础理论的研究;延伸部分则面向纷繁的审美现象,这是部门美学的广阔天地,它随着人类审美实践的拓展而日益得到丰富。

2. 美学的研究方法

方法是科学研究的工具或途径。方法上的突破与创新,往往会带来整个科学研究的革命。在美学研究中采取科学的、适宜的方法,是我们从事美学研究的保障。

我们认为,美学的研究方法可以分为以下两个层次:

首先,是方法论原则。美学的核心内容,是对美和审美的一般规律和本质特征的探讨,这就要求我们在哲学的高度上思考美和艺术,思考人类的审美活动和审美经验。在这一点上,具有严密科学性的辩证唯物主义和历史唯物主义的世界观和方法论,依然是我们从事美学研究的根本方法。作为美学研究的方法论,它以实践的、历史的观点看待审美现象,把认识置于实践的基础之上,把逻辑思考置于历史发展的根基之上,如此找到了美的存在的深刻社会历史根源,并且以科学的逻辑体系再现出审美现象的历史过程。同时,辩证的眼光指导我们在研究过程中,始终对审美现象的复杂性、多样性保持清醒的意识,从而全面把握审美活动中主体与客体、个体与社会、历时与共时、一般与特殊之间的关系。方法论原则从总体上指导着美学研究的全局,贯穿于美学研究的各个部分。只有坚持哲学高度上的方法论原则,才能使美学成为一个科学的、统一的体系。

其次,是具体方法。美学的研究对象是非常复杂、广阔的,它和许

---

① 〔法〕杜夫海纳(Dufrenne):《审美经验现象学》(上),韩树站译,北京:文化艺术出版社1996年版,第7页。

多学科诸如哲学、艺术学、心理学、社会学、伦理学等都有联系。因此，它需要通过不同的途径、借鉴其他学科的方法。并且，现代美学研究的日趋多元和多样，必然要求方法的多元和多样。美学曾是哲学的一个分支，哲学思辨的方法不言自明。传统美学多是在形而上的层面思考美学问题，对美学的基本问题和基础理论做出了很大贡献。除此以外，我们还可以列出一些主要的研究方法：

艺术学的方法。美学与艺术密切相关，艺术本身就是美学研究的一个主要对象。通过艺术的途径来研究美学，由来已久。不论中国还是西方，大量的美学思想都体现在诗论、画论、书论和乐论之中。艺术的具体特点和特殊规律，可以使我们更深入地理解美学问题。

心理学的方法。这是最早为美学提供科学依据的方法之一。它把心理实验和精神分析的方法用来论述和阐释审美心理现象，说明美感产生的心理机制和艺术活动的驱动力，甚至可以用人工控制的方法对审美经验给以定量分析，从而归纳出一些活动法则。由此也出现了一些心理学的美学学派和学说，如费希纳(G. T. Fechner)的实验美学、布洛(Bullogh)的"心理距离说"、弗洛伊德(S. Freud)的精神分析美学，等等。

社会学的方法。这种方法的特点是把美的事物和审美现象同人类生活联系起来，考察两者相互作用的历史事实和本质规律。法国理论家丹纳(H. Taine)的《艺术哲学》和车尔尼雪夫斯基的《生活与美学》，就集中体现了这种方法在美学中的运用。它力图为审美现象找到坚实的社会基础，对于美学研究有着重大的意义。

发生学的方法。这种方法依据考古学、文化人类学、儿童心理学和民族学等的研究成果，解释美的事物、美感和艺术的生成起源，它推动了对美的本质问题的解决。

科学实证的方法。这是在科学和科学美学的基础上发展起来的研究方法。它强调在美学研究中运用现代科学手段，集中研究审美经验，这对于应对审美现象的丰富性起到了很大的作用。不过，也应该防止由此把美学变成实用性和技术性的学科。

当然，美学研究的方法远不止这些。随着科学、哲学的发展和时代的变革，还有很多行之有效的方法在美学领域得到了运用，比如语言学的方法、现象学的方法、解释学的方法，等等。此外，还有从自然科学中引进的系统论、信息论和控制论方法以及符号学、类型学、协同论等方法，这里就不一一介绍了。

应该认识到，方法的多元和多样不能淹没方法论原则的主导，也不能改变美学的学科性质。当代日本美学家竹内敏雄在考察了美学的种种方法后说："这些方法对于我们学说的各种核心问题只是一种辅助性的手段，而不具有超过这个界限的功能。……因此，我们想一方面基本上遵循上述各种主要方法，另一方面，以其他各种方法来补充它，以主导的观点统辖它们，同时也在适当的场合、适当的限度内利用它们。我想这就是适合于美学对象本身的认识道路。"①

三、本书理论思路的说明

通过上面的界说，我们已经对美学有了初步的了解。就美学的内容而言，基本上包括美学理论、美学史和门类美学三部分。美学史是美学思想理论发展的沿革和历程，是美学逐步发展、走向成熟的学科背景。门类美学，以前主要指对文学、戏剧、音乐、绘画、雕塑、建筑等各类艺术的美学特征的研究，现在则出现了很多新兴的研究门类，诸如影视美学、商品美学、环境美学、生态美学、科技美学、饮食美学等等，这些都显示了美学在人类文化生活中的拓展和大有作为。

现在我们编写的《美学概论》，则是美学的基本理论部分，也是这门学科的核心内容。

科学的理论应该是一个完整的理论系统。那么，美学理论的体系是怎样的呢？在前面论述美学的研究对象时，我们已经大体上有所概括，下面则对本书的安排作个简要的介绍：

首先，美论、美感论和美的形态论构成其理论的"骨干"。其中"美论"是基础，主要研究美的事物的本质、美的根源和美的基本特征。这是我们进入理论思维的第一道"关口"。当我们把日常生活中随处可见的"美"当作一个问题来思考时，才会发现竟有许多的奥妙蕴藏其中。"美感论"是关键，它探讨人类美感的历史形成，美感的生理基础和心理要素以及美感的内在结构。一个对象如果不经过主体美感结构

---

① 引自《美学文艺学方法论》(上)，北京：文化艺术出版社1985年版，第141页。

(审美意识)的照亮和发现,就不可能成为审美对象。因此,只有从宏观和微观两个层面把握人类的审美意识系统,才能真正了解美的真谛。"美的形态论"是美的载体。这里面又包括两个部分:其一是"美的事物的存在形态",一般被称为"美的形态",倾向于从审美客体存在领域的角度对之进行分类,主要有自然美、社会美、艺术美和技术美等。其二是"美的表现形态",一般称为"审美范畴",倾向于从审美主体情感运动方向的角度对美进行分类,主要有"优美和优美感""崇高和崇高感""滑稽和滑稽感"等。这里应该注意的是,"美的事物的存在形态"和"美的表现形态"虽然各有侧重,但是审美主体和审美客体从来是无法割裂的。

其次,艺术美论、审美论和美育论构成其理论的丰满"血肉"。其中"艺术美论"探讨艺术的审美本质和审美特征,以及各艺术门类的审美原则。艺术是美感集中表现的物化形态,从哲学的高度研究艺术美,是我们研究美学的最佳途径。"审美论"原本是较宽泛的概念,在这里我们主要是指向审美接受,论述审美创造和审美享受、审美批评的关系,审美享受的性质和特点,并以批判的眼光看待当代审美文化。"美育论"是美学的实践性要求,是它的必然归宿。我们将不局限于从教育、实施的角度谈论具体的技艺传授,而是主要从形而上学的层面,揭示人类的美感是人类改造自然并改造自身的伟大成果,它必须衔接在人类发展的链条上。因之,审美教育——教育富有美感的人——是人应有的存在方式,是人的"全面复归"的历史任务。

最后,"余论"部分,将回顾美学的学科历史,简要介绍中国古代的美学思想和中国现代美学的形成,并通过呈现美学研究中曾经和正在面临的难题,来展望美学发展的可能与未来。

美学研究的道路是曲折而繁难的,它需要解决的最大的矛盾之一就是,如何统一感性与理性、逻辑与心理,如何把审美活动——这一充分主观和个体化的过程,统辖在科学的范围之内。美学家康德是最早为这种统一做出巨大贡献的人,但是,他也不得不感慨:"在先验哲学的意图里,它(指审美判断力——引者注)必须准备受到极严格的检验。但是就在那里,由于自然界问题异常复杂,解决它时不可避免地将遇到一些暧昧之处。这种巨大的艰难可以使人原谅我仅仅正确地指出了原理,而未能明确地把它表述出来。"①我们应该怀着同样虔诚和实事求是的态度学习美学,开展研究。当然,难题是理论的生长点。美学研究从问题开始,走向更多更高的问题,这种不断的探索和觉醒,才能使美学不断有新的开拓和新的发展。

老一辈美学家朱光潜先生,对自己多年的美学研究有过这样的经验总结:"不通一艺莫谈艺,实践实感是真凭。坚持马列第一义,古今中外须贯通。勤钻资料忌空论,放眼世界需外文。博学终须能守约,先打游击后攻城。锲而不舍是诀窍,凡有志者事竟成。"这段诗句可以为我们如何学好美学指点迷津。这就是:积累丰富的审美经验;在科学的方法论和世界观的指导下,广泛涉猎和借鉴其他学科的方法和成果,认真钻研理论;培养自己理论思考的能力。在这个过程中,你会发现一个丰富的"美的宝藏"等待你去发掘。

让我们一起走上充满魅力和诱惑的美学之旅吧。

---

① 〔德〕康德:《判断力批判》(上),宗白华译,北京:商务印书馆1964年版,第6页。

第一章 美 论

美,是美学的根本范畴,也可以叫"元范畴"。它涵盖了自然、生活和艺术中的美、丑、崇高、戏剧性及其他审美特征的共同点。所以说,美是美的事物之所以美的根据,是美的事物和人与世界审美关系的本质规定性和一般原理。说到一般原理,那自然应该深入到现象背后去进行一番探究,而不是仅仅就个别的美的现象生发一些感想。现在,就让我们一起进入这条理论探索之途吧。

在美学思想史上,"美"的本质究竟是什么这个问题,经历了漫长的探索时期。从早期古希腊哲人对美的探问,到20世纪思想家对美的思索,乃至今天美学家们对美的研究,时间跨度这么长,但却没有一个最终的答案。柏拉图在《大希庇阿斯》篇结尾引了一句谚语说:"美是难的。"①而20世纪初,列夫·托尔斯泰也写道:"'美'这个词儿的意义在一百五十年间经过成千学者的讨论,竟仍然是一个谜。"②

美真的是难的吗?诚然,对美的事物的本质的发现,是一个历史的过程。在这个过程的每一阶段,人们对美的事物的本质都有独到的发现。就单个发现而言,可能它是无力真正解答这个难题的。但是,如果从宏阔的美学发展史的角度来综合性地观照这些发现的整体,我们就会对"美"这个美学元范畴的各个子范畴的关系和定位有所了解,并进而在唯物史观和辩证法的基础上,对这个难题的答案做出新的较为科学的解释。

---

① 〔古希腊〕柏拉图:《文艺对话集》,朱光潜译,北京:人民文学出版社1963年版,第210页。
② 〔俄〕托尔斯泰:《艺术论》,丰陈宝译,北京:人民文学出版社1958年版,第13页。这里说的"一百五十年间"是指鲍姆嘉通1750年出版《美学》以来。

一、美的探索

这里,我们只限于讨论西方美学史上的情况——这绝不是说中国美学不重要,恰恰相反,中国美学史对美的探讨很独特,是一本专著才能够胜任的。另外,正如"导言"所提到的,美学作为一门学科本身是西方人文社会科学发展的产物。出于这种历史原因,西方美学论述比较系统连贯,比较能够说明"美"的研究这个领域的内在问题及其历史发展状况。而中国美学虽然博大精深,但对初学者来说,把握其中问题的历史连贯性并非易事,所以我们把它放在全书的最后稍加论述。下面我们就对西方美学史上对美的本质的探索过程做一个简单的梳理。

1. 古希腊和罗马早期

史料中常提到毕达哥拉斯学派以及赫拉克利特(Heraclitus)、德谟克利特(Democritus)和苏格拉底等人,都提出过自己的美学思想,但资料残缺。赫拉克利特的《论自然》仅存残篇,德谟克利特的《节奏与和谐》《论音乐》《论诗的美》和《论绘画》则全部失传,难以系统介绍。① 我们见到的对于"美"有比较明确了解的,有毕达哥拉斯和苏格拉底。

毕达哥拉斯学派是公元前 6 世纪主要由数学家、天文学家和物理学家组成的哲学团体。同更早的米利都学派的哲学家一样②,他们力图在万物的现象中找到一个基本的元素或基质,认为抽象的"数"是统治着宇宙中一切现象的最后原则。在这个基础上,形成了毕达哥拉斯学派关于"美"的看法。他们从数学和声学的观点出发,研究音乐节奏的和谐,发现八度音与基本音之比为一比二,五度音与基本音之比为二比三,四度音与基本音之比为三比四等等。通过这种方式,乐音之美就被证明是音调间的辩证统一的和谐比例使然。他们又将音乐中和谐的道理推广到建筑、雕塑等其他艺术门类,探求一般的美的"数的原理"。

---

① 参见朱光潜《西方美学史》上卷,北京:人民文学出版社1980年版,第34—36页。
② 米利都,在今土耳其,是希腊人在伊奥尼亚的殖民地,也是希腊哲学的发源地。那里的泰勒斯、阿那克西曼德、阿那克西美尼被公认为最早的哲学家。

这些以数的原理为基础的美的经验规范,都可以在毕达哥拉斯学派的门徒波里克勒特的《论法规》里找到,例如黄金分割率。总之,对毕达哥拉斯学派来说,美作为一种宇宙的和谐,是衡量存在的和谐性与真实性的尺度;行星之间的和谐有赖于它们之间的间隔,而天体之间的间隔之比例恰好和八度音的音程一样。行星在运动,发出音响,而由于它们速度的和谐,这些音响也表现为"天籁"的乐声——尽管我们的耳朵是听不到的。但这种美的尺度却寓于美的事物当中,这却是我们能看得到、感受得到的。

苏格拉底(公元前496—前399)没有留下自己的作品,但他的美学思想主要见于其门徒色诺芬的《回忆苏格拉底》。从整个希腊早期美学思想史上看,苏格拉底可以说是一个承上启下的人物,也是一个转折点:他将希腊早期美学的自然哲学基础转变为社会伦理学基础。他认为,一个事物之所以是美的,就在于它是对人有用的,是善(good)的。这也就是说,苏格拉底是从效用的角度出发来界定衡量美的标准的,有用就美,有害则丑。从这一角度出发,通过他的辩证法,他自然看到了美的相对性。他说:"盾从防御看是美的,矛则从射击的敏捷和力量看是美的。"因此,效用的不同,规定了事物的美丑,而效用本身又视用者的立场而不同。这样,美本身就同社会紧密联系在一起,美是不可能脱离目的性的。

另外,他对艺术美也有独到的看法。他的关于艺术美的看法直接影响了柏拉图和亚里士多德关于"摹仿论"(亦译"模仿论")的哲学、美学论述。在这一点上,他也是承上启下的人物。苏格拉底接受了当时非常流行的"艺术模仿自然"的观点,但是他反对将"模仿"理解为"抄袭",主张画家画像,雕塑家雕像,都不应仅仅描绘外貌细节,而最关键的是要"现出生命","表现出心灵状态"。[①]

柏拉图(公元前427—前347),是苏格拉底的学生,他的美学思想主要体现在他的对话体作品《斐多》《会饮》《斐德诺》和《大希庇阿斯》诸篇中。柏拉图较前人对美有更为深刻的探讨,以至于有的现代美学研究者称柏拉图的美学思想或者说他的这几部作品乃是"以后所有美

[①] 以上关于苏格拉底引文参见朱光潜《西方美学史》上卷,北京:人民文学出版社1980年版。

学的序言"①。柏拉图认为,理式(Idea)是万物之源,同时也是美的事物的根源。当苏格拉底问希庇阿斯②"什么是美"的时候,希庇阿斯立即回答说:"美丽的姑娘,无疑是一种美。"希庇阿斯的这一回答反映了在人们接触美时的"感性"具体性,因而苏格拉底继续反驳希庇阿斯说:"那么,美丽的小牝马……那么,美丽的七弦琴……那么美丽的瓦罐……难道不是一种美吗?"最后希庇阿斯不得不承认在这些美的现象中存在着一种美的共性,那就是"美"本身。在他看来,这个抽象的美本身,就属于"理式世界"了。柏拉图从现象和本质的区别出发,将"美"和"美的事物"区别开来。真正"美的理式"才是使现象中的美成为美的根源。个别的美之物,或多或少都是不完满的,而只有理式的美才是真正的美,它是"永恒的,无始无终,不生不灭,不增不减的"③。这种美的本质观,直接植根于他的哲学体系之中。柏拉图的哲学将世界分作三个等级:理式世界、感性世界和艺术世界。理式世界即理性世界,是独立于人而存在的,永驻不变的永恒世界,而后两个世界则同属感性世界,没有自身的独立性,而且都依赖于理性世界。例如,床有三种:其一,是床的理式,这是真正真实的床;其二是人为的床,即工匠照床的理式造的具体的床,是对理式的第一层摹仿;其三是画家摹仿人为的床所画的床,这是第二次摹仿,是摹仿的摹仿,影子的影子,和真实隔着三层。今天看来这些见解显然是荒谬的,但从历史角度出发看,它们在美学思想上却是一个相当大的进步,它表明柏拉图看到了美的本质与现象的区别,强调要研究美必须冲破感性现象的束缚,进入对美的本质的思考,要求美的探索者通过"混沌的表象"进入"抽象的规定"。在这一点上,柏拉图为后来的神学派美学开了先河——柏拉图的美的基本原因,即"美的理式"很容易被教会用"神"来替换。

亚里士多德(公元前384—前322)是柏拉图的弟子,他对他的老师的关于美的学说提出了批判,认为柏拉图的理式和事物的区分并不能说明事物的本质,因为本质恰恰是寓于事物当中的,也就是说"理"在

---

① 〔德〕德尼斯·于斯曼:《美学》,栾栋、关宝艳译,台北:远流出版公司1990年版,第11页。
② 柏拉图的对话体著作中都是以苏格拉底为主角的,而他本人从来没有在对话中出场过。
③ 〔古希腊〕柏拉图:《文艺对话集》,第272页。

"事"中,离"事"则无"理"。同时,他认为美是事物的客观性质。他说:"一个美的事物……不但它的各个部分应有一定的安排,而且它的体积也应该有一定的大小;因为美要依靠体积与安排。"①不过,他也注意到,美固然是存在于美的事物中的一种属性,但这种属性的恰当表现还需要另外的一种规定,那就是和人构成的关系。因而他提出了人同美的对象相适应的原则:"非常小的话,东西是不能美的,因为转瞬之间,不及细看;非常大的东西也不能是美的,因为不能一览而尽,看不出它的统一性和完整性。"②在对美的这种理解的基础上,亚里士多德对古希腊美学思想中关于艺术创造中的"摹仿论"也有了非常深刻的认识,即基于理性本质寓于感性现象之中的哲学观念,他提出艺术模仿要"照事物应有的样子去描写",即通过描写个别事物来反映普遍性的"可然律或必然率";基于美是比率匀称这一观点,他也强调了艺术创造的形式规律的重要性,提出了戏剧创作中的"单一完整"的统一性原则。

古罗马时代的普洛丁(Plotinus,205—270)主要继承了柏拉图的哲学、美学思想,反对美在事物的感性形式的观点。但他并不否认物质世界存在美,只不过他的全部美学思想都在证明物质世界的美不是物质本身,而是神的光辉的反照。他提出了"美的分有说",这一学说同样是对当时流行的局限于表面现象的"美在形式"说的一种反拨。他说道:"为什么活人的面孔上显出更多的美的光辉,而死人的面孔尽管原形还未腐损,却只剩下很少的美的遗痕呢?……这当然是因为活人的美是更可爱的,其所以更可爱,是因为他具有生命,具有活的灵魂。"③而且即使是活人,比例也并非是任何时候都能够显示出美的,因为人物面貌的表现不断变化,同一张面孔有时候美,有时候不美,虽然其各部分比例大体未变。所以,他认为理解现象性的人之美必须和人的生命联系起来,和生命的具体表现联系起来,生命是人之美的本质,要了解理性意义上的大美,则必须和"神"或"太一"联系起来,神是生

---

① 〔古希腊〕亚里士多德:《诗学》,罗念生译,北京:人民文学出版社1962年版,第25页。
② 同上。
③ 〔古罗马〕普洛丁:《九卷书》第六部分卷七,见北京大学哲学系美学教研室编:《西方美学家论美和美感》,北京:商务印书馆1980年版,第59页。

命的本质,也是一切美的本质。他认为"神"或"太一"是真善美三位一体的总根源。神好比是太阳,他是自足的最完满的存在,神的光辉被万物分有,因而构成了万物的美的本质。普洛丁作为新柏拉图主义的代表,为西方中世纪神学美学奠定了基础。他的基本观念在圣·奥古斯丁(S. Augustinus)和托马斯·阿奎那(T. Aquinas)那里得到了充分的发展,在他们手中,美学真正成为了神学的内在组成部分和宗教的奴婢。

2. 文艺复兴和启蒙时期

在中世纪的漫长的神学禁锢之后,美学的探索进入了一个回到希腊、重新发现古代的时期:文艺复兴时期。在这段时期内,古希腊的自然主义美学观理所当然地成为了理解美的本质的资源。文艺复兴时期的人道主义者们如列奥纳多·达·芬奇(L. de. Vinci)、莎士比亚(Shakespeare)等,肯定自然界本身的美和感受美的乐趣。他们把艺术看成是艺术家放在自然界面前的镜子。古希腊毕达哥拉斯学派的"黄金分割率",被当时的艺术家们当作模仿自然的法则,把自然之美(人体美)当作美的最佳范本。当然,从我们今天的角度来看,人体美绝对应该属于界于自然美和社会美之间的一个美的范畴。但是,"自然"这个概念只不过是文艺复兴时期美的探索者们借以废黜中世纪神学美学中的"神"的概念的替代品,这个"自然"本身蕴涵着巨大的社会内容。从美的自然性出发,这个时期的美学带上了浓厚的自然科学色彩,与造型艺术有关的一些学科诸如解剖学、透视学、色彩学都与之互动地发展了起来。同时,美学中从严格科学角度对美的形式规律的研究也发展了起来。达·芬奇留下的一些手稿和研究草图表明,艺术美和形式美的科学规律研究在当时已经进行得非常深入了。虽然文艺复兴时期的美的探索,追求着感性自然本身,强调美不在天国而在尘世,不在神的彼岸而在人世的此岸,但同时也存在着模糊美与真、美与科学之间界限的倾向。

18世纪是启蒙的世纪,整个18世纪的思想都表现出了一种"体系精神",哲学、科学和美学都走向了体系化。这种情况给美学领域带来的结果就是,美的探索开始冲破狭隘的对象领域,法国启蒙学派的伏尔泰(Voltaire)、狄德罗(Diderot)等人将美的范围扩大到了整个现实界。由于体系性美学的日渐形成,启蒙思想家用当时科学方法(牛顿的科学方法)探讨美是什么的问题①,区分了美的主体和美的对象。狄德罗(1713—1784)就曾指出:"我把凡是本身就含有某种因素,可以在我的悟性中唤起'关系'这个观念的性质,都叫做外在于我的美;凡是唤起这个观念的性质,我都叫做关系到我的美……"②但是,由于历史条件的限制,狄德罗终究没有能给他所指的"关系"界定一个具体的含义。有时候他把关系解释为一事物自身各组成部分之间和部分与整体之间的关系,有时候又强调这个"关系"是对象与人之间的关系,或者说是客体与主体之间的关系。从这种思考角度出发,他对美做了如下的区分:(1)对象方面存在的"真实的美",这是指一个事物自身各部分之间、部分与整体之间关系所显示出来的美,比例、对称、秩序等形式因素之间的客观存在的结构关系之美。他认为,在这个意义上,"一切花都是美的,一切鱼都是美的"③。(2)事物在具体情境之中体现出来的"相对美",这涉及一个事物和其他事物之间的关系。他用古典主义作家高乃依的悲剧《贺拉斯》中老贺拉斯的一句台词"让他死!"作为例子,认为如果让这句话脱离剧情,那么这句话至少是不美也不丑的,但是一旦我们知道了这是老贺拉斯让自己仅存的儿子奔赴疆场的一句决断之辞,立即就能体会到这句话中体现的崇高境界和美好情操。④"真实美"主要强调了"自然美"的一般特征,而"相对美"则偏重于美的"社会内容"。在狄德罗那里,主体和客体之间的美的关系,也多见于"相对美"的范畴之中。可以说,狄德罗的美学思想大大深化了美的社会性。这是一个有历史意义的进步。

差不多与此同时,英国经验派走了另一条美的探索之路。他们不再孤立地从审美对象方面讨论美的本质问题,而是开始结合审美主体的心理乃至生理感受去考察美的来源。他们将感官经验看做是认识乃至美的最高裁判。经验派内部又可分为两派:以休谟为代表的一派走

---

① 牛顿的科学方法就是对物理对象间的关系做出体系化的研究,通过分析法和综合法,从繁多的现象中找出支配它们关系的简单法则。18世纪普遍采纳了牛顿物理学的方法论模式。参见[德]E. 卡西尔:《启蒙哲学》,顾伟铭译,山东人民出版社1996年版,第一章"启蒙时代的精神"。
② [法]狄德罗:《关于美的根源及其本质的哲学探讨》,见《狄德罗文集》,北京:中国社会出版社1997年版,第155页。
③ 同上书,第157页。
④ 同上书,第159页。

向主观唯心论,以博克为代表的一派走向机械唯物论。

休谟(1711—1776)认为:"美并不是事物本身里的一种性质。它只是存在于观赏者的心里,每一个人心见出一种不同的美。这个人觉得丑,另一个人可能觉得美。"①他以几何学家为例论证说:"(几何学家)曾经充分说明了圆的每一性质,但不曾在任何命题里说到圆的美。理由是很明显的,美并不是圆的一种性质。……美只是圆在人心上所产生的效果,是人心的特殊构造使它可感受这种情感。"②至于说这"人心的构造"是什么,他的运作机制和生成是怎样的,休谟并没有做出回答。但是我们看到,以休谟为代表的英国经验派毕竟在美学史上提出了一个重要的学说,即"美即美感"。这为以后的美学研究又开出了一个路子,直到今天,在西方各种美学流派内部从美感出发探讨美的研究方法仍然有着巨大的影响。同时,休谟基于"感觉论",将美感夸大为美的全部,致使这种方法的美学研究不可避免地会陷入相对主义的怀疑论和取消论。

同是从经验出发,博克(1729—1797)却把美的本质属性界定为物本身的一种性质。他说:"美,是指物体中能引起爱或类似情感的某一性质或某些性质,我把这个定义只限于事物的单凭感官去接受的一些性质。""美大半是物体的一种性质,通过感官的中介,在人心上机械地起作用。"归结一下,那就是:美是事物本身的客观性质;这种性质作用于人们的感官,在内心引起爱或类似的情感;事物的美的性质限于单凭感官去接受的性质。美不需要借助于我们的推理。在这个基础上,博克对美的事物的"客观本质"进行了思辨地归纳,认为小巧、光滑、娇柔等物的属性作用于人的感官,从而使人产生优美的感觉;而巨大、坚硬、黑暗等物的属性则在人的感官方面引起崇高感。这样,我们看到,其实,美的本质问题在博克那里既是客观的也是感觉的,与人的主体感受是不可分割的。在博克的经验论思辨体系中,美既是客观对象的属性,也是主体感受的对应物,主体客体之间有了一种内在的相互转化关系的萌芽。

---

① 参见《西方美学家论美和美感》,第108页。
② 同上。

3. 德国古典美学

尝试在美的对象和美的主体之间架起桥梁的，是德国古典美学家，首先是康德。

康德（1724—1804）把自己的哲学分为认识论（研究真）、伦理学（研究善）和美学（研究美）三个部分，真与善的对立也就是必然与自由的对立，而美则是沟通这种对立的桥梁，所以，美在康德的整个哲学体系那里起着"拱心石"的作用。康德整个哲学体系作为对18世纪启蒙思想的总结，其核心就在认识、实践（追求善的行动）和审美这三个领域中进行"哥白尼式的革命"，通过他所谓的"批判"，确立人在这三个领域中的活动能力的先验性，这其实也就是给"人"应该是什么制定了规范。在《纯粹理性批判》中，康德从形而上学的角度论证了时空形式所担保的人的认识能力的先验性，从而克服了经验主义认识论逻辑中固有的相对主义和怀疑论倾向。但同时，他也强调先验形式无经验材料则空，而经验材料无先验形式则盲；在道德实践领域中人的先验能力表现为"实践理性"，而实践理性的"道德律令"指向最高的自由，这种实践理性从根本上担保了个体伦理实践的规范性，正是这种主体的心意结构，使人在快乐、利益、人生、良心、生命的冲突中显示出道德的普遍必然性。康德这种在认识论上调和思辨理性和感官经验的倾向，与道德上的唯主体论的理论结构，也体现在他的美学理论中。康德认为人鉴赏美也是人先验能力中所固有的能力，他在《纯粹理性批判》中就说：判断力是一种特殊的天赋，它完全不能学得，只能练习。因此判断力是被称为天生机智的特性。它是对抽象知性范畴的一种补充。康德还指出，判断力没有自己的对象，而是以知性（认识）和理性（道德）的对象为对象的："美"涉及的是知性和理性对象的形式，超越了具体的认识和道德内容，但又和这两个领域相联系，因而"美"的对象毋宁说是"合目的的形式"，而且当该对象进入审美领地之后，它就"不呈现任何目的表象"了。①

如果说康德通过哲学思辨构造了人审美能力和审美对象之间的静态模式的话，那么，黑格尔（1770—1831）则从历史哲学体系出发论证了美的历史本质。黑格尔充分意识到历史是受客观必然性支配的，每

---

① 〔德〕康德：《判断力批判》上卷，宗白华译，北京：商务印书馆1964年版，第17节。

个层次之间具有内在的普遍联系,因而世界历史是一个整体,是一个合理的发展过程。当然,这种历史进程在黑格尔看来是"绝对精神"的"种子"在意识中的发展生成,同时也是意识通向"绝对精神"的历史进程。这种历史进程是通过"正反合"的辩证方式展开的。黑格尔将这种运动进程划分为三个阶段:逻辑的、自然的、精神的。精神阶段是"理念"运动的最高阶段,也是完成阶段。而"美"则是精神(绝对观念)的全世界运动的阶段之一。精神在自己的发展中同物质形式处于和谐和统一中,观念在形式上得到完满的、完全与之合适的表现,这就是美。用黑格尔的定义说:"美是理性的感性显现。"①在黑格尔讨论美的范畴之中,有这几点是特别值得注意的:

(1) 从内容与形式的辩证统一考察美。黑格尔的"美是理念的感性显现"这个定义,体现了内容和形式的统一。他说:"艺术的内容就是理念,艺术的形式就是诉诸感官的形象。艺术要把这方面调和成为一种自由的统一的整体。"②他因而指出:"内在的显现于外在的,这就借这外在的,人才可以认识到内在的,因为外在的从它本身指引到内在的。"③艺术创作应当从一般出发,还是从特殊出发?这也是有争议的问题。大致说来,古典主义者把具有普遍性的东西当成美,浪漫主义者则把个性特征当成美。黑格尔"美是理念的感性显现",明显是从普遍的理念出发,并不排斥特殊的个性。美应当是一般与特殊的统一,是普遍的理念显现在个别的感性形象之中的东西。

(2) 从历史主义方法出发去考察美的本质,使美的本质在纵向上与历史相联系。在这一点上,黑格尔是继承了维柯、温克尔曼(Winckelmann)、赫尔德(Herder)的历史主义传统的。到了黑格尔那里,历史观点和理论观点的结合则达到了顶峰。恩格斯说:"黑格尔第一次——这是他的巨大功绩——把整个自然的、历史的和精神的世界描写为一个过程,即把它描写为处在不断的运动、变化、转变和发展中,并企图揭示这种运动和发展的内在联系。"④正是在这样的辩证历史观点

---

① 〔德〕黑格尔:《美学》第1卷,朱光潜译,北京:商务印书馆1979年版,第142页。
② 同上书,第120页。
③ 同上书,第142页。
④ 恩格斯:《反杜林论》,见《马克思恩格斯选集》第3卷,北京:人民出版社1995年版,第362页。

的基础上,黑格尔建立了他自己的一个庞大的艺术哲学体系。艺术本身像绝对精神的其他形式如宗教和哲学一样,也形成了自己的发展系统,无论是艺术种类和艺术阶段:象征艺术、古典艺术、浪漫艺术,还是艺术的形式:建筑、雕刻、绘画、音乐、诗等等,都需置于一个历史发展过程中来加以研究。

(3) 从以"劳动"为中介的主体和对象统一出发考察美。关于他的"绝对精神"的辩证法,黑格尔曾说:"辩证法是现实世界中一切运动,一切生命,一切事业的推动原则,同样,辩证法又是知识范围内一切真正科学认识的灵魂。"①这种"灵魂"的展开,是"绝对精神"不断对象化的过程:意识异化(对象化)出客体,随后这意识又扬弃这异化而回到自身达到自我意识。也就是说,"绝对精神"自我实现的过程是借着人的自我精神的生成来完成的,"绝对精神"运动的终点就是"绝对精神"和主体意识的统一。"绝对精神"是靠主体的自我意识实现的,也就是说,主体的自我意识是"绝对精神"的中介,那么主体的自我意识又是靠什么实现的? 它的中介又是什么呢? 这个最基本的中介被黑格尔指认为"劳动",有时也称"实践"。他说,人的这种"实践"是"绝对精神"实现自身的手段,人在不知不觉间通过自己的"实践"实现了绝对精神的目的。所以,黑格尔只是将人的实践能力归结为一种神秘的冲动,而其过程也被神秘化了。他说:"人还通过实践活动来达到为自己(认识自己),因为人有一种冲动,要在直接呈现于他面前的外在事物中实现他自己,而且就在这实践过程中认识他自己。人通过改变外在事物来达到这个目的,在这些外在事物上面刻下他自己内心生活的烙印,而且发现他自己的性格在这些外在事物中复现了。……例如一个小男孩把石头抛在河水里,以惊奇的神色去看水中所现的圆圈,觉得这是一个作品,在这作品中他看出他自己活动的结果。这种需要贯穿在各种各样的现象里,一直到艺术作品里的那种样式的在外在事物中进行自我创造(或创造自己)。"②就黑格尔的美学体系而言,打开美的本质的秘密的钥匙就是人(抽象主体)的抽象劳动:美的历史生成是这种抽象劳动的结果,抽象主体的审美能力也是这种抽象劳动内化

---

① 〔德〕黑格尔:《小逻辑》,贺麟译,北京:商务印书馆1980年版,第177页。
② 〔德〕黑格尔:《美学》第1卷,第39页。

的结果。

黑格尔的"绝对精神"的历史,是一个客观唯心论的范畴。但是,不能否认正是黑格尔对人类精神史的这种体系化努力,把发展的观念、历史的观念引入了美学领域。同样不可否认的是,黑格尔的哲学体系是"头足倒置"的,它的根基不是坚实的现实基础,而是虚幻的"精神"。这种头足倒置的体系,在德国古典哲学和美学的发展过程中将得到改造。从现实出发改造黑格尔思辨体系,把人与世界颠倒的关系再颠倒过来的德国古典哲学家是费尔巴哈(L. Feuerbach,1804—1872)。费尔巴哈用来替代"绝对精神"的概念范畴是"自然界和人"。他说:"我的学说或观点可以用两个词来概括,这就是自然界和人。从我的观点看来,那个做人的前提,为人的原因或根据,为人的产生和生存所依赖的东西,不是也不叫做神(这是一个神秘的、含糊的、多义的词),而是叫做自然界(这是一个明确的、可捉摸的、不含糊的名词和实体)。"①这就是说,同黑格尔的客观唯心主义相反,他把人与自然界结合起来,并以自然界为基础来说明人的本质。费尔巴哈美学思想就是建立在他的自然主义、人类学基础之上的。费尔巴哈学派最有影响的美学代表人物,应该说是俄国的车尔尼雪夫斯基(1828—1889)②,他对美的理解包含在以下三个命题当中:"美是生活";"任何事物,凡是我们在那里面看得见依照我们的理解应当如此的生活,那就是美的";"任何东西,凡是显示出生活或使我们想起生活的,那就是美的"。③ 美是生活,这是他的基本命题,是针对黑格尔派的美学理论提出来的。这一命题是和黑格尔的"美是理念的感性显现"针锋相对的。第二个命题是对基本命题的补充和进行价值规范。不是任何种类的生活都美,只有"依照我们的理解应当如此的生活"才是美的,只有符合人的理想生活才是美的。第三个命题主要是针对自然审美讲的。

---

① 〔德〕费尔巴哈:《费尔巴哈哲学著作选》下卷,荣振华译,北京:三联书店1962年版,第523页。

② 车尔尼雪夫斯基在他的美学代表作《艺术与现实的审美关系》第三版序言中就明确地指出,他的这部书是用费尔巴哈的基本思想来解决美学问题,他称费尔巴哈是当时最先进的哲学,说自己"只希望做一个应用在美学上的费尔巴哈思想的解说者"。参见李克:《漫议车尔尼雪夫斯基的"美是生活"》,《学术探索》1994年第5期。

③ 〔俄〕车尔尼雪夫斯基:《艺术与现实的审美关系》,周扬译,北京:人民文学出版社1979年版,第6页。

在车尔尼雪夫斯基的美学观点中，有以下几个方面是应该特别注意的。(1)车尔尼雪夫斯基看到了现实美本身，毫无保留地肯定美就寓于生活之中，生活本身就美，生活是美的母体。对于从柏拉图到黑格尔的那条只在神秘彼岸世界寻找美的根源的路线来说，这种观点无疑是一次唯物主义的反拨。对于以黑格尔为代表的那种轻视与贬低现实美，只在艺术中来寻找美的艺术哲学来说，这是有力的理论反抗。(2)美是生活，突出了美与人类生活的本质联系，对于从毕达哥拉斯到博克的那种只埋头于外在客体中的美学观点来说，是一个重大的突破；对于狄德罗的"美在关系"说，则是一个重要的发展。(3)从"人本主义"出发，车尔尼雪夫斯基模糊地感到了美的现实基础，但是经由当时的俄国社会，他的生活的确要比歌德和席勒的"人"具有更多的社会内容。这就使得以"美"为指向的艺术，在车尔尼雪夫斯基那里担负起了远比过去更明显的促进阶级斗争的任务。在传统美学理论里，车尔尼雪夫斯基作了运用阶级观点的初步尝试，例如他对农民女子美和上流社会女子美的分析。因此可以说，车尔尼雪夫斯基在这个领域最大的功绩在于，他把美的现实基础提到了一个美学的本体性的地位。

4. 三个论美的模式

综上所述，美学史上探讨美的事物的本质和根源的情况相当复杂，思路和着眼点几乎各不相同。但是如果我们仔细考察，就会发现，其中每一种观点、流派都以这样或那样的方式分别归属于我们下面所分析的美的理论模式中。换句话说，美的理论观念的全部多样性，可以概括为以下几种范式：

(1)美是与人无关的自然属性。毕达哥拉斯、达·芬奇等人的美学观点就属于这个模式。他们甚至运用数学方法细致地归纳出许多美的形式规律。博克将这种见解向前推进一步，把对象的形式规律同人的感觉心理联系起来，注意到客观与主观的必然联系，但还是落脚于审美对象的自然属性，或者说客观属性，而且他联系主观方面的时候更多地着眼于生物和生理性的因素。这种模式肯定美的客观性与现实性，也找出了形式美的某些规律。这里所说的"与人无关的自然属性"，不仅是指"美在客体"，而且是指"美取决于人的生理—心理基础"。这种模式，可以说开出了后世"自下而上"研究美的理论模型。所谓"自下而上"的研究，其实就是绕开了真正的美本质问题而转向具体定量的分析,并在两个方向上发展。

一个方向就是偏重于"美在客观形式",因而形成一种"技术美学"。不可否认,这种美的研究在20世纪中期还有所发展和新的创造,比如"迪扎因"(Design),即设计美学。它包括工业产品的设计,考究产品的用途和美观、方便。"迪扎因"使产品的形式不仅实用和在结构上更合理,而且还通过"形式"作用于人的感官,使人在实用中获得美的享受。这些都是值得肯定的。但这绝不是美的本质。这种理论模式只是作了一些经验性的描述和归纳,缺乏普遍的意义。

另一个方向则偏重于"美在于人的自然生理—心理基础",形成了心理学派的美学,比如精神分析美学。精神分析美学是20世纪最重要的心理美学流派,它是用一种独特的精神分析方法来研究人的无意识的理论,主要包括无意识论、本能论、泛性论、梦论和人格论等。精神分析美学是在运用精神分析学的基本观点来解释美和艺术问题的基础上产生的,它的最基本的美学主张,就是强调人的无意识和本能冲动在艺术创造与审美活动中的决定作用和深层动因。该派创始人弗洛伊德用无意识、泛性欲主义和梦来解释文艺和审美现象,把艺术看成是性欲的转移和升华,提出了关于美的本质的"性欲升华"说。在弗洛伊德看来,性欲是人类一切成就之源泉,是人类一切行为的原动力。他说:"性的冲动,对人类心灵最高文化的、艺术的和社会的成就做出了最大的贡献。"[①]而以鲁道夫·阿恩海姆(Rudolf Arnheim)为代表的"格式塔"心理美学派,则将自己的美学理论建立在现代心理学试验的基础之上。阿恩海姆采用心理学试验的方法集中研究了视知觉问题,他认为艺术美和视知觉之间有着"本质"关联,认为艺术活动是理性活动的一个形式,其中知觉与思维从中交结,结为一体。此外,苏姗·朗格(Susanne K. Langer)通过符号心理学来界说美的本质,最后得出了美的本质是"生命形式"的形而上学结论。

"美是自然属性"的这两个趋向,都各自在具体的领域内揭示了美的某个方面,但其错误是将具体美感同美的本质相混淆。从更为根本的方法论和认识论角度说,它们都不可避免地滑向谬误,因为,正如马克思所指出的那样,它们"对对象、现实、感性,只是从客体的或者直观

[①] 〔奥〕弗洛伊德:《精神分析引论》,孙名之译,北京:商务印书馆1986年版,第9页。

的形式去理解,而不是把它们当做人的活动,当做实践去理解"①。

（2）美不在现象,而在现象之后的更高的本质。从柏拉图那里延伸出来的这条对美的本质的探问之途,悠长而深邃。柏拉图、普洛丁等人区分开"美"与"美的东西",无疑为真正从具体出发把握抽象、把握本质提供了可能性。但是,他们虽然意识到了这本质的深远性,却同样不理解美与人、与社会历史之间的深刻联系,相反却到远离社会历史现实的凌驾于人世之上的"理式世界"和"上帝"那里去寻找美的本质和根源,把美学变成神学的婢女和神学的分支。康德、黑格尔作为这一派在现代的发展,虽然开始意识到美的领域不能脱离人类社会,他们的"纯粹理性"或"绝对精神"都力求包括现实的人类生活中的矛盾,力求统一相互对立的各派美学,表现出远远超出前人的理论深度,但是,他们的美学在本体论层次却是一样的荒谬:康德的"物自体"和"人类集体理性",黑格尔的"绝对精神"只不过是对柏拉图那里的"神"的替代,仍然通向冥冥之中的"上帝"。

当然,这个决定着美的本质的"神"或者"上帝"也可以被替换成抽象的"人",从休谟开始,西方许多学者就是这么做的。在他们那里,人的社会历史的基本规定性没有了,美的现实转变成了纯粹"主体性"的东西,从而形成了近代、现代和当代美学史上的主观唯心派和非理性的潮流,诸如叔本华(Schopenhauer)和尼采(Nietzsche)的唯意志论、柏格森(Bergson)的生命哲学,等等。

（3）美是主客体之间的关系,或者说美是生活。这种模式是对前两种模式的综合。正如我们前面看到的那样,狄德罗的"美在关系说"力图从唯物主义的角度对启蒙时期的形而上学认识论美学和神秘主义美学加以吸纳和融合;而车尔尼雪夫斯基的"美是生活"说,则是在唯物主义基础上对古典哲学唯心主义的扬弃。他们都意识到美必须放在人类社会之中才能得到理解,但由于认识条件的限制,他们对"生活是什么"并不能给出确切的答案,最后只能将"生活"生物化（这是机械唯物主义的唯一答案）。例如,车尔尼雪夫斯基就给出了这样的美的本质观:"假如说生活和它的显现是美,那么,很自然的,疾病和它的结果就是丑。……对于植物,我们喜欢色彩的鲜艳、茂盛和形状的多样,因

---

① 《马克思恩格斯文集》第1卷,北京:人民出版社2009年版,第499页。

为那显示着力量横溢的蓬勃的生命。凋萎的植物是不好的。"①他甚至得出了这样一种极其简化的结论:"世上最可爱的,就是生活;首先是他所愿意过、他所喜欢的那种生活;其次是任何一种生活,因为活着到底比不活好。"②

从以上几种范式看来,在美学史上呈现的不同观点纷繁驳杂,虽然主要的美学家和美学学派在这几个关于美的模式中做出了自己的贡献,但毕竟没有给出一个无懈可击的答案。尽管如此,我们还是可以发现他们正一步一步地在接近真理。真正能够将探索美的路途照亮的,只有马克思主义,那是一次宏伟而壮丽的日出。

二、美的事物的本质

马克思从浪漫主义到信奉黑格尔主义美学,并经过青年黑格尔和短暂的一段资产阶级自由主义美学观,发展到费尔巴哈的人本主义的唯物主义美学观。其后,经过研究国民经济学,研究人类劳动过程和人类历史,尤其是参加革命运动和接触更多的社会经济和政治问题,又从旧唯物主义美学观跃进到历史唯物主义和辩证唯物主义美学观。可以说,他的美学观的发展历程把上面提到的这些理解美的模式都经历了一遍,最后必然地、历史地走向对这些美的本质模式的创造性综合——当然是在新的历史观之上的综合,从而从根本上改变了对美的事物的本质的理解,开创了理解美的新纪元。

由于篇幅所限,我们不能在这里对马克思的美学体系的形成和发展做详细的介绍,③但我们必须尽可能地按照马克思本人对美的理解来对美的本质进行界说。

1. 劳动是一切社会生活的基础

正如前面论及的历史所表明的那样,美学中的唯物派与唯心派之间,既有相互否定和彼此对立的一面,又有相互借鉴和相互吸收的一面。就唯心派而言,从柏拉图的"美在理式"到黑格尔的"美是理念的

---

① 〔俄〕车尔尼雪夫斯基:《艺术与现实的审美关系》,第9—10页。
② 同上书,第6页。
③ 对马克思美学观的形成的讨论,详见董学文著《马克思与美学问题》,北京大学出版社1983年版。

感性显现",那个外在于感性的实在,历史地变成了内在于感性并与实在"直接统一"着的理性。就唯物派而言,从毕达哥拉斯的美在比例和谐、亚里士多德的美在体积和安排,到费尔巴哈的美是人的类本质的说法,美由外在于人的纯客观存在,变成为依赖于人及其生活的主体与客体的某种统一,由纯自然的因素变成为与生活取得了某种联系的自然因素和社会因素的结合体。从这种历史趋向中,我们不难发现,这对峙的两极尽管坚持并发展着各自片面的道理,但还是走向了感性与理性、主观与客观、自然与社会之间的某种结合统一。到费尔巴哈的阶段,唯物派已经明确意识到美与人类生活的内在的必然联系,可惜他对生活未能正确理解,不懂得社会生活的本质规定。到了黑格尔这里,唯心派美学已经意识到了美同人的本质、同劳动的必然联系,可惜他却又不能正确地理解人的本质和劳动的真正内涵,他把人的本质等同于自我意识,并且只知道和只承认抽象的精神劳动。

这两种趋向的真正科学的根基是马克思提供的:社会生活的本质基础就是劳动,就是生产。马克思第一次从人的最基本的实践活动中揭示出美的基础即社会生活的本质,因而揭示了美的实质,使美学成为了唯物史观的有机组成部分。

我们现在就对"劳动"作一界说。

"在劳动发展中找到了理解全部社会史的钥匙"的科学论断,是恩格斯对马克思"社会生活在本质上是实践"的核心观点的一种理解和发展,它再一次确认了劳动在人类社会生活中的首要地位,揭示了社会生活的本质是劳动。

社会是由诸要素组合而成的有机体,而其中发生最密切联系并作为社会形成和发展的两个首要因素是人和自然。人与自然、人与人的相互联系构成了社会的基本关系,两者及其相互关系又构成了现实的社会结构。在人类社会中,一方面是以人的存在为前提,另一方面,人与人的存在又是以自然的存在为基础。因此,社会关系中首要和基本的关系就是人与自然的关系。人与自然的关系从根本上决定了人与人的关系。这里,人与自然的关系不仅是指人与其外在自然之间,而且是人与其内在自然之间的关系,也就是说,人在劳动的过程中不仅改造着外在自然界,而且历史地改造着自身。人类早期的物质活动和精神活动是交织在一起的。正如马克思所说:"思想、观念、意识的产生最初是直接与人们的物质活动,与人们的物质交往,与现实生活的语言交织在一起的。观念、思维、人们的精神交往在这里还是人们物质关系的直接产物。"①但是,随着劳动的发展及工具的改进,主体的功能发生了很大的变化,精神活动逐渐从物质活动分离了出来。首先,劳动使主体和客体开始了分化。动物由于缺乏足够的意识,因而与自然界是浑然一体的,根本区分不出主体和客体,人在刚从动物中分化出来时,也有过这样的一个时期。然而随着工具的制造和使用,主体和客体开始分化,并同时开始了各自的建构。工具之所以叫工具,一方面在于它是物质产品,另一方面在于它是人类物质需求的观念现实化的途径。相对其他种种交流、宣泄情感的行为方式和活动来说,工具更倾向于物质性。但在这个特定的、没有其他物质化的精神产品的时代,工具又不能不成为原始人类最早的精神产品,它孕育着人类全部的物质文明,又孕育着人类全部的精神文明。我们之所以习惯地将那些产品称为物质产品,是因为我们有极为丰富的现代精神产品为参照系,而对当时的人来说,这种参照系是根本不存在的。在没有真正的精神产品的概念之下,绝不会有什么物质产品的概念。对于原生动物来说,食物对生理的最大满足,同时也就是对心理的最大满足。同样,早期的猿人制造工具的行为既是物质的需要又是精神的需要。正是工具的制造和使用,使得人本身和工具的制作操作构成了主客体两个相关的系统,使人逐渐意识到工具的制作和操作者是一个完备的系统。而工具作为制作和操作者的对象,在满足或否定主体活动的过程中,成为不同于制作和操作者的外在系统,人意识到了自己是整个活动的主体,而工具本身和它被使用时作用的对象则构成了客体。

其次,伴随着萌芽状态的劳动,人的身体器官的质量、形态和功能等方面发生了一系列的生理变化。如果说直立行走为人脑的改进提供了条件,那么最初的劳动则促进了脑容量的增加和脑质量的改善。人类最初只是利用原来是爬行工具、现在称为手的天然工具,但在长期利用中,又往往会偶然地改造修整简易的工具,制造简单的石木工具等。动物学和灵长类学提供的材料表明,人类前期的工具的使用和制作过

---

① 马克思:《德意志意识形态》,见《马克思恩格斯选集》第1卷,北京:人民出版社1995年版,第72页。

程,经历了一个使用天然石块和木棍→用爪和牙修整简易工具→借助中介物制造木类工具→打造石器的诞生的演进过程。在这个过程中,一个新的经济手段的产生,并不意味着旧的经济手段的终结,作为最古老的工具,天然石块和棍棒甚至一直沿用到文明社会。人类正是由使用天然工具到偶然改造工具,最后发展为有意识地改造工具。由于使用和制造工具,猿自身的形态发生了变化,不再用于爬行的手可以从事较为复杂和精巧的活动,并由此带动了肌肉、韧带以及骨骼的发展而一代代遗传下来,人手具备了任何动物所不及的特殊的功能。这既是劳动的结果,同时也是劳动特别是使用工具的必要条件。根据达尔文的生长相关律,身体某一部分的进化和改善总要引起其他部分相应的变化。脑和手的进化,也就自然地引起全身各个部分为适应新的环境和生活方式的改进。可见,人类自身生态的发展是随着劳动和操作工具的发展而发展变化的,并不是直接面对自然的变化而变化。这种变化是人成为审美活动主体的前提,而这一前提是由劳动所造成的。

再次,劳动在使主客体分化的同时,也使人的意向有了所指,并且创造了一个人格化的世界。当人和其他动物一样和自然界浑然一体时,当然不会有意识,更不会有意向特指。但由于劳动使人从自然界分离出来后,其意识首先感觉到的是二分的世界——作为主体的人和作为对象的自然界。由于生存所迫,早期人类首先关心的是与其生存有密切关系的动植物,它们直接构成了人的对象世界。人类一方面从动物和植物身上获取生活必需的物质,另一方面又在劳动中不断认识把握其规律,使其更能按照人的意志为人服务。接着,山川河流、日月星辰等自然物,也由自在之物,变为由人的意志从混沌世界中抽取出来的物质世界,和人的食物对象一起构成了人的自然环境。这个自然环境一方面制约着人类的生活,另一方面又培养着人的实践能力,并不断地被人类的实践活动开发出来,越来越变为向人生成的世界。而且,由于环境所限,人类的生活更趋向群体化和固定化,从而培养出人类一些共同遵守的道德准则,形成了人类的社会环境。因此,人的意向所指只能是这个自然环境和社会环境中的事物,人类审美意向所指的客体对象,也不能超出这两个环境中的事物。而这两个环境,正是由于人的生产劳动所确定的。生产劳动在确定人的环境的同时,也创造了一个人格化的世界,即人类的劳动产品在人的对象世界中,增加了一个人格化的世界,也可称为"第二自然"。这是一个融合了人类真(符合客观规律)的观念和善(符合人类目的、利益、追求)的观念的世界,在这个世界中,人类通过自己的劳动生产实践,在产品中再现了人的意志和力量。

2. 人化自然和自然的人化

我们从前面的历史回顾中看到,认为"美在自然"的一派往往将"自然"纯粹地自然化,陷入了"自然主义"或"实证主义"的误区;而考察"美的抽象"本质的一派往往将美的本质深化或神秘化,到黑格尔则将"美的本质"历史化为"绝对精神"的产物;认为"美在关系"的费尔巴哈美学派将"绝对精神"人本化,却也只是形而上学地抓住了人和世界的生物关系。这些对美的探索的努力,历史地将美的本质的规定性要素揭示出来:美的对象是自然,但是自然的规定性是什么?在什么意义上自然才进入美的领域?难道作为审美主体的"人",只是抽象的"历史产物"吗?难道这个"人"的审美活动或美的创造,只是听命于"绝对精神"的神秘冲动?如果人和世界建立的关系只是纯粹生物关系,那又怎么解释人创造美的自主性呢?这些难题本身就反映了这些哲学家或美学家们的理论困境。

马克思主义哲学—美学,科学地定义了"自然"的概念,从历史生成的角度中明确了自然和人的辩证关系,使得以往理论家们的"相对真理"在唯物史观和唯物辩证法的坚实基础上得以综合。这一解开以上美学难题的"钥匙",就是"人化自然"和"自然的人化"的概念。关于"自然人化"或"人化自然"的理论,是马克思研究现实自然界的成果,是对现实自然界的社会特征所作的哲学概括。围绕着"自然人化"所展开的思想表明,这是人类对现实自然界的空前深刻的理解,是马克思的"历史自然观"开始形成的标志,也是马克思开始走上辩证唯物论和历史唯物论的重要标志。前面谈到劳动怎样在历史发生过程中起到了关键的作用,使人的活动创造出一个"人格化的世界"。这一点我们要从哲学—美学的层面深入地加以论述。

马克思主义哲学自然观概括起来有两个基本点:其一,自然界是客观存在物及其运动过程的总和。正如恩格斯在《自然辩证法》中指出的:"我们所面对的整个自然界形成了一个体系,即各种物体相互联系的总体,而我们在这里所说的物体,是指所有的物质存在,从星球到原子,甚至直到以太粒子,如果我们承认以太粒子存在的话。这些物体是相互联系的,这就是说,它们是相互作用着的,并且正是这种相互作用构成了运动。"①各种存在物相互作用构成运动表现为一种过程,因此,自然界"不是一成不变的事物的集合体,而是过程的集合体",有其自身辩证发展的规律。这是对自然的广义的理解,实质上就是指统一的物质世界。其二,现实的自然界是属人的自然、人化的自然、历史的自然。这是对自然的狭义的理解。这就是马克思主义哲学自然观的两个基本点,马克思主义哲学自然观就是围绕着这两个基本点展开所形成的科学理论。人的历史性劳动使统一的自然界实际分化为两个自然:"自在自然"和"人化自然"。我们可将第一种自然界称为时间永恒空间无限的原生自然界,将第二种自然界称为时空有限的现实自然界。

所谓"人化自然",是人类已经改造、认识、把握和活动的自然。"自在自然"是"人化自然"的前提,"人化自然"则是从"自在自然"转化而来的,这种转化表现为一个历史地扩大的过程,转化的基础便是劳动实践。

(1)"人化自然"是人类实践活动的必然结果。众所周知,人最初是从自然的进化中产生的,是整个自然存在物进化和发展序列中最高形态的一环。在人产生以后,人需要生活在自然条件之中,他必须每时每刻地依靠自然界别的存在物才能生存下去。因此,人和其他动物一样,如果不同周围世界的自然存在物发生现实的对象性关系,那就根本不能存在。所以,人是一种对象性的存在物,即人不仅仅是自然存在物,他还是为自己本身而存在着的存在物。人作为自然界中的最高产物,身上不仅集中了自然物所具有的全部精华,同时还形成了为其他自然物不具有的特性和活动方式。对于人来说,与动物最大的不同是,动物仅仅依靠本能的行为和自身机体的改变去适应周围的环境,并由此获得它所需要的生存资料。但人不是消极地适应自然提供的现成条件来维持自己的生存,而是通过自己的创造性活动去改造外部自然条件,以此来满足自己的生存和发展需要。在这种创造性的活动中,人能自觉地意识到自己同外部世界的对象性关系,能动地把外界事物作为自己的活动对象,把自己的本质力量和理想目的现实地对象化,通过自己的活动有意识地创造出合目的、合意志的对象性存在,创造出原来自然

---

① 恩格斯:《自然辩证法》,北京:人民出版社1972年版,第54页。

所不具有的对象性关系。这种创造性的活动,便是人类特有的实践活动方式。所以,人作为对象性的存在物,主要不是由人的自己存在物本性来决定的。正因为如此,人同世界的对象性关系,不同于其他自然物与外部世界的关系,它有着自己的特殊的本质特性。这种本质特性,就在于人同外部世界的对象关系是有意识的、能动的、创造性的关系。

在以实践为基础的人与自然的关系中,人同物的地位和性质发生了转换,人把自身从一切存在物中区分出来,提升为主体,同时便把外部世界和自然对象变成人的"无机身体",变成"人的生命活动的材料、对象和工具",变成"为我而存在"的客体。人与外部世界的对象性关系便转换为实践主体和实践客体的对象性关系,主体人的实践活动则本质上是一种对象性的感性活动。在对象性的实践活动中,人通过自觉的、有目的、有意识的实践活动,把自己的目的、意志和能力对象化到客体之中,在这个对象客体上留下人的主体性印记,生产出自己的需求对象。正如人在实践活动中赋予对象以人的某种属性一样,对象也在这种活动中赋予人以对象的属性,从而丰富、发展人的本质力量。此外,人还必须占有、扬弃对象,使对象化出去的人的本质再重新返回自身,从而维护主体的存在和再生能力。这是对象转化为人的存在、对象的本质力量贯注到人自身去的过程,亦即客体主体化的过程。因此,实践活动是主体力量外在化和客体本质力量内在化的双向对象性的统一,也就是主体客体化和客体主体化的统一。

在实践活动中,主体客体化的结果是每一次主体客体化过程的结束都体现了主体对客体的能动改造,都在一定水平上赋予自在自然以属人的或人化的性质,在一定程度上实现了"自在自然"向"人化自然"的转化,从而造成了主体活动成果的体外积累。

总之,实践活动是人类特有的活动方式,它集中地体现了人类能动性和对象性的本质。正是这种能动和对象性的实践,使人成为主体,使人和物之间形成了原来自然界中所没有的、完全新型的对象性关系:主体和客体的关系。主客体关系的出现,说明人通过实践在自在自然的基础上建立了一个人化的自然,所以,"人化自然"是实践活动的必然结果。

值得注意的是,实践活动之所以能创造出一个"人化自然",并不是说实践具有超自然的无中生有的能力。在实践活动中,人之所以能够把自己的本质力量现实的对象化,创造出一个"人化自然",是因为人和外部世界具有内在的统一性。首先,从客体方面来说,外部世界为人的实践活动提供了生产资料和活动资料,提供了客观的物质基础和前提条件。诚如马克思所说:"没有自然界,没有感性的外部世界,工人什么也不能创造。自然界是工人的劳动得以实现、工人的劳动在其中的活动、工人的劳动从中生产出和借以生产出自己的产品的材料。"①其次,从实践的主体方面来看,人并不是凭空地进行自我意识的"纯粹的活动"和创造对象的,人作为对象性的存在物,他是一个牢固平稳地站在地球上的、有现实生产力、有现实形体和现实自然力的人。人所具有的这些客观力量是自然界赋予的,"因为它本来就是自然界",所以,在人的本质力量中包括自然赋予人的对象性活动能力,人正是通过自己的自然体力等物质力量而在对象性的活动中发挥作用。这表明,人与物质世界具有适应性、统一性和同构性,从而,人才能在实践活动中把自己的理想、目的贯注到自然物体上,在自在自然中创造出"人化的自然"。因此,马克思说:对象性的存在物"所以能创造或设定对象,只是因为它是被对象设定的,因为它本身就是自然界。因此,并不是它在设定这一行动中从自己的'纯粹的活动'转而创造对象,而是它的对象性的产物仅仅证实了它的对象性活动,证实了它的活动是对象性的自然存在物的活动"②。

(2)"自在自然"向"人化自然"的转化,是在实践基础上不断扩大的。"人化自然"不仅在实践的基础上产生,而且在实践的基础上不断地扩大,实践是推动"自在自然"向"人化自然"不断转化的动力。首先,从实践活动本身的特点来看,如前所述,不但实践主体可以通过物质的活动把自己的生命和本质力量贯注到对象里去,客体也可以通过主体人的活动把它的规定性和规律性的因素注入主体之中。并且,主体还可以通过占有、消化自己所创造的客体,使之转化为生命结构的因素或主体本质力量的因素,这些使主体的素质和本质力量得到巩固、充实、丰富和完善。主体本质力量的丰富和完善,又使得实践主体改造外界自然的能力增强以及所需求的新愿望产生,所以,实践主体和实践客

---

① 《马克思恩格斯文集》第1卷,北京:人民出版社2009年版,第158页。
② 同上书,第209页。

体以及它们的相互作用过程,始终具有开放的、可塑的特点。此外,人的实践活动还具有双向对象性、批判超越性和现实性的特点。实践的这一特点,使得实践一开始就是社会的实践,是在一定的社会关系中的活动。无论是实践主体的能力和实践对象达到的深度和广度,还是实践活动的规模和方式,都受到历史条件的制约,都是历史的产物。先代人的实践能力及其取得的成果,构成后代人从事实践活动的基础和条件。后代人又不是完全按照先代人的方式进行活动,而是在他们所奠定的基础上,依照社会发展的规律组成新的社会形式,以新的方式从事自己的实践活动。人类的实践活动就是以这种"社会遗传"方式不断积累、不断前进的。所以,实践活动的社会历史性特点,决定了实践不会永远停止于一个水平点上,而是不断处于提高和发展的前进运动之中。这决定了实践一方面是客体改变的过程,另一方面是主体自身改变的过程;一方面是创造"人化自然"的过程,另一方面是主体素质和本质力量提升的过程,这两方面是相辅相成、相互促进的。

其次,从人的创造性本质来看。我们知道,人的现实存在和现实生活始终面临着这样深刻的矛盾:人有着属人的对象性需要,但大自然却不能直接地为人提供满足这种需要的对象。人为了维持自己的生存和发展,就不得不依靠自己的力量,通过自己的实践活动去改变外界对象,生产出自己的需求对象。因此,人是自己创造自己生活和活动方式的一种存在物,创造性是人特有的本质。正如恩格斯所说:"动物仅仅利用外部自然界,简单地通过自身的存在在自然界中引起变化;而人则通过他所作出的改变来使自然界为自己的目的服务,来支配自然界。"[①]不仅如此,人还总是不满足于自己创造出来的东西,要不断地追求新而更新的东西,进行持续的创造。可以说,整个人类的生活总是处在不断创造新生活之中,人的创造本性决定人对属人的对象世界总是求新永不满足的。所以,人类为了满足自己生存发展的需要,势必发挥和运用自己的本质力量和理性智能,通过自己特有的创造性的实践活动,不断地把自己的内在需求转化成现实的对象性的客观存在。"自在自然"无限丰富的规定性也为人的创造提供了客观可能性,实践活动则把这种可能性变成现实性。"人化自然"的不断扩大正是在人的

---

① 《马克思恩格斯文集》第9卷,北京:人民出版社2009年版,第559页。

创造性本性驱使下,通过创造性的实践活动来实现的。

再次,从实践活动的根本目的来看。人为什么从事实践、从事生产?因为,就人之为人的本质而言,任何现成的自然对象都不可能完全满足人的需要,都必须经过自己的活动改造以后才能满足人的需要。人的本质是不断发展的,人的需要也是不断发展的。人正是为了不断地丰富完善自己的本质,满足自己的需要而不断地从事实践活动、从事生产。所以,实践活动的目的就是要改造"自在自然",不断地把它转化为"人化自然"。在实践基础上"人化自然"的形成,一方面是对"自在自然"的否定,另一方面又是对"自在自然"的提高,是把"自在自然"统一于"人化自然"的过程。从这个意义上说,实践和生产既是分化自然的活动,也是统一自然的过程。实践分化自然是为了通过分化使世界达到更高水平的统一,实现自在自然向人化自然转化。这种分化越是强烈,它们的统一就越是深刻和全面。通过实践达到人与自然的和谐统一,从根本上说是人从事实践活动的目的。人和自然之间斗争的每一步,都促进了人和自然之间的和谐统一。人从事实践活动的这一根本目的,决定了实践是一个不断发展深化的过程。正是在这种历史过程中,自在世界不断向人化世界转化扩大,人类不断向"人和自然统一"这一理想目标逼近。

同时,人类的生产实践活动,是根据主体的"内在尺度""按照美的规律"来进行的,它首先表现为对自然形式的改造,即造形:主体通过以工具为物质手段的实践中介,把"内在尺度"(智力结构、心理图式等)运用到客体自然形式上去,在主体尺度对客体形式既"同化"又"顺应"的过程中,自然形式最终成为合于尺度的形式。就这一点说,"美的规律"就是生产中的造形规律,美在于合于尺度的形式。进一步地,人类的物质生产又不单单为了造形,而是通过自然形式的改变,使自然规律为人的目的服务。就主体看,主体的"尺度"体现为目的要求,应该是体现目的的"尺度";就客体看,自然形式要表现规律,是显示规律的形式。因此,主体尺度与自然形式的统一,乃是主体目的和自然规律的统一,这才是"美的规律"的全部内容。合于尺度的形式表现着或包含着合于目的的规律,所以,美又不仅在形式,而是合规律性合目的性的统一。

总的看来,马克思的"人化自然"和"自然的人化"理论,明确了"自然"并非纯粹自然,而是在人的实践活动中历史地生成的自然,并且在这一过程中人类丰富了自己的本质力量。这里的"本质力量",一方面包括人的对广义自然的(功利的、认识的)实践能力,另一方面包括人对狭义自然的多层次(功利的、认识的、审美的)把握能力以及综合运用这些能力进行美的构造的创造能力。因此,人类的美的愿望、美的理想以及对美的规律的把握,不是来自于什么"神秘"的根源,恰恰相反,它们都是人类实践过程中对象性的自我创造的结果:美的愿望可以在历史实践中找到它的历史根源;美的理想是人对掌握世界以及掌握自身的希冀;把握和运用美的规律则是自然的人化和人本身的人化(文明化、社会化)的最高体现。

3. 劳动为美创造了前提条件

从以上两节我们可以看出,人类的历史性劳动实践,为美的产生提供了主体和客体两方面的条件,从而真正使美以及对美的欣赏成为可能。

其一,劳动创造了美的事物。人类通过生产劳动改造外部世界的自然和主体的自然(亦即人类本身文明化),改造这些自然现象的外部形态、内部结构以及与之相关的条件,使得自然现象呈现出的外观具有了非自然本身所能具有的效用,取得了非自然本身发展所能取得的成就,达到非自然本身的目的;不仅使自然现象体现出人的力量、人的才智,而且使之为人类服务。人类通过劳动和制造工具使自己的活动范围和认识范围得以大大地延伸和扩展,也因而使"自然"的内涵不断扩大。这一过程使与人类生产生活相关的自然界因人类社会实践的作用而改变了与人类的关系,从与人无关、与人为敌的纯自然变成了为人所用、受人支配、与人亲善的属人的自然界。马克思在《资本论》第一卷中说:"动物和植物通常被看做自然产物,实际上它们不仅可能是上年度劳动的产品,而且它们现在的形式也是经过许多世代、在人的控制之下、通过人的劳动不断发生变化的产物。"[①] 就人类的整体而言,这种历史的人化的过程,也是人类总体和自然界关系发生变化的过程,是自然逐渐向人生成、揭示自身的过程。这种揭示是具有历史层级性的,这种层级性表现为从物质关系到认识关系,再到审美关系的历史生成性。

---

① 《马克思恩格斯文集》第5卷,北京:人民出版社2009年版,第212页。

"从理论领域来说,植物、动物、石头、空气、光等等,一方面作为自然科学的对象,一方面作为艺术的对象,都是人的意识的一部分,是人的精神的无机界,是人必须事先进行加工以便享用和消化的精神食粮。"①因而,自然从历史顺序上说是按照人迹所到的自然、认识的自然、有所改造的自然、人造自然、人体自身的自然等次序,按照人化的不同水平进入人的观照范围之内,成为人的精神把握的对象,进而成为美的事物的。比如,经过认识的自然和经过改造的自然这两方面就是自然美的根源所在。那些雄奇峻峭的山岭、波澜壮阔的江河和生机勃勃、欣欣向荣的植物,都是人类历时上万年劳动、实践改造的对象。在长期的改造过程中,人不仅从功利角度(有用)、认识角度(揭示规律)把握了这些对象,而且也在认识的基础上和这些对象建立起了特殊的情感关系,从而使它们进入了审美领域,成为了美的事物。另外,人在劳动中结成的关系也是社会美形成的根源所在。在漫长的劳动过程中,人类在实用领域中结成关系以利于有效地改造自然,在这一过程中,人类对人与人交往关系的调节凝结成为了超生物意义的道德规范和伦理意志:两性关系超越了繁衍的目的而以爱情为追求;族群群居的关系超越了求生的目的形成了"尊老爱幼"的价值标准;劳动本身也超越了满足人为的需要的目的而凝结成"勤劳""诚实"的社会尺度;甚至太阳、月亮、银河这些虽然未经人类劳动改造但和人的劳动密切相关的对象,也进入了人的审美视域。这些都成为了美的事物。

其二,劳动创造了能够欣赏美的人。"一方面,随着对象性的现实在社会中对人来说到处成为人的本质力量的现实,成为人的现实,因而成为人自己的本质力量的现实,一切对象对他来说也就成为他自身的对象化,成为确证和实现他的个性的对象,成为他的对象,……另一方面,即从主体方面来看:只有音乐才激起人的音乐感;对于没有音乐感的耳朵来说,最美的音乐也毫无意义,……社会的人的感觉不同于非社会的人的感觉。"②这"另一个方面"讲的就是主体自身通过历史性劳动的"人化"问题。马克思还讲到要使"人之感觉变成人的感觉","人的需要变成人的需要",人创造着社会,社会本身也创造着作为人的人。其后

---

① 《马克思恩格斯文集》第1卷,第161页。
② 同上书,第191页。

还指出:人们通过劳动"作用于他身外的自然并改变自然时,也就同时改变了他自身的自然。他使自身的自然中蕴藏着的潜力发挥出来,并且使这种力的活动受他自己控制"①。主体自身的自然"人化"包括两个方面,一个是我们前面谈到过的外部的、形体的、物质和生理器官方面的;另一方面是内部的、精神的和心理素质方面的。在这一过程中,人通过劳动培养了自身精神能力的专注性,并在不同方面发展了自身的感官的特性。总起来说,这些特性包括:

a. 概括性。马克思说"感觉在自己的实践中直接成为理论家"②就是这个意思。人的感觉摆脱了对具体可感对象的依赖而具有了间接抽象性,这就扩大和加深了人的感觉能力。所以"鹰比人看得远得多,但是人的眼睛识别东西远胜于鹰。狗比人具有更敏锐得多的嗅觉,但是它连被人当做各种物的特定标志的不同气味的百分之一也辨别不出来。"③

b. 联系性。通过历史性劳动,人的感觉部门之间的关系愈加密切,各种感觉互相沟通和相互补充,形成人类特有的感觉能力。例如宋代诗人宋祁的名句"红杏枝头春意闹","闹"字把事物无声的姿态说成是有象有声的波动,反复在视觉里获得了听觉的感受。我们常常说的"红"是"暖色","蓝"是"冷色",就是我们感官通感的作用所致。

c. 情感性。和动物直观面对对象不同,人由于历史性的劳动实践和他的对象之间保持一种自由的关系,对事物有多种选择的可能,这样,人的感觉就不会束缚在本能感觉的范围内,而是和知性活动相互协调产生复杂的诗意情感关系。例如,毛泽东咏梅的句子:"已是悬崖百丈冰,犹有花枝俏。"其突出的特点就不是在于对对象有精密的刻画和描摹,而是在于对景象的表达之中渗透了革命者那种不怕艰险、勇往直前的精神。又如,三国时期政治家诗人曹操的《步出夏门行·龟虽寿》中"神龟虽寿,犹有竟时。腾蛇乘雾,终为土灰。老骥伏枥,志在千里;烈士暮年,壮心不已"的句子,其中不同的自然对象,都是不同的价值承载者;在这首诗中,诗人把宇宙无限,生命有限,但事业无穷这一对人

---

① 《马克思恩格斯文集》第5卷,第208页。
② 《马克思恩格斯文集》第1卷,第190页。
③ 《马克思恩格斯文集》第9卷,第554页。

生社会的理解,有机地融注于对长寿的神龟、驾雾的腾蛇、老迈的千里马和暮年的壮士的议论之中,诗歌通过带有形象性的议论,直接传达给读者的是诗人对生命规律的揭示和成就事业的观点,但又不仅仅是纯粹的概念,而是凝聚了诗人不信天命、不甘衰老、生命不息、奋斗不止的豪情壮志。这些都是人的感觉发展成为社会性情感的表现。

　　d. 创造性。亦即感官凭借丰富的联想和想象,超出具体的实际感觉对象而自由地扩充了的感受。譬如,我们上文提到过的月亮作为美的对象,它虽然没有经过人的劳动实践改造,但是因为人的人化感觉的创造性而成了审美对象。就拿中国的古典诗歌来说,吟咏皎月的诗歌不乏其例,"残月"被人同聚散不定、人事的无常联系起来,成为表达人离别时落寞惆怅与伤心凄凉的文化符号。比如:"杨柳岸、晓风残月"(柳永《雨霖铃》),"望一川暝霭,雁声哀怨;半规凉月,人影参差"(周邦彦《风流子》),"残月出门时,美人和泪辞"(韦庄《菩萨蛮》)等等。进一步,月亮在人的自由创造的感觉活动中,还获得了"爱情符号"的特殊内涵。请看,"花前月下暂相逢,苦恨且从容。何况酒醒梦断,花谢月朦胧。花不尽,月无穷,两心同。此时愿作,杨柳千丝,绊惹春风"(张先《诉衷情》),"思悠悠,恨悠悠,恨到归时方始休。月明人倚楼"(白居易《长相思》),"月分明,花淡薄,惹相思"(欧阳炯《三字令》)。此类诗句真是俯拾皆是。这种欣赏远离劳动对象的能力,正是人化了的感觉主体能动性、创造性的体现。

　　历史性的劳动实践使人获得了一切历史性的人的能力。以上我们提到的这些能力,使人的感觉大大丰富了,使人能够从形式的、社会的、历史的等多个侧面来把握"美"。

　　我们认为,唯物史观和辩证法以及以此为基础的科学实践观,在理论上解答了人类美学史上"美是什么""美从哪里来"的问题。美的劳动本质说克服了"美在理式"的神秘主义,从根源上解答了"理式"的生成:理式不是别的,正是人的本质力量的历史结果,"美的理念"恰恰是人类劳动实践的产物,其中包含着人类对自然的改造之后的亲和关系,包含着人类亘古以来延续着的理想和梦想,希望和渴求,包含着人类社会关系必需的价值标准。美的劳动本质说也克服了"美只是自然属性"的实证主义。在人类的历史劳动中哪种"自然"能和人无关呢?不是连人类"遥不可及"的日月星辰,都因为在历史劳动过程中和人发生这样或那样的关系而进入了人的把握视域之中了吗？抛开历史性生成的"人的感觉"又怎么能说清楚对美的感知的"心理现象"呢？美的劳动本质论赋予机械唯物主义的"美在关系"说以历史内容，克服了滑向"生物主义"误区的缺点。

综上所述，美的事物是人类生产劳动实践的产物。人类的生产劳动不同于动物的本能活动，它是按照美的规律、有意识有目的、自由创造的活动。劳动创造了世界，也创造了人类自身；劳动是"自然的人化"，也是人的本质的自我获得；人类通过劳动获得了社会的、普遍的、自由的本质，又将人的社会的、普遍的、自由的本质物化在客观世界中。

三、审美关系

前面我们谈了"美的历史生成"，或者可以说是"美的一般本质"，也就是"美的一般可能性"。下面我们来讨论美在进入"关系域"之中的规定。

我们应该十分注重关系范畴，它不仅把人同世界的关系、思维与存在的关系看做哲学的基本问题和最高问题，而且要求在相互联系、相互制约的关系系统中认识一切社会历史现象，并把人的本质理解为一切社会关系的总和。科学研究的方法都是从"关系"出发的。

就美而言，审美关系则是其核心的范畴。在美的领域中，种种范畴只有在审美关系中才能得到理解。历史告诉我们，不在真正历史的、社会的审美关系中理解美，终究是不会找到美的最终秘密的。美的事物是劳动创造的，审美的能力也是在劳动过程中培养起来的，二者本身就处在一种历史性的关系之中。从最为浅显的角度说，审美的两个方面是不可能隔绝开来的，审美属性只对人的眼睛、耳朵来说才是可能的——古人说得好："珠玉不睹乎外，则王公不以为宝"（《荀子·天然》）；"瞽者无以与观乎文章，聋者无以与钟鼓之声"（《庄子·逍遥游》）。更为根本、更为深刻的是，在主体人和客体对象的历史生成过程中，二者从来都是纠缠在一起的，互相推动地发展着的。其实，在人文社会领域，"我们仅仅知道一门唯一的科学，即历史科学。历史可以从两方面来考察，可以把它划分为自然史和人类史。但这两方面是不可分割的；只要有人存在，自然史和人类史就彼此相互制约。自然史，即所谓自然科学,我们在这里不谈;我们需要深入研究的是人类史,因为几乎整个意识形态不是曲解人类史,就是完全撇开人类史"①。的确,要将历史和自然史分开是不可能的。人与现实之间发生的联系,是作为一种特定的"关系"而建立的。"凡是有某种关系存在的地方,这种关系都是为我而存在的"②,是"属人的存在"。

既然如此,那么,让我们来看一看审美关系的基本规定性吧。

1. 审美关系的本质内涵

我们在该章第二节中谈了那么多主客体的历史生成问题,其实,就已经渗透着审美关系本质内涵的基本内容了。

审美关系的本质内涵包括以下几个方面:

(1) 审美关系的基础是人的本质力量的对象化。

人的劳动实践作为对人的本质力量的确证是审美关系的基础。在审美活动中,人在直观的层次上是审"对象",而在深层的层面上却是通过审对象来间接地"审己"。对此,马克思说得很清楚:

> 假定我们作为人进行生产。在这种情况下,我们每个人在自己的生产过程中就**双重地**肯定了自己和另一个人:(1)我在我的**生产中**物化了我的**个性**和我的个性的**特点**,因此我既在活动时享受了个人的**生命表现**,又在对产品的直观中由于认识到我的个性是**物质的**、**可以直观地感知的**因而是**毫无疑问的**权力而感受到个人的乐趣。(2)在你享受或使用我的产品时,我**直接**享受到的是:既意识到我的劳动满足了**人的**需要,从而物化了**人的**本质,又创造了与另一个**人的**本质的需要相符合的物品。(3)对你来说,我是你与类之间的中介人,你自己意识到和感觉到我是你自己的本质的补充,是你自己不可分割的一部分,从而我认识到我自己被你的思想和你的爱所证实。(4)在我个人的生命表现中,我直接创造了你的生命表现,因而在我个人的活动中,我直接**证实**和**实现**了我的真正的本质,即我的**人的本质**,我的**社会的本质**。
>
> 我们的生产同样是反映我们本质的镜子。③

---

① 《马克思恩格斯文集》第1卷,北京:人民出版社2009年版,第516—519页。
② 同上书,第533页。
③ 《马克思恩格斯全集》第42卷,北京:人民出版社1979年版,第37页。

我们说的"审己"中的"己",不是个人,因而"审己"也并非是个体性的自我欣赏。这里的"己"是"我们的本质",是人与人的社会关系和社会本质。因为人在实践上和理论上都把类——自身的类以及其他物的类——当作自己的对象,人是人的第一个对象,人同自身的关系是一种对象性的、现实的关系。

(2) 审美关系是合规律性与合目的性的统一。

人类和世界建立起来的对象性关系是历史性地发生着分化的,因而人同世界的关系呈现为多方面。人有多少种需要、多少种器官,就会同世界建立起多少种关系。随着人类生产与生活的发展,这些关系在广度和深度上都还在不断地扩展着。从分类学的角度看,人同世界的各种关系都可以分别归入两个大类:物质关系和精神关系。

前面我们在本体论意义上已经谈到了人同世界的物质关系。人一方面只有依赖自然界的物质才能生存,吃喝住行都离不开自然界的物质,通过消费活动把自然物质转化为人的机体物质,以维持肉体的生存和运转,另一方面又通过物质实践活动不断地改造自然,以满足自己不断增长的物质需要,求得更好的发展。这种在劳动基础上的自然与人之间的双向物质交流,促使自然和人都不断地朝着高度人化的即合乎人性的方向发展。人与自然之间的物质交流方式的发展也促进着人与人之间的物质关系的发展,并由此构成一切社会历史的基础。因为,人们首先要吃、喝、住、穿,然后才能从事政治、科学、艺术、宗教等活动,物质生活的生产方式制约着整个社会生活、政治生活和精神生活的过程。

关于人同世界的精神关系,我们可以把它分作三种:认识关系、功利关系和审美关系。

认识关系主要表现为:人通过实践认识对象世界的外貌、本质、联系、规律等方面的真实情况及其对人类的意义。这是人类从事生产和生活实践所必需的,又是在实践中实现的。不断扩大、提高和加深的认识既丰富着人们的知识,又启迪着人们的智慧,并形成人类进一步改造世界的内在力量。因而可以说,认识关系是以合乎对象的规律性为指归的,我们简称为合规律性。

功利关系,是指对象的存在与人的实际需要之间的关系。人们为了生存发展,必须满足自己的实际需要:衣食住行、安全、尊重、友谊、爱情等等。人们通过劳动实践在对象世界中实现自己的目的和意志,并根据目的实现的情况考察对象对主体的益损利弊,做出功利评价,制定并不断更新各种伦理道德规范和行为准则,趋利避害,以维护社会群体利益,利于群体的生存发展。因而功利关系是以人实现自身愿望的目的为指归的,我们简称为合目的性。

审美关系则较为复杂,和认识关系、功利关系密切地交织在一起,然而又有明显的不同。我们往往只能从审美关系相对于前两种关系的否定性关系中探究它的实质。

先看看审美与认识的区别和联系。

审美关系不同于认识关系。早在中国古代,就有人感到了这一点。严羽曾说:"诗有别材,非关书也;诗有别趣,非关理也。""所谓不涉理路,不落言筌者,上也。"①西方美学史上明确地从理论上探讨这个问题的最重要的理论家是康德,他说:"美是那不凭借概念而普遍令人愉快的。""这种判断之所以叫做审美的,正因为它的决定根据不是概念,而是对诸心理功能活动的协调的情感。"②这里其实是说对美的感受不是究明事理,审美不经过概念,有别于逻辑判断。如果我们从审美经验出发体验一下,就会承认这个说法是成立的:明理和经过概念的逻辑判断并不导致审美。人们从事审美活动一般也不是为了认识,或主要不是为了认识。从人的历史形成的审美能力来说,主体面对对象的时候,第一步往往是形式把握,也就是说起作用的首先是"审美直觉"。审美直觉是人们在长期的社会实践活动中逐渐形成的、建立在审美观察和审美体验之上的高级的审美感知能力,是一种以主观的情感体验去观照自然和现实,让审美对象激发主体的情感,又将主体的情感融入审美对象之中的表象运动。这就是说,审美对象的某些特征诱发了主体的特定情感,而主体又在情感体验中不断强化对客体的感受,使从物象得来的表象依照主观的情感体验的逻辑和审美理想规定的方向进行变异和重新组合,形成新的情感化意向。这在我国传统的审美经验中是不难找到佐证的。审美直觉在中国古代文艺和美学思想中常被称作"味"或"体味"。例如,老子的"味无味"(《老子》六十三章),王弼释为"以

---

① 《沧浪诗话校释》,北京:人民文学出版社1964年版,第23—24页。
② 〔德〕康德:《判断力批判》上卷,宗白华译,北京:商务印书馆1964年版,第79、66—67页。

恬淡为味"(《老子注》)等。

许多思想家都曾经推重巴尔扎克的《人间喜剧》的认识价值,推重过托尔斯泰文学作品的认识价值,但这只是他们对文艺本质和功能的一种论述。文艺作为美的载体,只是美的一种典型的特殊的形式,一旦涉及自然美等形式,这个论断就超出了它的适用范围。人同世界的关系是多种多样的,每种关系都有其特殊的规定性。作为掌握世界的方式,马克思就将它们分为四大类:理论的、艺术的(即审美的)、宗教的、实践精神的。当读着恩格斯下面这段话的时候,我们会从中直观地"感受"到而不是"认识"到某种力量:

>……如果你站在宾根附近的德拉亨菲尔斯和罗甫斯倍克的顶峰上,越过飘荡着葡萄藤香味的莱茵山谷,眺望那与地平线融合在一起的远处青山,了望那泛滥着金色阳光的绿色原野和葡萄园,凝视那反映在河川里的蔚蓝色天空,——你会觉得天空同它所有的光辉一起俯垂到地上和倒映在地上,精神沉入物质之中,言语变成肉体并栖息在我们中间:在你面前就有着具体化了的基督教。和这种情形截然相反的是北德意志的草原;在这里看到的只是干枯的茎秆和意识到自己的无力而不敢爬到地面上来的帚石南;东一棵西一棵地直立着曾经勇武一时而现在已遭雷劈的树木;天空愈加晴朗,它就愈加以孑然自在的壮丽向那沉痛地躺在它面前的贫瘠的土地显示出它自己的不凡,它那发亮的眼睛就愈加愤怒地睥视那赤裸裸的不毛的沙地:这里表现出来的是犹太人的世界观。①

不过,说审美不同于认识,这只是问题的一个方面;另一个方面是,审美又根本不能排除认识。如果连最起码的认识都没有,也就不能审美;而广博深厚的认识,将有助于审美范围的扩大,提高审美关系中主体一方的能力,使他的眼光更具美感,丰富和加深对象一方的美的内涵。所以,严羽在说了"诗有别材,非关书也;诗有别趣,非关理也"之后,又说"然非多读书,多穷理,则不能极其至","诗有词理意兴。南朝

---

① 《马克思恩格斯论艺术》第4卷,米海伊尔·里夫希茨编,曹葆华译,北京:人民出版社1960年版,第388—389页。

人尚词而病于理,本朝人尚理而病于意兴;唐人尚意兴而理在其中;汉魏之诗,词理意兴,无迹可求"。这里的"意兴",就是我们前面提到的审美直觉经验。"病于意兴"固然有悖于审美,但"病于理"也不是诗歌的上乘,只有"尚意兴而理在其中",才是理想的境界。

再来看同样将审美关系和认识关系区分开来的康德。他虽然主张审美非认识、不经由概念和无目的,却又肯定审美的普遍性、必然性与合目的性,是一种"想象力和知性的自由运动",虽不经由概念却又趋向于某种非确定性的概念。从马克思的论述来说,这一点更清楚:

> 通过实践创造对象世界,改造无机界,人证明自己是有意识的类存在物,就是说是这样一种存在物,它把类看做自己的本质,或者说把自身看做类存在物。诚然,动物也生产。动物为自己营造巢穴或住所,如蜜蜂、海狸、蚂蚁等。但是,动物只生产它自己或它的幼仔所直接需要的东西;动物的生产是片面的,而人的生产是全面的;动物只是在直接的肉体需要的支配下生产,而人甚至不受肉体需要的影响也进行生产,并且只有不受这种需要的影响才进行真正的生产;动物只生产自身,而人再生产整个自然界;动物的产品直接属于它的肉体,而人则自由地面对自己的产品。动物只是按照它所属的那个种的尺度和需要来构造,而人却懂得按照任何一个种的尺度来进行生产,并且懂得处处都把内在尺度运用于对象;因此,人也按照美的规律来构造。①

人的生产本身,就包含了对对象的规律的认识,这种认识已经历史地内化为人的"内在尺度"。人的审美直觉,正是这种基于历史性劳动—认识基础之上的概念的"自由运用"。所谓"自由运用",也就是说超越了认识的具体概念性,而以合乎对象法则的"美的规律",以"想象""直觉"等历史地形成的感知方式来自由地构造、体验对象。因而,审美把握虽然不是科学认识,但由于在发生根源上是一棵大树上的不同分枝,所以它们往往"神秘地契合":黄金分割的数率契合于人的审美直觉;数学,如果正确地看它,不但拥有真理,而且也有至高的美。这种美不是投向我们天性的微弱的方面,它没有绘画或音乐的那些华丽

---

① 《马克思恩格斯文集》第1卷,北京:人民出版社2009年版,第162—163页。

的装饰,却可以纯净到崇高的地步,能够达到严格的、只有最伟大的艺术才能显示的那种完满的境地。可以这么说,审美关系不同于认识关系,但以认识关系为前提和基础;审美不是认识,却包含或趋向于某种认知。

下面谈一谈审美关系和功利关系的区别和联系。

审美关系不同于功利关系。事实上,囿于粗陋的实际需要的感觉只具有有限的意义。比如,对于一个忍饥挨饿的人说来,并不存在人的食物形式,而只有作为实物的抽象存在;忧心忡忡的穷人甚至对最美丽的景色都无动于衷;贩卖矿物的商人也只会看到矿物的商业价值而看不到矿物的美和特质。审美关系中的对应双方是对象的美与主体的情,而功利关系中的对应双方则是对象的善与主体的意志。功利活动的目的是占有、支配对象甚至消灭对象,而审美活动的目的则只是观照对象,以求得精神的享受与充实;功利活动具有排他性而审美活动则具有分享性,等等。由于审美关系与功利关系之间存在着质的差别,因而混同两者是不对的。

另一方面,从多种角度来看,审美关系和功利关系又是联系着的。首先,从发生学的角度来看,人类的实用功利活动是人类通过生产、生活活动与他的世界建立起审美活动的基础。正是在实用功利活动满足了人的基本需要的基础上,才可能孕育和滋生审美的需要;正是在长期的实用功利活动过程中,人同世界才有可能建立起情感联系和兴趣联系;也正是在发现和熟悉对象的实用功利价值的基础上,才有可能发现和培育对象的审美价值。其次,功利关系本身的内涵也是历史地丰富着的。人类的物质生产使得精神生产成为可能,而精神生产一方面是审美的条件,另一方面也使功利关系被提升为伦理关系成为必然。从这个层面上说,审美关系和功利关系(伦理关系)便发生了联系。在精神生产的领域内,伦理关系作为精细化了的功利关系表现为对个人、社会、共同体具有历史约束力的价值体系;而审美关系作为主体(社会性的个体)一方的审美感的应用,必然受到这种约束力或积极或消极的影响。虽然这种关系极为复杂,但在许多审美现象中我们还是能够感受得到的。从自然美这种最接近形式美的范畴看,我国自古以来就有对自然美的"比德"说。在他们的眼中,美的对象和伦理对象交融一体,互为因果,自然美中包含着浓厚的伦理意味。从艺术美来看,甚至较抽象的音乐、舞蹈也和精细化了的功利关系(伦理关系)相联系,不仅中国的"乐"以尽善尽美为标准,①在西方,哲学家也认为"歌"是风俗、文化、政治的反映,对城邦而言至关重要。②

从以上各个方面看,我们说,审美是合目的性和合规律性的统一,是真和善的统一。从原理上说,审美是求真能力和求善能力的综合运用。正是审美关系与功利关系、认识关系结构之间有着这样的内在联系,所以审美关系中的"美"呈现出了多层级、多侧面的丰富多彩的属性。

2. 审美关系中美的多重属性

横向和纵向两个方面决定了审美关系中"美"的多重属性。横的方面,一则是我们上一节说的人类认识上的诸种关系的内在勾联,再则是美本身的不同范畴(自然美、社会美、艺术美)之间的内在关联和复杂关系;纵的方面,是人类的认识是处在一种历史进程之中的不断发展的结果。在这里,我们只能宏观地来对这些多侧面、多层级的美的属性作一简单的概括。

(1) 个体性和集体性。美首先作用于具体的审美者,使后者形成审美感受,这是一种个体活动。从这一点看,美不美靠个人感受这个说法是有一定道理的。每个个体都因这样那样的条件,而对同一个美的对象有不同的感受,这就是审美关系中审美个性引发的"美"的个体性问题。马克思在《评普鲁士最近的书报检查令》中控诉普鲁士当局时,就在为争取审美个性的合法性而抗辩:

> 你们赞美大自然悦人心目的千变万化和无穷无尽的丰富宝藏,你们并不要求玫瑰花和紫罗兰散发出同样的芳香,但你们为什么却要求世界上最丰富的东西——精神只能是**一种**存在形式呢?我是一个幽默家,可是法律却命令我用严肃的笔调。我是一个激情的人,可是法律却指定我用谦逊的风格。**没有色彩**就是这种自由唯一许可的色彩。每一滴露水在太阳的照耀下都闪烁着无穷无

---

① 孔子论乐"谓《武》'尽美矣,未尽善矣',谓《韶》'尽美矣,又尽善矣'"(《论语·八佾》),强调的就是"乐"中的伦理内容和审美形式的统一。

② 见柏拉图的《理想国》。在那里,柏拉图借着苏格拉底之口说:"若非国家根本大法有所变动,音乐风貌是无论如何也不会改变的。这是戴蒙这样说的,我相信他这话。" The Republic of Plato. New York: Basic Books, 1968. p. 102.

尽的色彩。但是精神的太阳,无论它照耀着多少个体,无论它照耀着什么事物,却只准产生一种色彩,就是**官方的色彩**!精神的最主要的表现形式就是**欢乐、光明**,但你们却要使**阴暗**成为精神的唯一合法的表现形式;精神只准披着黑色的衣服,可是自然界却没有一枝黑色的花朵。精神的实质就是**真理本身**。……精神的普遍谦逊就是理性,即思想的普遍独立性,这种独立性按照**事物本质**的要求去对待**各种事物**。①

当然,审美个性背后隐匿着审美关系的集体性标准,这一标准是社会、阶级、民族等价值标准的综合体,个人审美的特殊性总是在这个大的框架中活动着的。关于审美个性的问题,我们还会在美感一章详细加以论述。

(2)民族性。共同生活的地域,共同的语言和文化传统,共同的社会政治经济环境,这些条件和因素使得每个民族同他们的审美对象建立起了各不相同的审美关系,往往同一个对象对不同的民族来说具有不同的审美内涵。以希腊为代表的欧洲民族自古形成的悲剧文化,深深地影响了西方人的审美视域的发展走向和他们的艺术精神,而中华民族的特有文化也同样根本性地影响着我们对美的感受。悲剧之美在西方文学中十分发达,崇高感是西方人审美取向的最重要的一个向度,无论是基督耶稣受难与复活的宗教情感,还是《安提戈涅》《哈姆雷特》的人文情感;无论是《拉奥孔》塑像的极度痛苦之崇高美,还是科隆大教堂圆拱尖顶飞向天国的宗教启示和上帝拯救苦难的神秘性力量,都体现崇高美的原则。而"和合之美",则是中华民族传统文化的体现,那种让人产生敬畏感的西方美的形态在传统中国是很难被接受的。在传统汉文化的源头,我们的"发乎情,止乎礼义"(《毛诗大序》),从根本上就否定了那种可能性。这两种民族文化在特殊的地理和人文环境中各自相对隔绝地发展成了一个张扬、一个内敛的文化特质;钩心斗角指向中心的宫殿和耸拔超越的教堂,大团圆的戏剧程式与必然性的冲突造成的人的毁灭的戏剧程式——这些对立在很长一段历史时期内是不易相互理解的。当然,美的民族性标准也并非一成不变,随着世界市

---

① 《马克思恩格斯全集》第1卷,北京:人民出版社1956年版,第7—8页。

场的开拓,一切国家的生产和消费成为世界性的,作为结果,精神生产领域内的精神产品也会变成世界性的公共财产,"民族的片面性和局限性日益成为不可能,于是由许多种民族的和地方的文学形成了一种世界的文学"①。民族性的美的标准在世界性的交流中不断地调适、变更、新生。

(3) 阶级性。在审美关系当中,美还具有特定的阶级属性。这是因为,人们在自己生活着的社会生产中发生一定的、必然的、不以他们的意志为转移的关系,即同他们物质生产力的一定发展阶段相适合的生产关系。这些生产关系的总和构成社会的经济结构,即有法律的和政治的上层建筑竖立其上并有一定的社会意识形式与之相适应的现实基础。物质生活的生产方式制约着整个社会生活、政治生活和精神生活的过程。不是人们的意识决定人们的存在,相反,是人们的社会存在决定人们的意识。在特定的阶级社会,生产关系上的阶级性以不同的方式反映在审美关系中,离功利关系越近的美的领域反映得越清楚,社会美和艺术美中显性的阶级反映就要比在自然美中清楚。就社会美而言,不同阶级就有不同的对社会美的定义和标准:对劳动者来说首先能打动他的必然是勤劳、健康等品质,而对贵族来说,首先能打动他们的往往是"优雅""礼貌"(所谓的风度)等品质。正如我们前面说到的,即使最精细化了的审美关系,也和功利关系有着千丝万缕的联系。所以,我们不难发现,在许多自然美形态之中,也会包含着统治阶级的审美意识形态。譬如魏晋时期的文人对"山水""自然"的意识形态化,给中国传统文化中自然美便留下了烙印。

无论是个体性、社会性、民族性,还是阶级性,审美关系中的美,最具特征的综合属性就是历史性,即随着经济基础的变革,全部庞大的上层建筑——当然也包括美的观念——也或快或慢地发生变革。民族的审美标准,阶级的审美标准,以及作为二者结果的个体审美标准,必然随着上层建筑的变化而发生变化,不管这变化是快还是慢。应该说,历史的变化性是绝对的。

这里需要说明的是,因为审美关系这个概念本身就包含着"审美主体(美感)"和"审美对象"两个层面,所以"美感"和"美的对象"也具

---

① 《马克思恩格斯文集》第2卷,北京:人民出版社2009年版,第35页。

有审美关系的上述特征,在以后的章节里,我们将对这些"子概念"的特殊性加以分析。

关于美的事物的本质问题,我们在这里只是在前人研究的基础上提出了可供大家参考和研究的思路。但有一点是必须明确的:美的事物的本质只能在人的历史性劳动、社会生活的关系系统中去理解。这既是符合历史,也是符合实际的。

思考题
1. 谈一谈你对理解美的几种模式的看法。
2. 你怎样理解美的事物的本质?
3. 谈一谈劳动和人化自然的美学意义。
4. 简述人类按照"美的规律"创造的两个层次。
5. 什么是审美关系?
6. 谈一谈审美关系和认识关系、功利关系的区别与联系。

第二章 美 感 论

真正的美只属于人类。只有通过审美主体对审美客体的体验、观照、欣赏和评价,以及由此在内心引起的或愉快兴奋、或悲伤激昂的情感上的激动,美才得以显现。因此,"美感"是美学理论的关键。在上一章对美的事物的本质、根源和特征有了基本的认识以后,须得深入探讨美感的问题,才能进一步领悟美的奥秘。

关于美感的定义,学术界并没有达成共识。朱光潜先生说:"'美感'可能有两个不同的含义。一个指审美的能力,其用法和'道德感'、'正义感'相类似。另一个指审美的情感……两者之间的关系是因与果的关系。"[1]提出这种区分是必要的。将这种说法展开来,可以说美感有广义和狭义之分:广义的美感,指人类的审美意识系统,它是人们在长期的社会实践尤其是审美实践中形成并不断发展起来的审美心理结构、心理功能、心理活动和观念形式的总和,具体包括了审美能力、审美需要、审美趣味、审美理想、审美态度和审美感受等等。狭义的美感,则是指具体的审美感受,即美感的心理结构及其运动方式,它表现为主体在欣赏美的对象时综合的心理反应。作为一种包含着人的认知活动、情感活动和意志活动的复杂心理流程,审美感受侧重于共时性,它是美感形成的基础,因此也是审美意识系统的核心。相应地,审美意识系统则侧重于历时性,可以看做是在审美感受的不断积累、提升,审美经验不断丰富、提炼基础上逐渐形成的深层的、较稳定的观念结构。认识美感,既要对美感的心理活动(狭义的美感)探幽烛微,又要把审美意识系统(广义的美感)还原到人类社会实践的历史中,去研究美感的

---

[1] 《朱光潜全集》第 10 卷,合肥:安徽教育出版社 1987 年版,第 354 页。

来龙去脉。只有这样,才能全面地了解美感,准确把握审美活动的特征。

让我们先从广义的美感入手,来追溯人类审美意识系统的宏观历程。

一、美感的社会历史生成

1. 美感的根源曾让人困惑

在美学史上,尤其是西方美学史上,人们对美感的根源和本质提出过许多不同的看法。柏拉图认为,美感是人的灵魂在"迷狂"的状态下对于美的"理念"的观照,由于"理念"是不生不灭的、永恒的、最高的存在,所以只有少数人能受到"神灵凭附",进入这种状态,"回忆起上界里真正的美"。时至近代,人们不再否定审美对象的客观实在性,但是依然从先验的、心理的和经验的途径解释美感问题。比如英国的新柏拉图主义者夏夫兹博里(Shaftesbury),把先验的审美感官当作美感的基础,认为人天生便具有分辨美丑的能力,依靠"内在感官""第六感官"来评判什么是美好端正的,什么是丑陋恶劣的。康德在哲学思辨的高度上发展了这一先验学说,并企图为审美判断力找到一种"先验原理",以调和个体审美的特殊性与美感的普遍性之间的对立。心理学发展起来以后,这样的学说更是不断出现。如立普斯(Lipps)的"移情说",克罗齐(B. Croce)的"直觉"说,谷鲁斯(K. Groos)的"内摹仿"说等等,包括后来的精神分析学派,宣扬"本能说",把美感归结为被压抑的性本能的一种特殊的宣泄方式。

审美心理、审美经验固然重要,有关学说对审美意识心理过程的研究,尤其是康德对美感深层结构的探讨,对于理解美感功不可没。这在后面我们阐述狭义的美感即审美感受的具体过程和特征的时候还会谈到。但是,这些理论都只从主观意识方面来考察问题,忽略甚至否定了美感的社会性质和历史生成,因此,都没能科学地解释美感生成的根本原因。

还有一些学说则承认意识对客观存在的依赖,承认现实生活和社会历史对美感生成的作用,形成了美学史上解释美感的另一条理路。以亚里士多德的"摹仿说"为源头,18世纪英国经验派美学家博克把美感的根源归为"社会生活的情欲"(指性爱和社交)及"自我保全"的需要。费尔巴哈认为,美感来源于人在对象中直观到了人的本质。"人是在对象上面意识到他自己的,对象的意识就是人的自我意识。你是从对象认识人的;人的本质是在对象上面向你显示出来的;对象是人的显示出来的本质,是人的真正的、客观的我。不仅精神的对象是这样,连感觉的对象也是这样的。"①车尔尼雪夫斯基在提出"美是生活"的前提下,将美感看做是从审美对象上观照到生活所引起的愉快。他说:"凡是我们发现具有生的意味的一切,特别是我们看见具有生的现象的一切,总使我们欢欣鼓舞,导我们于欣然充满无私快感的心境,这就是所谓的美的享受。"②另外,也有人从人类历史的角度提出见解,比如达尔文(Darwin)主张生物进化说,认为高等动物由于生存斗争和自然选择的生物进化,就形成了美感。人类学家弗雷泽(Frazer)则提倡"巫术"说,认为审美活动来源于人的原始宗教、图腾崇拜和巫术活动。

这些观点无疑坚持了唯物主义的原则,认为美感来源于感觉经验,是人们通过感觉器官对审美对象的反应,是在审美对象中观照到人的本质的愉快,这样就避免了认为美感只是主观心理功能的偏执。但是,由于论者各自存在一些认识上的限制,要么抽象地理解人的本质,要么离开了人的社会实践,因此,同样无法完整地揭示美感生成的秘密。

只有马克思主义的创始人,以发展的观点,从美感与人类社会实践历史的本质联系中,真正为美感的起源做出了科学的考察。在第一章谈到美的根源时,已经涉及了这方面的一些内容。这里,我们有必要从人类审美意识产生和发展变化的方面作些解释。因为了解审美意识系统形成的宏观历程,是我们认识美感的第一步。

2. 美感的形成是整个世界史的产物

我们知道,人类劳动与动物劳作的根本不同在于人类能制造和运用工具。制造劳动工具,最早亦最明显地体现了人类有意识、有目的地进行自由创造活动的特性。在这个过程中,人类把主体的意识如愿望、

---

① 北京大学哲学系外国哲学史教研室编:《十八世纪末—十九世纪初德国哲学》,北京:商务印书馆1975年版,第547页。
② 〔俄〕车尔尼雪夫斯基:《美学论文选》,缪灵珠译,北京:人民文学出版社1957年版,第54页。

目的、才智等,灌注到对象客体——劳动工具中。当使用了工具的原始劳动比从前顺利、轻松而且效率提高的时候,人类不仅得到了物质的满足,而且在心理上和精神上,也体会到了创造的快乐。这就是人类最初美感的胚胎。艺术理论家锡·芬克斯坦(X. Finkelstein)在《艺术中的现实主义》中指出,在劳动中"力量觉醒时的快乐,对于不照老样子也能够生活下去的真理的发现,对于自身又高了一寸的感觉,这些便是审美情感的基础"①。考古学和艺术史的研究成果充分地说明了这一点。制造石器的发展规律是由大变小、由简单到复杂。先是自然形态的石头,而后敲砸、简单加工,后来发展到打磨、着色。旧石器时代中期,丁村人、长阳人使用的尖状刮削器、圆形状投掷器,已经略具规范,具有对称、均衡等形式美的成分。进入新石器时代,石器的种类大大增加,磨制石器如石锄、石铲、石斧、石镰等光滑匀整,造型美观,有了明显的方圆变化和比例协调。这一时期还出现了大量的组合工具,说明制造者已经具有了形体配合的观念。从那时起,人们与劳动工具的关系已经从最初的因劳动而喜爱愉悦,发展到了不自觉地以它们为审美对象。人的生存,不仅是存活着,而且是创造着;不仅是创造着,而且是欣赏着。工具的制造和使用,逐渐分清了人与自然,分清了主体与客体,从而产生出反映客观对象的主观心理活动。在劳动工具以及劳动成果上,人们通过思维肯定了自己积极的本质力量,通过感觉观照了自己的本质力量,从而获得了愉快喜悦,即获得了审美享受。人类的审美意识这时就开始出现了。

当然,"从历史上说,以有意识的功利观点来看待事物,往往是先于审美的观点来看待事物的"②。在人类的童年时期,由于生产力水平极为低下,人类征服和控制自然的能力还很有限,最初的形式美感必然和实用混杂在一起,最初的、朦胧的审美意识也是包含在关于对象的实用观念之中。原始美感的这种特点,集中表现在原始的动物崇拜、图腾崇拜和巫术活动之中。例如,巴西的巴凯里部落的印第安人,在自己的儿女的皮肤上画一些黑点和黑圈,使它很像豹皮。这样做既是一种

---

① 〔英〕锡·芬克斯坦:《艺术中的现实主义》,赵沣译,上海:上海文艺出版社1985年版,第13页。
② 〔俄〕普列汉诺夫:《艺术与社会生活》,曹葆华译,北京:人民文学出版社1962年版,第125页。

装饰,又是由于他们认为豹子是自己部落的始祖,以此求得一种佑护。中国的青铜器上布满了各种狰厉的形象,这在现代人看来也许是恐怖的,但当时却是保护部落的神祇,寄托了古代人带有某种神秘观念的审美情感。再比如,非洲一些原始部族的妇女,手上脚上戴着一些笨重的铁环,据说愈是富有的女人所戴的铁环就愈多愈重。因为这些部族还在经历着铁器时代,铁对于他们是最有用处的,因此也就是最美的东西。还有的非洲部落里,讲究服饰的男子用色彩鲜艳的羽毛装饰自己的头发,肩上披着豹皮或其他野兽的皮子。这种原始的装饰,为的是表明自己狩猎技艺的高明,是力量、勇气和灵巧的标记。

不过,也正是原始人的图腾崇拜尤其是巫术活动,在人类审美意识由不自觉走向自觉的过程中,起到了重要的中介作用。原始歌舞和绘画模仿形象,唤起了人的信仰,激发了情感和意志,并发展了人的观察能力和想象能力,成为人类艺术的雏形。如果说原始劳动为美感的生成提供了现实基础,使美感得以产生,那么原始艺术则为美感的独立提供了集中的形式,使审美走向自觉。

由上述人类最初的、朦胧的审美意识,发展到对美感的自觉追求,经过了漫长的演化和过渡。随着社会实践的发展,人类制造工具的水平逐步提高,征服自然的能力日益强大,人类才逐渐从自然的压力和束缚中解放出来。一方面,人类对于客观对象的主观能动性大大增强,只有当人们把生命的创造力量和本质力量自由地在客观对象上展现出来,才能不仅获得满足感和愉快感,而且能获得和谐感和自由感,这才是真正的审美感受。另一方面,"劳动创造了人本身"[①],人类在改造世界的同时也改造了自身,发展审美器官、培养审美能力、积累审美经验、创造审美环境、沉淀审美态度,以至于最终形成一定的审美心理结构,这些因素的汇合,才完善了人类的审美意识系统。这正如马克思所说的那样:"……从主体方面来看:只有音乐才能激起人的音乐感;对于没有音乐感的耳朵来说,最美的音乐也毫无意义,不是对象,因为我的对象只能是我的一种本质力量的确证,就是说,它只能像我的本质力量作为一种主体能力自为地存在着那样才对我而存在,因为任何一个对

---

① 恩格斯:《自然辩证法》,《马克思恩格斯文集》第9卷,北京:人民出版社2009年版,第550页。

象对我的意义(它只是对那个与它相适应的感觉来说才有意义)恰好都以我的感觉所及的程度为限。因此,社会的人的感觉不同于非社会的人的感觉。只是由于人的本质的客观地展开的丰富性,主体的、人的感性的丰富性,因此,音乐感的耳朵、能感受形式美的眼睛,总之,那些能成为人的享受的感觉,即确证自己是人的本质力量的感觉,才一部分发展起来,一部分产生出来。因为,不仅五官感觉,而且连所谓的精神感觉、实践感觉(意志、爱等等)——一句话,人的感觉、感觉的人性——都是由于它的对象的存在,由于人化了的自然界,才产生出来的。五官感觉的形成是迄今为止全部世界史的产物。"①从美学的角度理解这段话,就是对以上内容的最好总结:对象的意义要靠人的感觉来发现,包括美感在内的人类感觉的产生,是人类长期劳动并使自然界得以人化的结果。自然界人化的过程是全部世界史的过程,因此,美感也是整个世界史的产物。

3. 美感随着人类社会的演进而不断丰富

既然美感是整个世界史的产物,那么,它必然随着人类社会历史的演进和社会生活的丰富而逐渐变得精细、复杂、丰富。

由于最初的美感主要来自于制造工具,人类不断发现对称、和谐、完整和平衡的工具最能发挥效力、促进生产。并且,在人类控制自然的能力还比较低下的情况下,平静、和谐、优美也是人类对生活状态的向往。因此,对这些因素的自觉追求,在物质生产的发展和社会生活的进步中不断被总结、强化,成为人类最早的审美理念。比如,毕达哥拉斯学派认为"美是和谐和比例",平面图形中圆形最美,立体图形中球形最美,最美的长方形要符合"黄金分割律"。罗丹(Rodin)曾经仿制公元前5世纪希腊雕塑家菲利阿斯的作品,生动地描述了希腊雕塑的特色:"从头到足有四个彼此相反的面",这四个面之间是平衡、匀称、和谐的,显示了一种"稳静优美",具有"人生的幸福、安宁、优美、平静和理性"的含义②。同时,早期的审美观念中,还多多少少有着实用的、功利的痕迹。苏格拉底就提出美在于善,善即美。而所谓善就是有用,所

---

① 《马克思恩格斯文集》,第1卷,北京:人民出版社2009年版,第191页。
② 〔法〕罗丹:《罗丹艺术论》,沈琪译,北京:人民美术出版社1978年版,第105—107页。

以一个有用的粪筐也是美的。另外,对于自然美的欣赏,也往往是人格化、道德化的。中国古代从周秦时代开始有了对自然山水的审美观照,"知者乐山,仁者乐水"(《论语·雍也》),"夫玉者,君子比德焉。温润而泽,仁也;栗而理,知也;坚刚而不屈,异也"(《荀子·法行》)。这就是古代的"比德"说。自然美进入人的审美领域,标志着审美意识的一个进步。但是,此时自然物的美丑,不是决定于它自身的价值,而是按其比附的道德情操的价值来评定的,这表明自然美的美感意识还没有独立。

随着生产力水平的突飞猛进、人们眼界的扩大、人化自然领域的迅速扩展,人类的审美意识发生了显著的变化。这首先表现在审美领域的扩大和审美观念的丰富。原来对人来说一些疏远的、可怕的自然现象,荒无人烟的大漠、波涛汹涌的海洋、冰封雪盖的极地、惊心动魄的火山爆发,都可以成为审美的对象。人们不仅喜爱和谐优美的自然风光,也追求自然界的崇高与壮美。在艺术方面,人们除了继承古代人要求和谐、对称、平衡的审美理想之外,重视形式的新奇、怪异、个性、变化甚至是粗犷、丑陋,都显示了审美追求的复杂多样。文艺复兴时期的艺术,鲜明地体现了这种变化。意大利雕塑家米开朗基罗(Michelangelo)的雕塑几乎不再追求和谐与优美,而是追求激昂与力量,他的代表作《大卫》,紧蹙双眉、圆睁双目,肌肉刚健有力,手臂青筋暴起,头颅执拗地转向一侧,表现出无穷的力量和钢铁般的意志。他的另一个作品《奴隶》,主人公一条腿挺立,一条腿上抬的一个面与整个身体的剧烈扭动的一个面互相向相反方向发展。"姿态显得狂暴,同时又受到束缚——与古代雕塑的宁静成显著的对照",表现了"人类苦痛的反省,不安的毅力、绝望的行动意志,为不能实现的理想所困而受的苦难"。[①]

其次,是审美感受的细致和深入。前面提到的对于自然美的欣赏,虽然"比德"的观念在其后的审美欣赏和艺术创作中还有广泛的影响,但是到了晋宋以后,对自然物"畅神"的审美观盛行起来。它注重欣赏自然物的内在特点和内在生气,注重审美主体与审美客体之间既"随物宛转"又"与心徘徊"的有机交融,在"心会神融""物我俱化"的审美状态

[①] 〔法〕罗丹:《罗丹艺术论》,沈琪译,北京:人民美术出版社1978年版,第108—109页。

中,主体摆脱了对道德的、人格的和功利的指射,得到了情感的抒发和精神的畅快。这种观念同时带动了艺术创作,艺术家开始追求浑然天成、气韵生动,"当伸纸洒墨,吾腕中若具有天地生物光景,洋洋洒洒,其出也无滞,其成也无心,随手点拂,而物态毕呈;满眼机关,而取物自便。心手笔墨之间,灵机妙绪,凑而发之"①。"畅神"的审美观,显示了美感走向了更深入、更纯粹的境界。

到了20世纪,社会冲突剧烈频仍,现代科学技术日新月异,促使社会面貌和人们的生活习惯发生了很大的变化,由此而影响着人们的审美意识,在整个文化领域表现出鲜明的反传统倾向。现代派的艺术家们,往往独出心裁、标新立异,用夸张的、荒诞的、扭曲的、虚幻的艺术形式表达自己的内心世界,关怀人类的生存困境。这些需要一定知识背景和文化素养才能够理解的艺术,既刷新了人类的审美趣味、审美感受,也从另一个角度提高了人们的审美能力。当代社会中,人类对日常生活的审美追求日益显著,艺术样式不断出新,人们的美感素养也大有提高,美感活动更广泛、更紧密地和人类联系在一起。这些情况表明,人类的审美意识不会局限、满足于已有的内容和形式,它必定随着人类社会实践的发展,出现更多、更新、更丰富的内容和形态。

总之,美感的发展受到人类物质生产的社会实践的制约,经历了一个由不自觉到自觉、由实用到审美、由简单到复杂、由狭窄到广阔、由粗略肤浅到细致深入的过程。也正是由于美感是整个社会历史发展的产物,与一定时代的社会生活发生较为直接的联系,受着社会政治、经济、文化等各种因素的影响,因此,它表现出与其他社会意识所共有的时代性、民族性和个体性,当然,其中也有共同性。

美感的时代性,是指人的审美意识随着时代的不同而有所差异。很显然,不同的社会环境、生活经历、生活条件,造就了不同的审美能力、审美趣味和审美取向,对同一对象也会产生不同的审美感受。古希腊时代引以为纯朴、健美和爱的化身的维纳斯塑像,到了中世纪被基督教徒视为"妖妇";我国战国时期,美人以腰细为美,史书上记载"楚王好细腰,宫中尽瘦死",而唐代的人们却喜爱丰腴的美人;作为审美意识凝聚物的艺术,更是标记着鲜明的时代特色。古代文学以诗歌为主,

---

① 沈宗骞:《芥舟学画编》卷二。

崇尚押韵、对仗和节奏之美。而当代的文学以叙事为主,崇尚曲折、惊险和繁复之美。在大众传媒迅速发展起来以后,文学甚至有了图像化、直观化的趋势。

美感同时也因民族的不同而有所不同。中国人喻梅、兰、竹、菊为四君子,绘画中经常以此为题材。而对于缺乏东方生活经历、艺术修养的西方人来说,或许很难深刻理解它们含蕴的情趣。同样的,不熟悉西方的基督教文化背景,欣赏西方的宗教画或许看不出什么名堂,甚至会理解错讹。非洲西海岸的黑人称赞皮肤越黑越美,恐怕东方人就不会有这种感觉。审美意识的民族差异,尤其是艺术的民族性,使得这个世界的审美活动丰富多彩。

美感还会因人而异,这就是美感的个体性。审美个性,是通过群体的审美意识的渗入和个体审美心理结构的形成而展现丰富的、多样的审美特征。它是社会审美意识在个体审美心理结构中的折射和反映。由于人先天的生理素质、神经类型、气质和禀赋各不相同,后天的社会生活经历、文化修养、职业习惯、审美活动等方面也形形色色,所以,各个人的审美感受、审美取向和审美趣味等,会显示出明显的差异。这一点是很容易理解的。前往桂林欣赏漓江山水的人络绎不绝,大家无不赞叹自然之神奇秀美。而生活在江边的人们大部分对此漠然,因为他们置身其中,早就看惯了这里的山山水水。没有了距离,就很难产生惊奇的美感。即使是同一个人,在不同的心态、生活方式和年龄阶段中,审美感受也会发生变化。鲁迅就说过:"拿我的那些书给不到二十岁的青年看,是不相宜的,要上三十岁,才很容易看懂。"[①]审美个性创造并丰富着现实世界和艺术世界,表现出了人的丰富性和多样性。不过,承认审美个性,并不意味着否定社会一般审美标准的存在。社会审美标准,是在人类社会实践中逐渐显著,并经由艺术强化传承而形成的审美心理的积累,是审美趣味、审美理想和审美观念的长期凝结。社会审美标准具有历史具体性,是一定时代、一定民族的共同标准。任何现实的审美个性,总是这样那样的体现着社会一般审美标准,不受制于某种客观审美标准的审美个性是不存在的。

时代性、民族性、个体性等构成了美感的差异性。但同时还应该看

---

① 《鲁迅全集》第10卷,北京:人民文学出版社1958年版,第307页。

到,美感也具有共同性。这是一个问题的两个方面,不能割裂地强调其中一方。审美意识共同性的主要原因在于:首先,人类的生理结构和机制以及心理活动的规律大致相同,特别是感受美的感官和神经系统是相同的。并且,人们在审美活动中,感知、思维、情感等活动也遵循着大致相同的心理活动规律。人们常说"人同此心,心同此理",就是这个意思。其次,从历时的角度看,人类在社会实践中,不断地积淀着历史的文明,建构着人类社会相对普遍的心理结构(尤其在同一个国家或民族内部),尽管人们所处的时代不同、地域不同,但是,由于人类的审美心理结构有着某种普遍性、共同性和延续性,不同时代积淀和体现在审美对象上的情理结构,与今天人们的审美心理结构也有相互对应的准同构关系,因此,也能产生近似或相同的美感。这也就是为什么我们现在还能欣赏古典的文学和艺术作品的原因。最后,形式美感的共同性最具有代表性。形式美感,诸如对对称、和谐、均衡的形式因素的美感要求,也可以包括对山水自然的审美欣赏,是在社会实践中高度抽象概括出来的,它较少受到时代、民族和地域的影响,因此,往往是人们共同的审美趣味范畴。

我们在人类社会劳动实践的历史中,考察了美感的产生和发展,并了解了美感由此而具有的差异性和共同性。但进一步地思考,人类的审美活动毕竟首先是个体的、具体的心理活动。为什么我们会产生美的情感、享受美的愉悦?美感究竟是一种什么样的情感体验?这就需要我们研究人类的心理结构,从审美感受,即狭义的美感层面来把握美感的特征。

二、美感的心理结构

1. 美感的心理机制

从前面的论述中我们知道:人类在改造世界的同时也改造了自身。从人类心理学的角度看,这种改造表现为"人的实践经过亿万次的重复,它在人的意识中以逻辑的方式固定下来"[①]。这种"逻辑的格"其实

---

① 列宁:《哲学笔记》,《列宁全集》(中文第 2 版),第 55 卷,北京:人民出版社 1990 年版,第 186 页。

就是社会实践的"内化"和"积淀",是人类在长期人化自然的过程中逐渐建构起来的各种心理机制,亦即人类活动的内在动力机制。心理学上一般把人的心理机制粗略分为智力、意志和情感三部分,分别行使认识、行为和感受的功能,并分别对应真、善和美三种观念。从这种对应关系中可以看出,美感主要是人行使感受功能的情感活动。当然,人类的心理活动是一个有机整体,任何心理过程都是人的智力、意志和情感在实践活动中不可割裂地协同进行着的过程。美感也是如此。

那么,在进入具体的审美心理结构分析之前,我们还是先简单地了解一下智力和意志对美感活动的协同作用,以及美感活动中的情感运动方式为宜。

(1)智力机制与认识活动。智力机制是在主客体相互作用的基础上,主体将客体的规律内化于心灵的结构形态。也就是人类在实践活动中,认识自然的发展规律,把多种多样的自然规律性的结构和形式,转化为语言、符号和文化的信息体系,最终内化为人的智力机制。由此,人们获得了知识,达到了对"真"的把握。这个过程就是通常所说的认识活动。

我们知道,在一般的审美感知中,人们对审美对象的鉴赏或许并不需要将对象本身的物理属性搞清楚。但是,如果不是以对于自然和社会生活的一定经验为前提,如果没有关于声、色、形的一般知识,就很难形成对美的整体感知。比如,方圆、明暗、对称、比例和完整等观念,就是对现实世界的抽象,这些内容已经深深渗透于感性之中。同时,人们对事物的认识,往往也会影响到对事物的审美判断。举一个简单的例子:蜈蚣的腿很对称,但是我们不会认为它美,那是因为我们了解它的性质,因此才会感到恐惧甚至厌恶。另外,只有形成了具有深刻认识能力和理解能力的智力建构,才能使人的审美感受、尤其是对社会美和艺术品的审美感受更加深入、更加强烈。白居易的《琵琶行》一诗中,作者听过几段如泣如诉的琵琶曲之后云:"座中泣下谁最多?江州司马青衫湿。"为什么作者最能知其音、得其味,领略其凄美的情感?因为"同是天涯沦落人,相逢何必曾相识"。白居易了解到琵琶女与自己相似的流离惨淡的生活遭遇,因此只有他听"懂"了音乐中的倾诉,达到了深沉的审美意境。再比如,在欣赏悲剧的时候,当时或许会怅然落泪,但是真正领悟它的悲壮或凄惨及其深刻的社会内涵,往往是在过后的回味与沉思中。正所谓"痛定思痛,痛何如哉",经过理解和思考之后,才真正体验到了悲剧美的真味。离开感觉和情感,美感是不能发生的,但是停留在直观和情感宣泄的层面,美感也是肤浅的,难以达到精神的愉悦与提升。而且,这种初级的美感仅仅接触到事物的表面,常常极不可靠,容易割裂形式和内容以及外在美和内在美。

然而,认识活动毕竟不同于美感活动。在认识活动中,智力结构诉诸的对象是纯然科学的把握,是对现实世界的概念的认识。而美感活动则主要是人的情感结构直接观照对象,在对象中直观自身。比如"对称",在科学认识活动中,它指的是某个物体或图形相对于某点或直线来说,在大小、形状或排列上存在着一一对应的关系。这一规律本身无所谓美丑。但是,在审美活动中,对称在感性现实中体现出来,就往往与和谐、平静的基调联系在一起,因此它引起美感。美感中的认识活动也不同于一般的认识活动,审美认识始终离不开形象,在美感活动中的思维,主要是对意象的概括,而并不像逻辑判断那样进行概念的推演。

(2) 意志机制和行为活动。如果说智力机能是客观规律的内化,那么,意志机制则是社会理性在人类心灵中的凝聚。人类为了社会群体的生存和发展,必须制定各种伦理道德规范,以约束、强制和克服个体的各种欲求。凡是违背、破坏、损伤了这种规约的就成为恶,与此相对应,凡是维护这种规约,进而维护了人类总体存在的行为(实践)就成为善。善之所以拥有如此崇高的绝对权威和无上地位,正是由于它来源于维护人类群体的生存和发展。通过漫长的历史过程,个体将本来是外在于人的、强制性的规范接受下来,日渐内化为内心自觉遵守的东西。因而,人类的意志机制并不是建立在自然欲求的基础上,而是建立在理性主宰、支配感性的能力和力量之上的。它是人的社会性凝聚于心理结构中形成的人类行为活动中的道德感,是追求"善"的观念。

意志一般最终表现为行动积极要求改变现实的心理活动。它是有目的、有意识的,并往往与克服困难相联系。而审美活动并不直接体现功利和目的的要求,它是一种自由观照的、愉悦的精神活动。所以两者仍然是性质不同的活动方式。

但美感活动又不能没有意志活动的参与。首先,意志能使人专注于审美对象,驱使人的审美认识和情感体验升华为理性认识和精神上的愉悦,从而潜移默化,从中得到教益,产生审美的巨大社会作用。一个人的审美趣味健康与否,审美境界是否高尚,除了要求一定的文化修养以外,还必须具备强烈的道德感和理性精神。席勒就指出过,对美女的欣赏需要更高的道德修养,特别是在欣赏真实的人体美时,要把她当作审美外观来欣赏。这就需要人的意志力来克服邪念、淫欲。我们听贝多芬的《命运交响曲》,震撼的审美效果不仅在于音符的强劲、节奏的剧烈,而更在于感受到"扼住命运的咽喉"的顽强和人格的崇高。要达到这种高尚的审美境界,同样需要意志的驱动,自觉地使审美认识向道德理性深化。因之,康德在论崇高时认为,美是道德的象征。在对崇高的审美活动中,有意识地去感受道德律令的伟大和人的崇高,才会产生真正的美感。这是比欣赏优美更高级、更深刻的审美感受。其次,意志保证人的审美能力去认识美的规律,并在审美活动中提高和完善自身,达到美感活动的最后目的。美感虽然不直接表现对目的的追求,但在人类社会的一切活动中,人是最后的目的。审美活动最终是要发掘现实生活中美的属性,使人得到赏心悦目、心旷神怡的精神享受。这种目的的实现,并不是主观任意的结果,而是人们审美能力对美的规律的认识和运用的产物。并且,这种结果的最高境界,就是人的意志自由。为此,席勒以美作为自由的象征,黑格尔认为美具有解放人的性质,马克思则认为美是未来共产主义社会全面发展的人的重要标志。

(3) 情感机制和美感活动。在理解了智力机制和意志机制对美感活动的协同作用的前提下,可以说,美感就是人的情感机制行使感受功能、进行审美判断的一个心理过程。因此,在人类心理的"知、情、意"三分中,"情"才对应"美"的观念。自不待言,美感活动始终在形象的感受和情感的愉悦之中进行。这里我们承续上面的思路,主要从情感对智力和意志的沟通作用的角度,来理解美感主要是一种情感活动。

最早从这个角度来解释美感的是康德。简单说来,他认为美感是人的心意机能的和谐。美(这里指优美)的欣赏,是人的以想象力为核心的审美判断力联系于人的认识机能,是人的想象力和悟性的谐和运动;崇高的欣赏,是人的审美判断力联系于人的欲求机能,是想象力和理性的谐和运动。这样,在"知、情、意"三分结构中"愉快和不愉快的情感机能"就通过审美判断的方式,沟通了人的悟性和理性、认识机能和欲求机能。康德的这种说法对我们很有启发。当然,如前所述,人类的任何心理活动都是知、情、意的协同运动。因此,情感的中介作用不会是康德所认为的那样机械的、单线性的结合关系。

情感的调节沟通作用主要表现在:首先,从历时的角度看,人的心理结构是社会劳动实践积淀的结果。我们对任何事物的美感活动,都不是以空白的心理状态来对待的,而是有一定的审美观念作为主体的先决条件。当人们以审美的眼光观照事物的时候,如果它符合了我们的审美观念,我们就会产生肯定的、愉快的情感。反之,则会产生否定的、不快的情感。其中肯定的、愉快的情感是对审美观念和美的规律的印证,它使我们对事物的审美态度得以实现,从而使审美主体达到一种意志的自由。同时,这种审美的意志自由又强化了人的审美需要,并在长期的审美实践中加强或形成审美观念。因此,审美观念的确证和深化,审美需要的产生和满足,都既离不开审美对象,也离不开情感判断。而审美观念和审美需要的提升,则使人们在美感活动中的情感愉悦更加强烈,甚至上升到意志自由的境界,这就是通过情感,从认识必然向意志自由的飞跃。其次,美感活动是借助于想象力的一种创造性活动。主体先是把审美客体和情感结合,形成审美意象,继而通过对审美意象的凝神观照,在"神与物游"的审美想象和"情溢于物"的审美情感的交融之中,把自己的情感、气质、性格和情操等等投射到对象上,于是达到物我同一、物我两忘的自由境界。这是一种创造的自由感和愉悦感,在这一刻,你觉得自己的生命扩大了,提高了,净化了,这才是审美感受的最高境界。

因此,准确地说,美感活动是以情感机能为主体,以情感运动为中介,从而调节人的智力结构(以美启真)和意志结构(以美向善),提升人从认识必然到意志自由的心理过程。

2. 美感的心理结构

审美活动中,人们的心理结构具体是怎样的呢？先看一个例子:

> 结庐在人境,
> 而无车马喧。
> 问君何能尔,
> 心远地自偏。
> 采菊东篱下,
> 悠然见南山。

> 山气日夕佳,
> 飞鸟相与还。
> 此中有真意,
> 欲辨已忘言。

这是大家熟悉的《饮酒》诗中的一首,也可以说是陶渊明进行的一次审美活动的生动表现。我们暂且不分析这首诗如何美,而是来关注为什么诗人产生了美感。下面是对审美状态下人的心意结构的图示。这里需要说明的是,将人的审美心理机制(即知情意)和审美意识系统分开,只是一种逻辑上的需要,为的是更清晰地理解美感结构,其实,人的审美意识系统是融于知情意之中的。

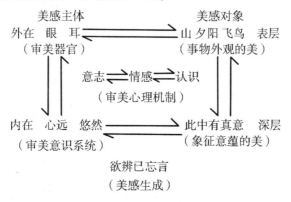

夕阳西下,山间烟岚变幻;飞鸟啾啾,成群结伴而归。这种和谐、宁静的景色首先作用于人的眼、耳,产生悦耳悦目的感官愉悦。这已经是一种审美愉快了,很多时候人们对自然景物的欣赏,是可以停留在这个层面的。但是诗人的美感享受远不止于此。众所周知,陶潜辞官隐退,归田园居,与读书、耕作和自然为伴,以自然的真淳为精神归宿。他有着对自然事物"俯仰终宇宙,不乐复如何"的审美经验,有着以本真、淳朴为美的审美观念,有着"心远地自偏"的高尚的审美情调,悠然的、无功利的审美态度,所有这些汇集成了诗人的审美意识系统。当诗人面对夕阳、群山和飞鸟的时候,对象契合了主体的审美趣味,主体的审美意识赋予了对象"此中有真意"的象征意蕴,于是产生了"欲辨已忘言"的"畅神"的审美感受。宋人陈后山称"渊明不为诗,写其胸中之妙耳"(《后山诗话》)。其实,诗人的审美活动也是"胸中之妙"与客观对象的高度契合。

由此,可以看出,人类的审美心理结构首先是一个双重的动态结构。在人的认识、情感和意志机能的协同运动中,从表层上看,审美器官直觉把握审美意象;从深层上看,以情感为中介,审美意识系统对审美意象进行了创造性的转换,即将主体的审美经验、审美理想和审美态度等注入意象之中。也正是因为审美意识系统的作用,人的感觉器官才成为审美器官。审美心理结构的动态过程,是人的自我实现的功能在精神活动领域的发挥。在这个过程中,人的整个身心都被情感激活,形成了外在器官与内在心灵,显意识与潜意识的和谐、呼应,因此,得到了对精神需要的满足和情感的愉悦。

同时,审美心理结构不仅是共时的,而且是历时的。就其共时性而言,美感活动始终表现为感官的直观把握和情感的体验,是一个具体的审美感受的过程。就其历时性而言,一方面,正如我们在美感生成一节中所说的那样,人的审美意识系统是社会实践发展的产物,因此,人的审美心理结构从产生到形成较为稳定的定向的和整体的心理结构,也经过了一个漫长的历史行程。并且,由于审美意识系统中各种方面必然受到一定社会的经济、政治、哲学、宗教、道德、文化和历史等因素的影响,审美心理结构对美感活动的顺应或是与审美对象的契合,就出现了不同的形态。另一方面,就审美个体而言,审美心理结构又会随着个人的社会生活经历、文化修养、个性、气质等因素的不同,而各具特征,显示出形态上的千差万别。这一点,也照应和证实了我们前面讲到的审美具有个体性的特征。陶渊明"此中有真意,欲辨已忘言"的审美境界和精神超越,可以说,大部分人是难以企及的。所以,如果希望这个世界多些"美的发现",如果希望提高我们自身的审美境界,就应该不断丰富审美经验,加强审美感受,提高认识能力和意志能力,培养崇高的审美理想和高尚的审美趣味。只有这样,我们才能领略美的真谛,才能真正在愉悦的情感中提升自我、完善自我。

三、美感的特征

了解了美感活动的心理机制和心理结构之后,很容易就可以归纳出美感的特征了。此章第一节中,我们从审美意识系统的角度,在美感的社会历史形成中,讨论了与之相关的美感共同性和差异性。接下来的论述则指向微观的、审美心理的特征,它们与前者一起构成了较为全面的美感特征。

这里仍要提到康德的理论。在美学史的诸多论述中,只有康德较为深入地论及了这个问题。他准确地抓住了审美心理既矛盾又统一的各个方面,对美感的特殊规律做了哲学的概括。可以说,他的思想是后来人认识美感特征的重要来源,因此,我们应该对此有所了解。不过,康德并没有把美感的特征用美的方式表达出来,相反,它是比较奥涩的。

在《判断力批判》中,康德按照形式逻辑的"质—量—关系—模态",从四个方面对美感心理进行了分析,并称为"审美四契机":

第一,"质"的特征:无利害而生愉快。

康德认为:"鉴赏是凭借完全无利害观念的快感和不快感对某一对象或其表现方法的一种判断力。"①在这里,康德主要是为了区别审美愉快与生理本能的愉快和道德理性的愉快。生理的愉快和道德的愉快都和对象的实际存在有关,常常同时联系着主体对对象的欲求,因此这是有"利害关系"的快感。而审美则对事物的存在无所欲求。当我们欣赏故宫博物院中那巧夺天工的工艺作品的时候,并没有想着要占有它。占有一件艺术品的愉快是与之根本不同的,而只有前者才是审美的愉快。

第二,"量"的特征:无概念而又有普遍性。

康德认为:"美是那不凭借概念而普遍愉快的。"②美感活动中的判断是主观的、单称的。主体必须把对象直接保持在他的情感上,而不是通过逻辑认识中的概念判断来感受美。科学活动中的概念判断是客观的、普遍有效的,单称的审美判断则是主观的。但是,审美判断本身又要求着普遍的赞同,因此它既不同于感官愉快的主观而无普遍有效性,譬如人们的口味酸甜苦辣,各有所爱,不要求大家的一致性,也不同于概念认识的客观的普遍有效性,譬如"这朵花是红的",这是客观事实,必然是人人都承认的。它是主观的普遍有效性。而正是鉴赏中的人

---

① 〔德〕康德:《判断力批判》上卷,宗白华译,北京:商务印书馆1964年版,第47页。
② 同上书,第57页。

"意识"到了这个判断的普遍有效性,所以他才感到了愉快。

第三,"关系"的特征:无目的的合目的性。

康德认为:"美是一对象的合目的性的形式,在它不具有一个目的的表象而在对象身上被知觉时。"①一方面,审美是没有目的的,它与欲求、功利无关,不涉及多少概念和行动,另一方面,它是对象的形式与主体心意机能的契合,引起了主体想象力和理解力的谐和运动,因此,它又是合目的的。康德在《判断力批判》下卷的《目的论》中,道出了这个目的所在,即"人是最后的目的"。

第四,"模态"特征:没有概念而又有必然性。

康德认为:"美是不依赖概念而被当作一种必然的愉快底对象。"②这与第二契机紧密相连。审美活动不依赖概念来进行认识活动,但是,它如何要求审美判断的普遍有效性和必然性呢?康德提出了对应于审美判断的"共通感"的先验原理。因为是"共通"的,人同此心的,所以,审美判断可以具有普遍有效性和必然性;因为是先验的,所以不需要证明。

在"论崇高"的分析中,康德又强调了审美和伦理、目的和功利的联系,在自然美的欣赏中,主体面对巨大的、令人恐惧的对象(如惊涛骇浪、险山恶水),之所以仍然可以引起美感,是因为通过想象力和理性的谐和运动,唤起了人内心的道德感和不可战胜的人的力量。因此,"美是道德的象征"。而且,在康德看来,这种"依存美"是美的理想。

看上去康德似乎摆了个"糊涂阵",其实却揭示了审美心理特征一系列的矛盾或二律背反现象。综合"审美四契机"和"论崇高"可以总结出:审美不涉及欲望、功利和伦理的善,但又与欲望和道德感相关,产生类似的快感;它不是在概念中进行的认识活动,没有明确的目的,但又符合目的性。它虽然是主观的、个别的,却又要求普遍必然的有效性。这些矛盾在美与崇高、纯粹美与依存美、现象与本体的对举中——也就是康德试图完成的沟通工作中,深刻地表现出来。

从前面对美感心理结构的分析中我们知道,审美活动是人的智力、情感和意志的综合运动,它一方面以个体的、感性的和直觉的方式面对

---

① 〔德〕康德:《判断力批判》上卷,第74页。
② 同上书,第79页。

客体,一方面又是把渗透了社会性、理性和观念等的审美意识系统作用于审美对象。因此,在审美心理中,的确存在主观直觉和客观社会的矛盾二重性。这是康德哲学对美感研究做出的重大贡献。但是,康德美学的缺陷在于,它没有把审美心理的矛盾特殊性和社会劳动实践的历史联系起来,因此也就无法解释矛盾产生的根本原因。例如,康德把审美判断主观而普遍有效的特征,归为"先验原理"的审美,而这一点,在前面谈美的差异性和共同性时,我们已经有了答案。从唯物史观的角度看,美感的矛盾运动并不难解释。因为人类的心理结构是长期历史积淀的结果,感性中积淀着理性,无意识中积淀着集体的潜意识,个体性中积淀着社会性。

下面,我们就试图科学地解释并概括康德所揭示的美感活动的特殊性,并结合具体的例证,把审美心理的特征明确地归纳出来:

1. 直觉性

大家都有过这样的经验:当美妙的音乐在耳边响起,当青山绿水映入眼帘,往往不需要仔细思考,刹那间就感知到了旋律的优美与景色的秀丽。这是审美活动中最普遍的现象,反映了美感突出的特征。甚至有人认为,第一眼见到就使人感到愉快的东西,才是美的。许多美学家都非常重视美感的直觉性,普列汉诺夫指出:"审美的享受的主要特点是它的直接性。"[①]朱光潜在他的《文艺心理学》中也谈到:"'美感经验'可以说是'形象的直觉'。"[②]美感的直觉性有两层意思:其一是形象的直观性。对美的感受必须由审美主体亲自去体验,它不像学习知识、领会道理那样可以通过间接的方式去获取,而只能用眼去看、用耳去听,让身心直接面对审美对象。玫瑰花是美的,假如我们没有见过这种花,充其量是从别人的论述中得到了"玫瑰是美的"这样一个知识,而不能产生由玫瑰而引起的美感。其二是瞬间生成性。审美不必借助抽象的思考,逻辑的推演,无须深思熟虑,就能得到美的享受。因此,它是在刹那间得到的舒畅、愉悦。中国人常说的"一见倾心"和"妙悟",指的就是这种心理状态。当我们在风景区登高远望的时候,看到"山

---

① 〔俄〕普列汉诺夫:《普列汉诺夫哲学著作选集》第5卷,北京:三联书店1984年版,第497页。

② 《朱光潜美学文集》,第1卷,上海:上海文艺出版社1982年版,第12页。

峥嵘,水泓澄",翠绿洁白交织辉映,立刻就会被深深吸引,感到舒畅、愉悦。当《秋日的私语》在耳边响起,我们或许还来不及思索什么,整个心情就已经被幽婉的琴声"带走",不知不觉沉醉其中。梁启超也曾回忆到,他在欣赏李商隐的某些诗时,如果拆开一句一句让他解释,他或许连文义也说不通,但是他觉得它们很美,每读起来,就顿时感到新鲜而愉快。

美感的瞬间生成性,在艺术审美创造中也很显著。俄国理论家杜勃罗留波夫(Н. А. Добролюъов)曾经指出:"一个有'艺术家气质'的人,当他在周围的现实世界中,看到了某一个事物的最初事实时,他就会发生强烈的感动。他虽然还没有能够在理论上解释这种事实的思考能力,可是他却看见了,这里有一种值得注意的特别的东西,他就热心而好奇地注视着这个事实,把它摄取到自己的心灵中来。"①这是艺术活动中普遍的心理现象。可以说,一个艺术家的直觉感,是他创造独特艺术品的重要素质。他的作品往往就是及时"捕捉"了这美妙的一瞬。

在直观中瞬间生成审美判断的直觉性,可以说是康德"审美四契机"中的第二、四契机,即"无概念"而"普遍愉快"和"必然愉快"。这种"必然"则源于审美直觉的双重性。从表面上看,审美的一刹那专注于形象,来不及思考,似乎没有任何理性、知性因素的参与。但直观的背后渗透着理性的内容。审美感受虽然以直觉的方式呈现出来,但它一定是人们长期的审美经验积累的结果,以人们对某些审美对象早有的思索和理解力为基础和前提的。所谓"操千曲而后晓声,观万剑而后识器"就是这个意思。我们平时欣赏一支曲子的美,观赏一把剑的美,似乎是不假思索就感受到了。但是,应该清楚这"不假思索"的背后还隐藏着人"操千曲""观万剑"所积累起来的丰富经验。这就是马克思所说的,"感觉在自己的实践直接成为理论家"②。因此,"必然愉快"是有着理性伏根的愉快。它不是完全孤立的形象的直觉,如克罗齐所说的直觉可以离开理性而独立,也不是神明的眷顾、灵光的突现。

那么,美感为什么必然是直觉的呢?这是由主客体两方面的原因

---

① 〔俄〕杜勃罗留波夫:《杜勃罗留波夫选集》第1卷,辛未艾译,上海:上海译文出版社1962年版,第164页。

② 《马克思恩格斯文集》第1卷,第190页。

决定的:其一,审美客体具有形象性的特征,它必定是具体可感的。这就决定了审美主体的美感活动,首先是由感觉器官直接感知形象开始。其二,审美主体的生理心理结构,可以将审美经验作为信息储存在大脑中,形成表象记忆;同时长期形成的审美习惯和审美观念,可以导致一种对美的"条件反射"。也就是说,一旦接触到审美对象,主体可以立即调动自己的经验"内存",产生审美判断,美感也就自然表现为直觉了。

2. 愉悦性

愉悦性是美感最鲜明的特征,也是美感心理形成的一种总体效应。人们在审美活动中,总是充满感情色彩的,没有情感上的愉悦,美感就失去了生命,美也无从谈起。英国诗人济慈(J. Keats)甚至认为"美是一种永恒的愉快"①。康德的"第一契机"区分了美感愉快和生理快感、道德快感的不同。其实不仅如此,美感与很多种愉快都是不同的。酒足饭饱的舒适,健身运动的畅快,与人相爱的欢悦,受到表扬后的快慰,在日常生活中,人们或许也会用"真美啊"来表达这些满意,但是,它们不是真正的美感。现代心理学家马斯洛把人类的需要划分为7个层次,他的划分也许不完全精确,但是有助于我们理解美感作为一种高级情感活动的性质。这7个层次从低级到高级的顺序是:1. 生理的需要,2. 安全的需要,3. 相属关系和爱的需要,4. 自尊的需要,5. 认知的需要,6. 美的需要,7. 自我实现的需要。马斯洛指出,在人的发展中,要形成高一级的需要,必须适当满足其低一级的需要,只有前面六级水平的需要相继达到了,自我实现的趋势才能达到高峰。从中我们可以得知:美感是满足人类较高层次需要的心理活动,它是对满足其下五个层次需要的快感的扬弃。不过,美感中必然会带有生理官能上的快感,这是康德所忽略的。审美活动的第一步就是耳闻目见,缤纷的色彩、绚丽的光芒、悦耳的声音、和谐的形状,必然会使我们感到耳目一新。因此,美感是以感官愉悦为基础的。只是它不会停留在感官愉悦的阶段,而是要进入精神的、心意的层次。因为我们已经知道,美感是人的知、情、意三种心意能力的谐和运动。美感愉悦是情理交融的、情中寓理的愉悦,是一种高级的情感状态。正是由于美感中也有快感,所以我们强

---

① 〔英〕济慈:《济慈诗选》,朱维基译,上海译文出版社1983年版,第4页。

调美感活动的健康性、正确性,尤其是在艺术的欣赏之中。比如,优秀的文学、影视作品中也会有性爱描写,如果我们不探究其中的深意,而是以猎奇、感官的刺激为目的,那么作品就失去了美的价值。

另外,美感愉悦不是单一的快乐感。审美愉悦是指一种人的精神上得到一种感发、兴发,它的情感色调不会是单一的。审美愉悦不仅仅是和谐感,也包括不和谐感。审美愉悦不仅仅是快感,也包含痛感。审美愉悦不仅仅是喜悦,也包含悲愁。人禀七情:喜、怒、哀、惧、爱、恶、欲,凡此种种,都是美感的具体表现。但是,美感的各种情态又与生活中的情态有所不同,它们与审美主体没有切身的利害关系,却都能使人得到精神上、情感上的满足。李斯托威尔(Listowel)认为,在描述人们欣赏表现生活丑的艺术作品时,"所引起的是一种不安甚至痛苦的感情。这种感情,立即和我们所能够得到的满足混合在一起,形成了一种混合的感情,一种带有苦味的愉快,一种肯定染上痛苦色彩的快乐"①。这段话很准确地描述了美感的心理效应。整个审美愉悦感是各种情感的复合体,它包含了非常复杂的人生内容和情感体验,不可能指向某种单一的情调,这其实正是美感的魅力所在。更高级的美感,常常是起伏跌宕,令人悲喜交加、回味无穷的情感。清代思想家王夫之说:"以乐景写哀,以哀景写乐,一倍增其哀乐。"情感越是复杂曲折,越是能引起人的审美愉悦。关于美感的表现形态,我们会在"美的形态论"一章中有具体的介绍,在这里就不再赘述了。

3. 超越性

超越性不仅是美感活动的特征,而且是整个人类审美活动的最高境界。美感的超越性在于:其一,超功利性。康德以"无功利性"作为美感同其他快感的区别标志,只道出了部分的真理。其实,我们已经知道,人是社会的人,人的各种活动不可能完全与功利无涉。这表现在:个人的非功利的审美愉悦中,总会这样那样地反映着一定的时代精神,总会这样那样地包含着一定的社会功利目的和价值判断。尤其是在社会美的欣赏中,伦理道德功利是我们做出审美判断的重要依据。康德在分析崇高的时候,实际上也承认的美的功利性,他称之为"依存美"。

---

① 〔英〕李斯托威尔:《近代美学史评述》,蒋孔阳译,上海:上海译文出版社1980年版,第233页。

但所谓的"纯粹美"和"依存美"是不可能泾渭分明的。更何况,在个人乃至整个社会的精神文明建设中,美感起着陶冶、感染、熏陶和教育人的心灵,潜移默化人的精神的特殊作用,这是与个体审美活动的"非功利"性历史地统一在一起的。因此,鲁迅认为:"美底享乐的特殊性,即在那直接性。然而美的愉乐的根柢里,倘不伏着功用,那事物就不见得美了。"①只是,我们必须明确,由功利所引起的认识和联想,或者美感在客观上可以改造人的性质,并不等于美感本身。桑塔耶纳在《美感》中说:"一间农舍的烟囱,坚实高大,飘起袅袅炊烟,就使人愉快,因为我们想到这表示温暖的炉边、乡土的菜饭、安适的家庭。然而,这都是外加的联想。功利之所以感动我们,一般地是消极的方式;如果我们明知这件东西是无用的和虚构的,浪费和欺骗的不安之感就萦绕于心中,就妨碍任何的欣赏,结果把美也赶走了。"②这就是说,美感判断中会有功利的社会性的成分,但是,如果只以功利来作为审美的标准,那么就不会产生美感了。所以,"经营矿物的商人只看到矿物的商业价值,而看不到矿物的美和独特性"③。看来,审美活动并不是无功利的,而是超越功利的。它不否定与人的认识、欲求和道德功利的关系,但它只是从更高的精神层面上表现人的生存和追求,而不是为着满足人们认识和实用功利方面的需要。杜夫海纳在解释康德的"美是道德的象征"时说:"美是善的象征。美不告诉我们善是什么,……但是美可以向我们暗示。而且美特别指出:我们能实现善,因为审美愉快所固有的无利害性就是我们道德使命的标志,审美情感表示和准备了道德情感。"④这段话很好地解释了美感的超功利性。用鲁迅的话说,审美是"无用之用"。

其二,美感的超越性在于它是走向自由理想的精神通道。如果说超功利性是审美主体对客体的超越,那么,美感引导人的精神,则是主体对自身的超越。追求自由,是产生了人类文明以来历代人共同的理想和愿望。它不是随意、无知甚至放肆的表现,而是人扬弃了异化状

---

① 《鲁迅全集》第4卷,北京:人民文学出版社1981年版,第263页。
② 〔美〕桑塔耶纳:《美感》,北京:中国社会科学出版社1982年版,第107页。
③ 《马克思恩格斯文集》第1卷,第192页。
④ 〔法〕杜夫海纳:《美学与哲学》,孙非译,北京:中国社会科学出版社1985年版,第16页。

态,将必然的约束内化于自身的表现,是人的和谐与全面发展的标志。审美作为一种愉悦身心、陶冶情志和不涉及实际利害的精神活动,往往带给人最大的和谐感和自由感。因此,席勒认为,审美活动可以复归人类所失去的人性,使他逐渐成为一个完整的人,"美是自由的象征"。康德把审美的"无目的的合目的性"归为"人是最后的目的",也是这个意思。黑格尔也认为,审美具有解放人的性质。这是美感的最大价值,也是我们审美活动的最高追求。正是由于美感的这一特征,使得审美在我们的生活中异常重要。人们不但喜爱美感,而且追求审美的生存方式。因为只有在美的理想中,我们才能实现对自由理想的展望。

四、美感的生理和心理要素

美感,就其作为主体的审美感受而言,是以健全的生理机制为基础的。无论怎样复杂的美感体验,都经历着人自身生理发生的过程。在生理活动的基础上,美感又包含着心理活动的要素——感知、表象、想象、心境和情绪、理解等等。各种要素的综合作用,构成主体美感完整的心理过程。为了全面认识美感的本质,这里还必须分析美感的生理基础和心理要素。

1. 美感的生理基础

美感活动的生理因素,不是主体审美活动中最大或最主要的因素,但却是最原始、最基本和最普遍的因素。关于美感的生理基础,可以从生理表现和生理发生两个方面加以说明。

第一,美感的生理表现。审美情感发生的时候,总是伴有明显的体态变化或外貌表现的。高兴时眉开眼笑,神采奕奕;愤怒时双目圆睁,横眉冷对;恐惧时面色苍白,两股颤颤;羞愧时面红耳赤,坐立不安;惊讶时瞠目结舌、呆若木鸡;伤心时黯然神伤,潸潸落泪。古人很早就总结过美感的生理表现。《乐记》中说:"其哀心感者,其声噍以杀;其乐心感者,其声啴以缓;其喜心感者,其声发以散;其怒心感者,其声粗以厉;其敬心感者,其声直以廉;其爱心感者,其声和以柔。"这里分析了哀、乐、喜、怒、敬、爱等不同的内心情感在声音上的不同表现特征。正因为表情有其生物学的根源,所以许多最基本的情绪,如喜怒哀乐,人在情感外貌表现上是相同的,具有人类的共同性。

第二,美感的生理发生。美感的生理表现,是由其生理发生过程引起的。这种生理发生的主要机体是人的感觉系统和大脑。我们分别来看:

感觉系统。美感是主体经由审美对象的信息刺激形成的外在与内在的综合反应系统。其中,主体的生理感受器官对外界美的信息的获取,这是美感产生的必由之路。人体的感受器官包括视觉、听觉、触觉、嗅觉和味觉五大感觉系统。就美感活动而言,外部世界的光、色、形、声的样式与变化,都在视听器官的引导下被主体的感觉世界接纳,艺术活动领域更是如此。黑格尔在《美学》中就明确指出,"艺术的感性事物只涉及视听两个认识性的感觉,至于嗅觉、味觉和触觉则完全与艺术欣赏无关"①。柏拉图在《大希庇阿斯》中也说:"美就是由视觉和听觉产生的快感。"②可见,美感的生成是通过视觉与听觉系统来实现的,因此视听两种感受器被称为审美感官。

视觉和听觉的审美功能主要体现在:首先,声、色、形是客观世界具有审美意义的形式因素,视听觉系统感知这些因素的能力,是它们作为审美感官的基础功能。而视觉和听觉解释刺激的强弱程度,直接影响主体对事物的反应程度。因此,在绘画、雕塑、建筑以及自然景观的审美欣赏中,视觉的形式感决定着审美活动的展开。音乐和自然界的声响则是听觉的对象,听觉系统对抽象形式的把握,引导人们感受和谐的节奏与旋律。其次,人类对客观事物的感知具有整体性。尤其是在欣赏空间艺术的时候,我们需要把握对象的整体,才能进行美感判断。而这是触觉很难做到的。音乐虽然是无形的,但是主体也需要它是一个完整、有节奏的声音系统。视觉和听觉以及两种系统的结合,具备对客体世界较高的整合能力,使主体可以把握到完整的世界总体,为美感的生成提供了保障。

人脑结构。恩格斯指出:"我们的意识和思维,不论它看起来是多么超感觉的,总是物质的、肉体的器官即人脑的产物。"③现代科学已经证明,由脑、脊髓和神经细胞组成的神经系统,是人类心理活动的生理

---

① 〔德〕黑格尔:《美学》第1卷,朱光潜译,北京:商务印书馆1979年版,第48页。
② 〔古希腊〕柏拉图:《文艺对话集》,朱光潜译,北京:人民出版社1963年版,第199页。
③ 《马克思恩格斯文集》第4卷,北京:人民出版社2009年版,第281页。

基础。人脑可以分为大脑、小脑、间脑、中脑、桥脑和延脑,并和脊髓构成中枢神经系统。它们既有各自不同的机能,又彼此相互联系,通过神经细胞形成复杂交错、相互作用的神经网络和信息加工系统。其中大脑皮层最为重要,它的运动中枢、视觉中枢、躯体感觉中枢、听觉中枢、语言中枢等等,都受到中枢神经的支配。中枢神经把周围神经和大脑皮层不同区域的机能以及身体各个组织和器官联合起来,构成遍及全身的信息网。当客观对象刺激了人的感受器官的时候,就会产生神经冲动,由传入神经分支再经由中枢神经系统传入大脑皮层,于是在大脑皮层的相应区域内,激起了一系列神经运动。这是普遍心理活动的生理反应程序。

美感的心理活动同其他心理现象一样,也是脑功能的表现,由大脑皮层起主导作用。心理学研究表明,从神经活动过程来看,美感和一般的认识又有不同。因为审美感受是必然和情感联系在一起的,而情感情绪的产生是由于大脑皮层对延脑抑制的解除,是皮层下多层次的整合以及化学物质的变化的结果。所以,美感体验主要是大脑皮层和皮层下中枢神经过程协同活动的结果。皮层下中枢神经控制着内脏器官(心脏、血管、胃肠、肾等)、外部腺体(唾腺、汗腺和泪腺等)和内分泌功能的变化,于是美感才有了生理外在表现和生理内部状态的变化。

研究人类审美的生理过程,有助于了解美感发生过程的自然属性和物质基础。由此,我们也可以看出美感活动的复杂性。

2. 美感的心理要素

美感的心理要素,是美感心理过程的基本构成成分。可以说审美感受就是这些心理要素复杂交错的动力综合,是它们相互诱发、相互渗透、相互推动的合规律的自由运动而产生的一种非概念认识所能表达或穷尽的自由感受。在美感的心理活动中,包含哪些心理要素,这在学术界是颇有争论的。我们将尽量全面地概括这些心理要素,并简明介绍它们之间的关系。

(1)感觉和知觉

感觉是人脑对直接作用于感觉器官的客观事物的个别属性的反映,也是生物有机体与环境建立心理联系的初级形式。知觉则是在感觉的基础上,对客观事物外在属性的完整的和综合的反应。它不是对感觉的简单堆加,而是包含着以表象记忆为特征的人的过去的经验,并与思维、情感、意志等心理活动相联系。感觉和知觉几乎同时进行,人们习惯将它们通称为感知。

感知是一切认识活动的心理基础,也是审美感受的心理基础。审美感受就其直观性而言,是通过感知来实现的。审美感知首先是审美客体刺激审美主体的感官,引起主体的各种感觉,接着便是知觉综合各种感觉,形成对审美对象的完整把握。由于知觉活动的存在,主体的审美感知与客体的审美属性,就不是简单的反映和被反映的关系。这表现在:

首先,审美感知具有选择性。客观事物是无限丰富的,客观事物的属性也是多方面的。比如一幢建筑,它有造型、材料、装饰的特征,也有地势、环境、传统等特征。审美主体感官把握的是建筑的合乎美的规律的外观、结构等方面,至于它是否适合居住,并不是审美所重点关注的。而那些杂乱的形式、违背美的规律的对象,同样难以进入主体审美选择的视域。审美感知的选择性在艺术欣赏和创造中尤为突出。贡布里希(Gombrich, E. H.)在他的《艺术与错觉》中举过这样一个例子:让一个孩子摹仿名为《威文荷公园》的风景画,结果是,在他的摹仿画中,孩子们所喜欢的树木、天鹅、栅栏和房屋等,都比原画中的要大得多。这说明,在艺术欣赏中,审美感知是有定向性的,它因主体感知能力和审美注意力的差异而有着不同的方向。因此,我们看一片风景,读一部小说,听一曲音乐,所得的感知效果是不同的,各人都有自己的知觉选择。艺术创造中也是如此,创作者往往捕捉最激动自己心灵的某个对象、某个特定的瞬间,对其中的信息及自身体验进行加工、处理,塑造出艺术形象。

其次,审美感知具有完整性。审美感知的选择性,不是对审美对象的肢解和割裂,而是以对审美对象的形象的整体性把握即以感知的完整性和综合性为前提的。格式塔心理学派把感知(主要是知觉)的这一特征,解释为"完形"。"完形"理论认为,人们在感知对象的时候,要通过知觉的组织和建构,将对象的部分组合成一个整体,并且,这个整体不是部分之和,而是一个完全独立于这些部分的全新的整体。在"完形"过程中,"知觉的组织活动并不局限于直接呈现于眼前的材料,而是把看不到的那部分也列入到所见物体的真正组成部分"①。比如,画面上的一张脸,有时并没有画上外部轮廓线,但看上去仍是脸的形状。知觉的这种完整性和综合性,在审美中得到很充分的体现。阿恩海姆说:"无论在什么情况下,假如不能把握事物的整体或统一的结构,就永远也不能创造和欣赏艺术品。"②的确,我们欣赏"池塘生春草,园柳变鸣禽"这样的诗句,不会只把它当作文字来孤立地对待,它的美是建立在对生机盎然的春天的整体感知上的。同样,我们醉心于"黄山云雾"的美,"泰山日出"的美,是因为"云雾""日出"在这些山景的整体结构中,离开了山景的整体结构,也就不见其美了。审美感知的整体性,为感知的对象提供了一个完整的背景,使它可以从别的事物中分离出来,成为一个审美对象。

再次,审美感知注重形式的表情性。一般感知完成实用目的以后,并不注意和追求外部形式结构是否符合人内心的情感状态。而审美感知则不同,它不与实际功利的目的直接地联系在一起,它注意的是事物外在形式结构的式样如何才能契合对应主体内在的心理结构,从而使情感得到表现。也就是说,审美感知追求在事物的形式中表达情感。例如,我国古典艺术寄情于山水,"春山淡冶而如笑,夏山苍翠而如滴,秋山明净而如妆,冬山惨淡而如睡"(郭熙《林泉高致集·山水训》)。四季山峦的状貌与人的意趣、生命情态交相呼应。又如,"昔我往矣,杨柳依依",杨柳低垂摇曳、飘逸婆娑之状,正与怜惜、不舍的情感相对应。在西方,天鹅常被视为美的象征,因为它通体洁白的羽毛和从容不迫的动作,代表着纯洁、优雅、高贵的人类情感。审美感知中,外在形式结构与内在心理结构达到一致或统一,就产生了形式的表情性。

(2) 联想和想象

联想,是由当前感知的事物回忆起有关的一件事物,或由想起的一件事物又想起另一件事物。它是人类一种十分普遍而重要的心理现象,因此成为经验主义美学学派解释审美心理的核心观念。人类的联想有很多种,不同分类角度可以区分出不同的联想形态。在这里,我们

---

① 〔美〕阿恩海姆:《视觉思维》,滕守尧译,北京:光明日报出版社1987年版,第81页。
② 〔美〕阿恩海姆:《艺术与视知觉》,滕守尧、朱疆源译,北京:中国社会科学出版社1984年版,第5页。

集中讨论和美感活动关系最密切的相似联想、接近联想和对比联想。

相似联想，是在人的经验中对那些在性质上相近和相似的客观事物形成联系，而由一事物引起了对另一事物的回想。比如，由月圆想到团圆，由蜡烛想到垂泪，由花木凋零想到红颜老去，由倦鸟归巢想到回返故乡。在艺术创作中常用的比喻、象征和拟人等手法，从心理学的角度看都是相似联想。所以，有学者认为相似联想相当于我国古代的比、兴。皎然在《诗式》中说："取象曰比，取义曰兴，义即象下之义。凡禽鱼草木人物名数，万象之中义类同者，尽入比、兴。"这种连类无尽的原因，就是"义类同"。贺铸《青玉案》中末尾数句："若问闲愁都几许？一川烟草，满城风絮，梅子黄时雨。"借烟雨迷茫、飞絮满城，描写闲愁的绵绵无绝，正是基于相似联想，而达到了强烈、生动的艺术效果。

接近联想，是在人的经验中对在空间或时间上接近的客观事物形成联系，而由一事物引起对另一事物的回忆。例如谈到苏州，就使人想到园林，这是一种空间上的联系；谈到盛唐，就使人想到"李杨之恋"，这是一种时间上的联系。崔护诗云："去年今日此门中，人面桃花相映红。人面不知何处去，桃花依旧笑春风。"这首诗是接近联想的典型例子。崔护故地重游，因时节的接近想到去年的此时，由同样的地点（"此门中"）想到在这里迎接他的笑意盈盈的姑娘。但桃花依旧，物是人非，怎不令人黯然神伤。又如陆游的《沈园》："城上斜阳画角哀，沈园非复旧池台。伤心桥下春波绿，曾是惊鸿照影来。"诗人重游沈园，看到桥下春水碧波荡漾，回想起当年在此地遇见唐琬（曾是陆游之妻）时，水中曾映照过她轻盈娇美的身影，油然而生出无限惆怅。这是由空间的接近而产生的联想。

对比联想，是具有相反特点的事物之间形成联系，使一事物引起了对另一事物的回想。它主要的功能，一般不在于强化对单一对象的感受，而是强化对两种事物所具有的对立关系的理解和感受。如由黑暗想到光明，由草木萧索想到繁花似锦。杜甫的名句"朱门酒肉臭，路有冻死骨"，则是由统治阶级的荒淫奢华，联想到了人民的饥寒交迫，让人们从这种对立中看到了贫富的悬殊和人民的疾苦。刘禹锡在《酬白乐天》中写道："沉舟侧畔千帆过，病树前头万木春。"如果说诗人在这里用"沉舟""病树"来比喻自己的落魄处境，那么，由此联想到的"千帆过"和"万木春"，则是对世事人生必定会否极泰来的豁达理解和良好展望。

联想对于人的审美意识活动有着重要的意义。它可以使审美对象的特征更加具体、生动,使审美活动有了坚实的生活来源,从而美感也更加活跃、鲜明。前面所举的例子,都很好地体现了这一点。并且,联想是审美活动中想象、理解、通感和移情等心理现象的基础或手段。审美联想是以表象的形式进行的,它的展开既能使美感不离开形象,又能推动美感由感性认识向理性认识升华。美感从审美联想开始,走向更丰富的体验世界。

一些学者认为联想是想象的初级形式或前奏,有一定的道理。想象是在头脑中改造记忆中的表象而创造新形象的过程,也是过去经验中已经形成的那些暂时联系进行新的组合的过程。它与感知、联想都发生联系,但它是在知觉表象和联想基础上的新的形象创造。高尔基说过:"艺术是靠想象存在的。"[1]其实,不仅是艺术,在所有美感活动中都是如此。想象综合了人的许多心理功能,在审美活动中占有突出的位置。

人们一般把想象分为再造想象和创造想象。再造想象,是以现成的语言或其他手段的描绘(如文字解释、图示、符号和模型等)为基础,在知觉对象的激发下,调动各种心理因素,在人脑中生成新的形象。这就是古罗马人斐罗斯屈拉特所说的用心去创造形象的摹仿。比如,没有见过大海的人,听到录音机里澎湃的海浪声,可以想象到大海的波涛汹涌。再造想象在我们欣赏艺术美、尤其是文学作品时,作用很大。文学欣赏是以作品所创造的艺术形象作为审美对象的,欣赏者的想象活动是由作品所描绘的形象引起的,而且是在作品的基础上进行的。例如,我们从鲁迅对少年闰土的外貌描写中,就可以想象出他纯朴、可爱的样子。我们的想象,虽然并不一定和作家设想的完全相同,但是人物形象的性格、言行,一定会有类似的地方,大致不会差很多。再造想象是离不开知觉对象的,它是在知觉对象的激发下,通过情感等心理因素的作用,来调动过去的生活经验以幻化出新的形象。因此,有人也称它为知觉想象。

---

[1] 〔俄〕高尔基:《文学文论选》,孟昌、曹葆华译,北京:人民文学出版社1959年版,第47页。

创造想象则并不需要依据现成的描述,而是对原有的知觉和记忆中的表象进行较彻底的改造,创造出新的表象的心理过程。改造的手段或方法有很多,比如虚构、变形、浓缩和黏合等。创造想象是对再造想象的突破。康德认为,再造想象属于经验范围,对于美感活动的完成并不具有特别的意义。他说:"如果现在在鉴赏判断里想象力必须在它的自由性里被考察着的话,那么它将首先不被视为再现,像它服从着联想律时那样,而是被视为创造性的和自发的。"①人的审美活动之所以能够"思接千载,视通万里","精骛八极,心游万仞","观古今于须臾,抚四海于一瞬",人的艺术创造之所以鬼神精怪无所不能,天堂地狱无所不在,正是因为创造想象开拓了广阔无垠的精神空间和意象空间。

当然,"创造的想象也并非无中生有,它仍用已有的意象,不过把它们加以新的配合"②。比如大家熟悉的孙悟空的形象,虽然是创造性想象的产物,但它无非是对人、神、猴的黏合,这些形象都是我们的审美知觉经验中具备的。也就是说,创造想象仍然需要以以往的知觉经验为基础,但却是人的创造力的一种发挥,是人的精神和心灵的显现。所以,创造想象是美感心理活动中最自由、最积极的心理现象。尤其在艺术家的审美意识中,可以说,没有想象力的创造,也就没有了艺术的创造。黑格尔指出:"艺术的要务并不止于搜集和挑选,艺术家必须是创造者,他必须在他的想象里把感发他的那种意蕴,对适当形式的知识,以及他的深刻的感觉和基本的情感都熔于一炉,从这里塑造他所要塑造的形象。"③例如,"忽如一夜春风来,千树万树梨花开","蜀道之难难于上青天";再如卡夫卡《变形记》中的甲壳虫,毕加索的绘画《坐着的浴者》中那个由硬骨和软骨拼成的怪物女人,这些无不显示出艺术家创造性想象的自由和高妙。并且,往往"正是在处理那些最普通的对象和最为老生常谈的故事时,艺术想象力才最最明显的表现出来"④。这就是艺术化腐朽为神奇的"魔力"所在。同样,审美鉴赏中的想象,也具有创造的性质和能力,这使得艺术欣赏成为最丰沛、最集中

---

① 〔德〕康德:《判断力批判》上卷,第79页。
② 《朱光潜全集》第2卷,第61页。
③ 〔德〕黑格尔:《美学》第1卷,第222页。
④ 〔美〕阿恩海姆:《艺术与视知觉》,第197页。

的美感活动,也即成为一种再创造。这一点我们在第五章"审美论"中还会论及。

前面我们谈到,康德把美感归为想象和悟性(知性)的谐和运动,把崇高感归为想象和理性的谐和运动。可以说,在康德的美学中,想象力是判断力沟通知性和理性、现象与本体的"法宝"。他的归结虽然不免有些简单,却足以见出想象在审美活动中的地位。如果说感知作为审美出发点,情感作为审美的动力,理解作为审美的深化,那么,它们的载体和展现形式就是想象。艺术创造和审美欣赏是凭借和通过想象活动来进行和实现的,想象成为审美感受的枢纽。我们可以做一个比较:科学活动和审美活动都需要想象。但是,科学想象是概念性的感性构架。模型、图样、动植物结构等,是一种对感性形象的抽象,它要求离开感知,舍弃形象的个体特征,直接表达确定的概念和理性的东西。而审美想象恰恰相反,它始终不脱离感知的具体形象,并要求保持和发展形象的个性特征,创造出新的表象和审美情境。因此,审美想象是充满情感、以情感为动力的,"登山则情满于山,观海则情溢于海",这样才能神思飞扬,与真正的美感激情相遇。此外,审美想象虽然不直接表示概念,而是以创造生动的审美意境来激发美感,但是又受着理性的支配。审美想象指引着表象趋向于某种非确定性的理解、非确定的自由领域是以理解力和意志力为支持的。否则,审美对象,尤其是艺术品中所要表现的深刻的和本质性的内涵,就很难被领会。这样一来,的确如康德所说,想象力在具体过程中,完成了情感对感知和理性的中介作用。它是审美活动积极地展开并实现一种由表及里、由现象及本质的飞跃。

(3)情绪和心境

情绪和心境,是情感的基本表现形态。美感本身就是人的一种情感活动。前面我们从审美主体心理结构的角度,论述了情感机制在美感产生中的功能和作用。这里,主要来说明审美主体在美感活动中的情感状态及其对审美感受的作用。

心理学的研究表明,人的情感状态具有两极性,存在着肯定的、惬意的、愉悦的情绪体验和否定的、不惬意的、不愉快的情感体验。这主要是由主体的情感需要是否得到满足而引起的。情绪是一种较强烈的情感表现,带有较多的冲动性,如暴怒、痛哭、大笑、沮丧等等。我们通常所说的情绪都是指向一定对象的,如亲人故去,立即会悲伤痛苦;好友重逢,会马上兴高采烈。但是,情绪也能以原来引起的对象弥漫到其他事物上,形成在某一段时间比较持久的情绪倾向。心境,就是这种人的情绪弥漫、持续的状态和趋向。

情绪和心境,能够影响人的行动表现,使人对客观事物的观察和体验,染上某种情绪和心境特有的情感色彩。具体说来,其感知总是把握对象那些能引起某种情感状态的神经中枢兴奋的属性。人在不同的情感状态下,头脑中复现出的令人产生不同情感状态的那些事物的表象是不同的。不同的表象活动,不同的想象方向和内容,反作用于感知对对象属性的把握,这样,对象各种属性引起感知兴奋的程度也就产生了差异。比如高兴和顺畅的时候,花儿盛开的形状、鲜艳的光泽、露珠的晶莹等属性,便容易引起感知的反应。反之,痛苦和悲哀的时候,花瓣的皱折、花儿的零落、花朵的柔弱等属性,则更容易引起感知的反应。因此,正所谓"物以情观",在审美活动中,审美主体因情绪和心境的作用,会对审美对象的形象外貌和形象性质进行某种改造。"鸟语花香"是人们常用来表达美好、优雅的词语,但是,在杜甫感伤国土破碎、亲人离别的时候,则"感时花溅泪,恨别鸟惊心"。花、鸟因人的悲伤情绪,也成了痛苦、凄凉的象征。再比如,在元代高明的《琵琶记》中"中秋赏月"一折,描写蔡伯喈与牛氏赏月的情景。面对的审美对象同是月亮,两者的审美心境却完全不同。前者进京赶考,得中状元,但却误招赘于牛丞相府,身在牛府,心在家乡,怀念结发妻子赵五娘,心情郁郁寡欢,所以他描述的月亮字字凄凉;而牛氏嫁与心爱之人,喜悦之情溢于言表,所以,她描述的月亮言言欢悦。

可见,审美主体的情绪和心境直接影响着审美感受和美感的倾向。为此,历史上许多美学家都非常重视主体审美情感的独特性。最有代表性的,就是我们在前面提到过的"移情说",认为美感中的情感活动完全来自于主观,是在一个感官对象中所感觉到的自我价值感。维柯也认为审美是"以己度物",休谟则认为是"同情"。但是,这些学说都几乎完全忽视了审美客体的自身特点,不免各自有些片面。审美活动中的"移情"现象的确是大量存在的,当你开心时,花儿微笑、鸟儿欢唱;当你沮丧时,愁云惨淡、苦雨凄风。其实,这是人的意识"不仅反映客观世界,而且创造客观世界"①的表现。移情并不是人的感情的外射或移入客观对象,而是在对客观世界反映的过程中,人的意识的创造,它不具有现实的品格,只具有观念性的品格。所以,美感的产生,既是"随物以宛转",又是"与心而徘徊"。它既不只属于主体的某种态度,也不只属于对象的某种结构,而是两者的契合与统一。现象学派美学从人与世界存在的关系上来认识人的情感表现,也有助于我们对这个问题的理解。该派认为,情感是审美主体对待世界的一种最基本的生存态度,构成了人与世界的最本源的关系。于是在审美活动中,它既构成了主体,也构成了对象。对象之所以也有着情感的构成力量,是因为它的这种构成力量只有在向主体开放时,通过一种交感才能被认识。当然,这种说法的源头,其实还是马克思所说的,人也以艺术的方式掌握世界。

(4) 理解

理解,是主体在感觉、知觉、表象等感性认识的基础上,通过大脑的分析与综合,来把握和解释出客体对象的本质联系。在美感活动中,理解因素是贯穿其中的。现代西方直觉主义、反理性主义美学只看到审美不同于认识和实践,否定美感具有认识功能和理解因素;而机械唯物论者,又仅仅看到审美的认识功能,把美感中的理解因素和一般认识混淆在一起。这两种观点都是不科学的。美感是感觉和感情,不是思维和理解。但是思维和理解,有助于感觉和感情。没有了理解,审美就缺少了精神内涵,人们对许多现象就无法去体悟和解释了。所谓审美理解,是指在美感活动中,审美主体用某种感性的形式,对客体的意蕴和审美活动的意蕴的整体把握和领会。当代有学者将审美中的理解分为三个层次:最基本的理解是对不同于"实用"状态的"虚幻"状态的理解。也就是要把现实生活中的事件、感情和审美态度或艺术中的事件、感情区分开。这主要表现在审美是一种心理距离的把握。第二层理解,是对审美对象的象征意义、题材、典故和技法等的理解。李商隐的名句"庄生晓梦迷蝴蝶,望帝春心托杜鹃",如果不理解"庄周梦蝶"和"望帝春心"的典故,就无法感受诗人表达的情感。再如看京剧时,需要懂得京剧中的一些约定程式和技巧,否则,就不能领会挥鞭即是骏马

---

① 列宁:《哲学笔记》,《列宁全集》(中文第 2 版),第 55 卷,第 182 页。

奔驰、摇桨即是流水行舟的趣味。第三层理解,是对形式中融合的意味的直观性把握。意味之于形式,是"不落言筌""不着痕迹"的,如何领略美的形式意味,是这一层理解最重要的意义所在。① 这样的区分是相对比较全面和恰当的。其中第三层的理解,也即是古人所说的"意会",是审美理解的重要功能。它作为美感活动的理解,有其特殊性:

其一,是非概念性和非逻辑性。审美符号不同于逻辑推理符号,它不能诉诸一般逻辑的思维,不能以概念的形式表现出来。相应地,人们的美感经验也不能用一般逻辑去推理,而只能在直接感悟中把握。因此,审美和艺术中的理解表现为超感性而又不离开感性,趋向概念而又无确定概念。它是理性积淀于感性之中,理解融化在感知、想象和情感之中。杜夫海纳说:"任何作品都有一种哲理,例如鲁奥绘画的悲伤而又虔敬的基督精神,德彪西音乐的对声色世界的、有时带有怀疑的友情,巴特农神庙的十足的柏拉图主义,它对秩序和节奏的爱好,以及对光的颂扬,对真之光辉的感情。但是,因为这些思想实际上是包含在作品之中的,所以它在作品中处于情感状态,并且向情感传播。"② 美的思想意味着"处于情感状态",人们也只能在情感态度中理解,才能既领会它们的精神内涵,同时又得到美的享受。审美理解的非概念性和非逻辑性,使它始终在情感之中,体匿而性存,是美感活动既有愉悦性又有超越性的基本原因。

其二,是模糊多义,意味无穷。审美和艺术总是在有限的、具体的形象里,捕捉或展现生活、世界本质的无限、超越的内容。审美理解具有"意味无穷性",而非任何确定性的概念所能表达和穷尽的。因为美感活动指向的是生动活跃的自由联想和创造性想象,在这里聚集了各种感性具体的心理要素,使人百感交集,浮想联翩。所以,它所包含的内容,比概念丰富得多,也广阔得多。正因为如此,审美活动的体验,值得人们咀嚼玩味;感受到的深邃内涵,也在"可言不可言"之间。比如鲁迅的《阿Q正传》,不少人看了以后,疑心像是在写自己,而同时又感到像是写一切人。越是这样的美的事物或艺术精品,越需要人的审美

---

① 参见滕守尧:《审美心理描述》,北京:中国社会科学出版社1985年版,第73—75页。
② 〔法〕杜夫海纳:《审美经验现象学》(下),韩树站译,北京:文化艺术出版社1996年版,第491页。

理解去反复体味,也越能够感受到深层的美感。当然,审美理解的多义性,也是有一定的限度的。特别是在许多再现艺术部门如摄影艺术中,这种限制还相当突出。因之,又不能把审美理解的多义性和非确定性绝对化。

美感作为一个复杂的心理过程,除了以上四个主要方面的心理要素之外,还包含有其他成分,如期待、意象、记忆、通感等等。其中通感也是较为重要的,我们在这里简要提一下。通感,也称通觉或联觉,是指从感知、表象到意象形成过程中的感觉挪移、转化和渗透现象。人是一个有机的生命整体,虽然各种感觉器官各司其职、各有分工,但是它们之间并不是相互割裂的。心理学家的实验证明,人的一种感觉的变化,常常会引起另外一种感觉的变化。这是由已经发生的感觉神经兴奋,引起了另一种或另几种感觉神经兴奋的结果,因为大脑皮层形成的感觉是相互作用的。并且,我们在感受美的时候,实际上本身就是从人的整体出发的。而为了更好地欣赏美,当一种感官不够用的时候,也常常需要借助其他感觉器官的帮助和补充。譬如,绘画是视觉艺术,而杜甫在欣赏画时却说:"元气淋漓幛犹湿",这个"湿"字,就是触觉对视觉的补充。许多艺术家正是注意到了各种感官交互作用而产生的独特的审美享受,所以在自己的作品中进行了巧妙的运用,以致形成了艺术创造中的一种固定手法。如"天阶夜色凉如水","风随柳转声皆绿"等等,这样声色相错的处置,极具动态感,给人的审美享受更加强烈。

以上简要叙述了美感的各种心理要素、活动规律及其对审美感受的作用。总的来说,美感就是这些心理要素综合交错的矛盾统一体。它们既有自己独特的心理功能,又彼此依赖、相互渗透,密不可分,不能独立存在。如果感知没有理解和想象的参与,失去了审美判断能力,那就成为了生物性的快感。如果想象中没有情感和理解的参与,失去了动力和规范,那就成为了一种反理性的胡思乱想;如果情感没有想象和理解的参与,失去了规范和载体,那就成了生物本能性的欲望发泄;如果理解没有想象和情感的参与,失去了感性的特征和活力,那就成了在抽象概念中游离的逻辑思维。并且,审美感受是一种层层深入的心理过程,但同时各种心理要素又是相互推动、彼此渗透、往返流动的,不是直线和机械的运动。

虽然说在整个审美过程中,上述各种心理因素都不可缺少,但人们的审美感受并不能说就是上述心理要素平分秋色式的静态相加的产物。审美感受中诸种心理因素的组合方式因审美主体个性和审美客体的种类、形态的不同而存在种种差异。欣赏不同领域的美,其美感有不同的综合方式。比如,社会美是一种与人的社会理想、伦理道德联系较为密切的美,因此,在这一类美的欣赏和感受中,理解因素占相当的优势。自然美以及一般的形式美则不同,它与人的社会功利性、道德行为联系较少,较侧重于外在的形式。因此,对它的欣赏中,感知、想象因素占有重要地位。艺术美则因各种艺术门类自身的特点,其美感的组合因素又各不相同。一般地说,属于以再现性为主的造型艺术,如绘画、摄影、建筑、雕塑等,感知因素突出;以表现为主的表演艺术,如音乐、舞蹈等,想象、情感因素突出;以文字符号为主的语言艺术,如文学,想象因素则比较突出;以综合为主的综合性艺术,如戏剧、影视等,则想象、情感和理解因素均很活跃。

思考题

1. 为什么说"美感的形成是整个世界史的产物"?
2. 人类为什么会有共同美感?
3. 简要说明美感活动中,人的知、情、意之间的关系。
4. 谈一谈美感生成时人的心理结构。
5. 简述美感的主要特征。
6. 略述美感的生理基础。
7. 想象在审美过程中发挥什么样的作用?
8. 美感活动的主要心理因素有哪些?它们的关系如何?

第三章　美的形态论

美的形态是美的本质的具体表现。因为美的本质存在于各种具体的审美对象之中,它的存在形态和表现形态多种多样。正因如此,人们在对不同的事物进行审美观照时才产生不同的美感类型,这就是美的形态的多样性和复杂性。

美的形态包括美的"存在形态"和"表现形态"。前者是美所表现的范围,侧重于从审美客体的存在领域的角度对美进行分类,又被称为美的"存在领域";后者是美的属性的观念呈现,侧重于从审美主体美感情态的角度对美进行分类,又被称为"美的范畴"。当然,美的各种形态在本质上是难以分割的。并且,美是无限生成、无限丰富的东西,很难用一个统一的尺度去衡量和划分它。因此,在我们对美进行分类时,不能把美的不同形态根本对立起来。下边从美的存在形态和表现形态两个方面分别加以考察。

一、美的事物的存在形态

按照美在不同存在领域性质的不同划分,美的存在形态包括自然美、社会美、艺术美、科学美和技术美等。我们在下面形象地逐个予以说明。

1. 自然美

大自然给人提供了无限广阔的审美领域。比如朝阳晚霞、春花秋月、长河落日、园林田野等,都是自然美。大自然以其美景秀色,能给人以多方面的精神享受。恩格斯说过:"大自然是宏伟壮观的,为了从历史的运动中脱身休息一下,我总是满心爱慕地奔向大自然。"①宋齐诗人谢朓被自然美景所陶醉,写下了"不对芳草酒,还望青山郭"②的诗句,意思是欣赏自然风光之美,连酒都不想喝了。中唐诗人刘禹锡游九华山,发出了"奇峰一见惊魂魄"的感叹,盛赞它为"造化一尤物"③。自然美具有巨大的感染力量,泰山的雄伟、华山的险峻、黄山的奇峻、峨眉的秀丽等,无不令观赏者叹为观止,流连忘返。

(1) 自然美的形态

a. 奇险美

悬崖峭壁、古树参天、惊涛骇浪、雷鸣电闪、瀑布高悬等自然景象,令人产生惊心动魄的感觉,这就是奇险美。以西岳华山为例,鸟瞰时就像一方天柱,挺拔于秦岭山前诸峰之中,四壁陡立,山脊高而窄,故有"自古华山一条路"的说法。登临华山,见百尺峡、千尺幢、老君梨沟、擦耳崖、苍龙岭、黑虎岭、惊心石等诸多险关,很难不产生"西岳峥嵘何壮哉,黄河如丝天际来"之类的感慨,甚至可能会发出"手可摘星辰""回首白云低"的胜利豪情。康德对奇险的特征和审美心理做过生动的描述,他说:"高耸而下垂威胁着人的断岩,天边层层堆叠的乌云里面挟着闪电与雷鸣,火山在狂暴肆虐之中,飓风带着它摧毁了的荒墟,无边无界的海洋,怒涛狂啸着,一个洪流的高瀑,诸如此类的景象,在和他们相较量里,我们对它们抵拒的能力显得太渺小了。但是假使发现我们自己却是在安全地带,那么,这景象越可怕,就越对我们有吸引力。"④这就是自然造化带给人的奇险美。

b. 壮丽美

辽阔的大海、浩瀚的沙漠、旭日东升、夕阳晚照、辽阔的天空、无边的草原、起伏的林海等,常常给人以胸怀开阔的感觉,从而产生壮丽美。"敕勒川,阴山下,天似穹庐,笼盖四野。天苍苍,野茫茫,风吹草低见牛羊",一幅雄浑壮阔的草原风光,给人的就是这样的美感。有人曾把泰山的壮丽与夔门(瞿塘峡)的壮丽作对比:夔门与长江的急流相结

---

① 恩格斯:《致乔·威·兰普卢》(1893),《马克思恩格斯全集》第39卷,北京:人民出版社1986年版,第63页。
② 谢朓:《游东田》。
③ 刘禹锡:《九华山》。
④ [德]康德:《判断力批判》上卷,宗白华译,北京:商务印书馆1964年版,第101页。

合,空间狭窄,视域较小;而泰山和齐鲁平原丘陵地带相联系,视野开阔,既可仰视,又可俯览。前者雄而奇险,后者雄而壮丽;前者可惧,后者可亲。泰山的美不像华山的奇险,而是在于其宏大的整体和谐之感,并体现了自然景观和人文景观的完美结合。南天门的构思生动体现了人工借自然之势,自然凭人工之力,意境相合,构成了人类文明千古诗篇。天梯沿途筑有三里一旗杆,五里一牌坊,一天门、中天门、南天门的三大节奏,构成一道"步步登天"、雄伟壮观的"朝天序列"。建筑、山道、牌坊、崖刻等,与泰山雄伟壮丽的形象相协调,难怪美学家杨辛多次登临后发出这样的感叹:"高而可登,雄而可亲。松石为骨,清泉为心。呼吸宇宙,吐纳风云。海天之怀,华夏之魂。"

c. 幽静美

幽谷溪流、清潭印月、空山鸟鸣、月明星稀、浓荫翠盖等景色,再配以幽雅的人文景观,令人觉得似在"世外桃源"之中,此即"幽静美"。北京西郊香山东麓的碧云寺,寺庙依着倾斜的山势建造,逐层而升,直至山巅,因采取了层层封闭的建筑手法,寺庙虽依山逐渐高起,却不使总体布局暴露出来,而是回旋串连,引人入胜。每个院落各具特色,给人以层出不穷之感,树木繁茂,环境幽美。庐山的白鹿洞书院,古刹天台山国清寺,峨眉山的报国寺,九华山的九华街诸寺,五台山的南禅寺,泰山的灵岩寺等,都具有这样的特点。王维的诗作《鸟鸣涧》对幽静美的意境进行了逼真的刻画:"人闲桂花落,夜静春山空。月出惊山鸟,时鸣春涧中。"①

d. 秀丽美

花红柳绿、彩蝶翩翩、小溪叮咚、山清水秀、雨后彩虹等,给人的是一种秀丽美。"南秀北雄"是我国山水景观的基本特点。西湖三面青山一面城,沿湖花木繁茂,风景如画。湖上堤径相接,曲桥相连,亭台水榭配置其间,岛虽不大,却有步移景换之感。山虽不高,却有山峦叠彩之妙。宋代大诗人苏轼赞美道:"水光潋滟晴方好,山色空濛雨亦奇。若将西湖比西子,淡妆浓抹总相宜。"阳朔以山青、水秀、峰奇、洞巧闻名于世,正如有的诗中所说的那样:"桂林山水甲天下,阳朔堪称甲桂林,群峰倒映水浮水,无水无山不入神。"屏风山矗立城西,山顶耸立一

---

① 王维:《鸟鸣涧》。

亭,于亭中环眺四周,奇峰环绕,犹如莲花鲜瓣。九曲水穿城而过,泻入漓江,倒映在漓江中的碧莲峰,山势嵯峨,林木茂密。山的东北麓鉴山楼,楼下紧依迎江阁,阁分两层,窗扉如画框,被喻为"画窗",秀丽无比。

(2) 自然美的产生

自然美,美在何处?人们对此看法不一。有人认为自然美美在客观事物本身,有人认为自然美是人的意识作用于自然的结果。具体说来,大致有以下几种:

a. 自然美在于自然事物本身,在于它的色彩、线条、形状、声音及和谐、节奏、比例等,如毕达哥拉斯学派就持这种观点。歌德(Gothe)指出,自然美"需要一种事物的各部分肢体构造都符合它的自然定性"①,即自然美在于自然的"定性",它是一种本原现象。在我国,古代的不少文论家承认自然美的客观存在,并且认为自然美是人类得以产生美感的源泉。比如陆机曾经说过:"遵四时以叹逝,瞻万物而思纷,悲落叶于劲秋,喜柔条于芳春。"②人的叹、思、悲、喜等来自于四时的更替和万物的兴衰,原因在于作为自然物的"落叶"和"柔条"本身具有一定的审美属性。又比如,刘勰也曾多次谈论到自然美:"夫玄黄色杂,方圆体分,日月叠璧,以垂丽天之象;山川焕绮,以铺理地之形,此盖道之文也。"③可见自然事物各具形体,各有特色,自然美存在于自然事物之中。

b. 自然美不仅在于自然事物本身,而且还在于自然事物所表现的社会生活之中。比如,车尔尼雪夫斯基就是站在现实生活的立场上论述自然美的。一方面,车氏肯定美存在于自然界,"我认为美存在于大自然中,而不是我们的想象力把美注入大自然中"④,另一方面,他又强调人类本身、人的生活才是"世界上最高的美,而世上其他各级的存在

---

① 北京大学哲学系美学教研室编:《西方美学家论美和美感》,北京:商务印书馆1980年版,第170页。
② 陆机:《文赋》。
③ 刘勰:《文心雕龙·原道》。
④ 〔俄〕车尔尼雪夫斯基:《美学论文选》,缪灵珠译,北京:人民文学出版社1957年版,第64页。

物只有在其暗示到和提示到人的时候,才具有美的意义"①。他认为自然物之所以是美的,在于它显示了或令人想起美好的生活,茂盛的树木是美的,因为它显示了蓬勃的生命;哺乳动物中圆圆的身段是美的,因为使我们想起健壮的人。虽然车尔尼雪夫斯基没有把自然美中的自然和人两方面统一起来,但他意识到要想真正掌握自然美的本质,上述两个方面都不可偏废。这是他超出一般美学家的地方。

c. 有人否认自然美存在于自然本身,而认为是人的意识、想象或概念作用于自然的结果。从柏拉图到黑格尔,从休谟到康德,不少人都持这种观点。黑格尔说:"自然美只是属于心灵的那种美的反映"②;克罗齐则认为,自然的美是发现出来的,与自然无关,如果人不叫自然开口,自然就是哑巴,因此,自然美只是审美再造中的一个事件,"凡是不由审美的心灵创造出来的,或是不能归到审美的心灵的东西,就不能说是美或丑"③。黑格尔首次以自然的生命发展(理念发展过程)来论证自然美的历史发展进程,他把自然美的发展分成机械性、物理性到有机性三个阶段,此即理念从低级向高级发展的过程,在低级的机械性阶段,理念被淹没在自然的物质性里,没有灵魂,看不到精神的作用,也说不上美;物理性阶段的大自然也不显得美,因为"死的无机的自然是不符合理念的,只有活的有机的自然才是理念的一种现实"④。自然美只存在于自然发展的第三个阶段——有机性阶段,"自然美只是为其他对象而美,这就是说,为我们的审美意识而美"。这个结论是唯心主义的,但黑格尔从自然生命的历史发展来论证自然美,又包含着一定的合理性。

可以说,自然美的产生既有自然属性的根据,又有社会历史的原因,人们对自然美的发现、感受和欣赏都联系着自然和社会两个方面。高尔基在《苏联的文学》中谈到自然美时就持这种观点,他说打动我的并非山野风景中所形成的一堆堆的东西,而是人类想象力赋予它们的

---

① 〔俄〕车尔尼雪夫斯基:《美学论文选》,缪灵珠译,北京:人民文学出版社1957年版,第41页。

② 〔德〕黑格尔:《美学》第1卷,朱光潜译,北京:人民文学出版社1958年版,第3页。

③ 〔意〕克罗齐:《美学原理·美学纲要》,朱光潜译,北京:人民文学出版社1983年版,第115页。

④ 〔德〕黑格尔:《美学》第1卷,第148页。

壮观。令我赞赏的是人如何轻易地与如何伟大地改变了自然。换言之,自然美是大自然与人类生活相关联的积极生活内容的赏心悦目的形象展示。

(3) 自然美的特性

自然美的特性之一在于其客观性。我们用"自然"这个总括的专门名词来表明自发性、直接的生活、感性、可感觉的对象:风景、植物、动物。自然美所赖以依存的自然物,是根据不以人的意志为转移的自然规律发展变化的,人类虽然可以通过实践去改变自然,征服自然,但必须遵循自然本身的活动规律。由于自然物的这一特点,就使自然美所赖以呈现的自然属性(如声音、形体、线条、质地等),也必然具有不以人的意志为转移的客观性质。关于这一点,学术界有人认为自然美"其实是社会美",这种说法有一定的道理。但"如果把自然美仅仅说成是社会美的象征、比喻、凭借和寄托,那么自然美的客观属性就不见了。有些自然美,也并不能简单地与社会美对应起来,如神奇的黄山风景,杂乱的云南石林,美丽的海螺贝壳,你能说它寄寓了什么社会美呢?"[1]

自然美的特性之二在于其形式感。所谓形式感,即大自然之基本外形唯一作用于人的精神、感觉的能力。自然物的色彩、光泽、比例、秩序等形式因素和自然属性虽然不是自然美的根源,但是由于自然美主要是以它的感性特征直接引起人们的美感,因此,自然物的形式因素具有不可忽视的审美意义。正因为作为审美对象的大自然具有生动、具体、清晰而又鲜明的感性形式,才能直接唤起人的美感。所谓"纯粹的自然美",指的就是自然物的形式美。关于这一点,可以从许多艺术家对自然的细微观察进行说明。例如,中国古代的画家从不同的季节观察树木、池水、天空等色彩的变化,水色是春绿夏碧,秋青冬黑;天色是春晃夏苍,秋净冬黯;树木是春英夏荫,秋毛冬骨。所谓春英指叶细而花繁,有一种萌芽的美;夏荫指叶密而茂盛,有一种浓郁的美;秋毛指叶疏而飘零,有一种萧疏的美;冬骨指枝枯而叶槁,有一种挺劲的美。中国画的各种皴法如斧劈皴、披麻皴、米点山水等,都是对不同地域山石的不同形状、质感观察得来的。可见,形式感是自然美的重要属性。

---

[1] 董学文:《马克思与美学问题》,北京大学出版社1983年版,第95页。

2. 社会美

社会美指"现实生活中社会事物的美"①，即人与人之间的关系、由人所组成的家庭、社会、国家、民族、人的行为及其所构成的各种制度、各种活动方式等之中的美。社会美又可分为人的形象美、内在美、生产劳动美、社会变革美等方面。

（1）形象美

人的形象美是人类本身最直接的审美对象。正如歌德曾经说过的那样：不断升华的自然界的最后创造物就是美丽的人。什么样的人物形象是美的形象呢？一般认为，人体的形象美至少要具备下列条件：一是骨骼发育正常，关节不显得粗大突出；二是肌肉发达均匀，皮下脂肪适当；三是五官端正，与头部配合协调；四是双肩对称，男宽女圆；五是脊柱正视垂直，侧看曲度正常；六是胸廓隆起，正背面略呈 V 形；七是女子乳部丰满而不下垂，侧视有明显曲线，下腰细而结实，腹部扁平；八是男子有腹肌垒块隐现，臀部圆满适度，腿长，大腿线条柔和，小腿腓骨稍突出等。早在古希腊，人们就有了充分的关于形象美的思想，不仅积极锻炼身体，而且不惜将新出生的弱小或有缺陷的婴儿处死；他们把这种形象美的思想和愿望融会在《掷铁饼者》等众多雕塑之中，表现出了对健康、匀称、和谐、充满活力的形象美的向往和歌颂，以美丽、丰满的人体形象反映了人的自然本性，肯定了人的价值和尊严。其他古代民族也在追求形象美方面做过不少的努力。

罗丹进一步张扬了人体形象美的魅力，他说："人体，由于它的力，或者由于它的美，可以唤起种种不同的意象。"②他的《青铜时代》《吻》《思想者》等作品，所表现出来的不仅仅是人的肌肉、骨骼、线条、比例等，而且表现出了隐藏于其中的更重要的东西——人的生命，以及对生命的热爱和对人类的热爱。另一位雕塑家马约尔认为，女性的美是取之不尽的宝藏，她们那起伏的乳胸、细腻的肌肤、丰满的臀部、飘动的秀发无不令人联想起大自然的缩影，给人以无限的遐想和美感。因此，马约尔雕塑了女子坐像《地中海》，用以象征宁静、和平、富饶的土地和孕育了生命与文明的地中海。

---

① 王朝闻：《美学概论》，北京：人民出版社 1980 年版，第 38 页。
② 罗丹：《罗丹艺术论》，沈琪译，北京：人民美术出版社 1978 年版，第 62 页。

人的形象美属于自然美还是社会美？说法不一，对这个问题要作具体分析。首先，人的体态、身材、肤色等毕竟是人的自然素质，所以，在一定意义上可以把人体的形象美称作自然美。其次，人体美不仅仅是自然美，而且包含着深广的社会内涵。一方面，从人类发展的历史上看，现代人的体态不同于原始人，这是长期劳动实践的结果。原始时代生产力极为低下，因此是集体劳动，人人参与，这时候的人体基本上是健康的，但也是粗犷的。由于图腾崇拜，纹身毁齿，人体美更显得粗糙。后来生产力提高了，一个人的生产不仅能供养自己，还能给他人提供部分生活资料，社会上出现了阶级，出现了"劳心者治人，劳力者治于人"的现象，于是人的形象美大致分成了两类：体力劳动者因经常进行劳动，身体粗壮结实，面色红润，显得健康壮美；不劳而获的人因不从事生产劳动，饱食终日无所用心，手脚纤细，体格虚弱。另一方面，特定的社会生活在人的体态上往往留下深刻的烙印。在我国封建社会，"三从四德"一类的礼教制度给女性形体美的判断施加了许多人为的因素，使她们三步不出闺门，整日围着锅台转，养成了害臊、自卑、胆怯的心理，"不敢多说一句话，不敢多走一步路"，见了男性更是躲躲闪闪，忸忸怩怩；而健壮活泼、敢怒敢笑的女性，则要么被视为"野姑娘"，要么被贬为"母夜叉"。这些情况说明，人们对形象美的认识与社会生活有密切关系。关于这一点，车尔尼雪夫斯基在《艺术与现实的审美关系》中认为，上流社会的美人，她的历代祖先都不是靠双手劳动而生活过来的；由于无所事事，血液很少流到四肢去；手足的筋肉一代弱似一代，骨骼也越来越小，其必然的结果是纤细的手足……假如上流社会的妇女大手大脚，这不是她长得不好就是她并非出身名门望族的标志。可见，人的形象美不仅在于外表，而且在于其体现了一定的社会内涵。

（2）内在美

内在美是指人的思想品质、精神面貌和内心世界的美。人的形象美不一定是内在美的必要条件，换句话说，外表好看的人不一定是具备内在美的人。如果说人的形体美具有形式美的意义，那么，内在美则重在内容。我国有许多民间谚语都强调人的美在于内容，例如，"鸟美在羽毛，人美在勤劳"，"花美在外边，人美在里边"，"马的好坏不在鞍，人的好坏不在穿"，等等。

黑格尔认为人与动物的躯体很相似，不同的是人的躯体并非一种单纯的自然存在物,而是在其构造中包含着一种精神和一种更高的内在生活。具有思想和创造力,内心世界丰富而复杂,这是人区别于动物的根本特征之一。许多先哲指出,人类的本性是这样规定的:人只有为自己同时代人的完善、为他们的幸福而工作,他才能做到自身的完善。这里需要指出的是,内在美不是抽象或空洞的,而是具体可感的。如果一个人具有远大的理想、高尚的道德情操及良好的人品,就可能通过言、行、举、止等不同的形式表现出来,并依此对善恶、美丑、智愚、雅俗等加以区分。可以说,人的内在美是在现实的社会生活和人际关系中得到体现的,是社会美的主要形式之一。脱离了社会环境和人际关系,所谓的内在美就可能流于抽象化和表面化。

内在美的形成是一个过程,需要一些最基本的条件。首先,善是首要的条件。古今中外许多哲学家、美学家都把美和善紧密联系在一起,甚至视两者为一体,美即善,善即美。亚里士多德说:美是一种善,其所以引起快感正因为它是善。如果美中缺少了道德的因素,它所能引起的快感也就大打折扣。在我国,先秦思想家荀子说过,"形象虽恶而心术善,无害为君子也;形象虽善而心术恶,无害为小人也。"①古罗马时期的哲学家普洛丁则指出:美也就是善,从这善里理性直接得到它的美。在美后面的我们把它叫做自然的善,美是摆在这善前面的。美是理式所在的地方,善在美后面,是美的本原。② 普洛丁所谓的理性美,也就是内在美。他把善看做美的本原,由此可见善在形成内在美时的重大意义。其次,知识也是形成内在美的重要条件。有些人并非道德败坏,却因愚昧无知而不可能具备内在美,比如有的医生因专业知识欠缺而使病人丧命,有的人亲人病了却只求助于神灵等。早在古希腊时期,德谟克利特就曾说过,"身体的美若不与聪明才智相结合,是某种动物性的东西"③。此外,内在美的形成还与人的能力、性格、气质等有密切的关系。内在美的形成要靠社会环境和教育条件,但更要靠自我约束和自我塑造,只有这样,才能使自己成为外在美与内在美相统一的人。

---

① 《荀子·非相》。
② 《西方美学家论美和美感》,北京:商务印书馆1980年版,第58页。
③ 同上书,第16页。

(3) 生产劳动美

生产劳动美,指生产劳动过程中体现的美,包括生产活动美、生产工具美、劳动产品美等方面。生产劳动是人类最早的审美领域,是人类文明的源头。前面一章我们讲过,在原始氏族流传下来的艺术作品中,保留着他们将自己从事生产活动的场面和工具作为美来欣赏的痕迹,但由于生产力的低下和生产工具的粗陋,当时的生产劳动美是极有限的。随着生产力的发展和阶级社会的出现,脑力劳动和体力劳动有了分工的可能和必要,体力劳动者虽然创造了巨大的物质财富,但却被剥夺了享受劳动成果之美的权力。

在资本主义社会,劳动和审美的矛盾越来越尖锐和突出。"劳动为富人生产了奇迹般的东西,但是为工人生产了赤贫。劳动生产了宫殿,但是给工人生产了棚舍。劳动生产了美,但是使工人变成畸形。"[①]只有到了公有制为主体的、物质文明和精神文明高度发达的社会,劳动才可能真正成为美的领域,成为使人有目的地按照美的规律去建构的活动。一方面,人在劳动中能够根据自身的需要,实现人的主观愿望和目的;另一方面,人又力求掌握客观规律并用来改造客观世界。可以说,只有当劳动成为人的自由自觉的活动,能够充分发挥人的创造才能时,劳动过程和劳动产品才会真正是美的。

(4) 社会变革美

社会变革美指人们在从事推动历史前进的变革活动中体现出来的美的因素。为了改善人与人的关系,建立理想的社会制度,促进社会向前发展,人要付出种种努力和代价,并从不同的侧面表现人类自由自觉的意志和创造精神,因而,社会变革活动中也必定具有美的因素。尤其是在阶级社会,生产劳动对于被剥削阶级是一种奴役,而在阶级斗争中他们却有可能实现自己的愿望、达到一定的目的并取得一定的自由。历史上,如果没有人民群众反对压迫、反对剥削的英勇斗争,广大人民始终生活在统治阶级的奴役和压迫之下,无法按照人类自由自觉的意志从事社会变革活动,很难推动社会的发展,也就很难创造出美好的事物。实际上,从斯巴达克的奴隶起义到马丁·路德·金的慷慨演说,从陈胜、吴广的农民起义到孙中山、毛泽东的种种革命实践,直至今天仍

---

① 《马克思恩格斯文集》,第1卷,北京:人民出版社2009年版,第158—159页。

在进行的社会主义现代化进程,无不表现出社会美的壮丽图景。方志敏烈士在狱中给友人写信时说:"我相信,到那时,到处都是活跃的创造,到处都是日新月异的进步,欢歌将代替了悲哀,笑脸将代替了苦脸,富裕将代替了贫穷,健康将代替了死亡的悲哀,明媚的花园将代替了凄凉的荒地……这么光荣的一天,决不会在遥远的将来,而在很近的将来,我们可以这样相信的,朋友!"这段话用诗一般激情的语言,描绘了人类未来幸福生活的蓝图,确信真理必将胜利,充满了革命乐观主义精神,体现了社会变革美的魅力。

3. 艺术美

艺术美是艺术作品的美。艺术世界是美的世界,艺术创造是美的创造。艺术美作为人类美感物态化的集中表现,确证着人类内在心灵的复杂性和丰富性,是最典型的美的存在形态。所以,后面将有"艺术美论"一章具体介绍艺术美的特征和分类。在这里,我们重点论述艺术美和其他美的存在形态的关系。

(1) 艺术美来源于生活

艺术美是现实生活的能动表现和反映,艺术家的创作激情、创作素材都来源于现实生活,因而,生活是艺术美的源泉和基础。中国古代美学家提倡"外师造化,中得心源",所谓"外师造化",就是强调对现实生活的观察,只有这样,才能具备产生艺术美的前提条件。达·芬奇也认为,画家应当师法自然,"谁也不该抄袭他人的风格,否则他在艺术上只配当自然的徒孙,不配做自然的儿子"①。从艺术史上看,许多有创造性的艺术家都很重视生活的基础,并且认为艺术来源于生活。究其原因,主要在于:

a. 生活是艺术想象的土壤

艺术美的产生,必须依赖于生活中积累的大量感性材料,艺术家对这种感性材料的掌握越丰富,想象力就越强,也就越有利于艺术美的创造。苏轼评价北宋画家李公麟时所言"龙眠②胸中有千驷",说的就是这个意思。缺少必要的生活经验,不具备产生艺术想象的必要条件,脑

---

① 〔意〕达·芬奇:《芬奇论绘画》,戴勉编译,北京:人民美术出版社1979年版,第47页。
② "龙眠"指李公麟。

子中就很难形成关于对象的感性认识,也就很难创作出美的艺术作品。历史上,一些杰出的艺术家之所以能取得巨大的成就,前提之一即在于他们深入生活并获得了丰富的感性材料。譬如宋代画家张择端的《清明上河图》,是在对生活进行认真观察和体验的基础上,充分发挥了想象力而创造出来的艺术珍品。画中对北宋晚期的汴京及其近郊的生活现象进行了生动细致的刻画,内容包括人物、舟车、房舍、河流、树木等,显示出浓郁的生活气息。特别是在人物的描写上,能够通过某些情节、场面、神情等表现人物之间的关系,体现了艺术家细致入微地观察生活的能力。

对此,即使是以"理念"作为艺术美之源泉的黑格尔也坦白地承认:"艺术家创作所依靠的是生活的富裕,而不是抽象的普泛观念的富裕。在艺术里不像在哲学里,创造的材料不是思想而是现实的外在形象。"①黑格尔虽然以表现"理念"作为艺术的终极目的,但他强调"现实的外在形象",强调艺术家"应该看得多,听得多,而且记得多",这从一个侧面揭示了现实生活对于艺术美的重要性。

b. 生活孕育了艺术家的激情

艺术美来自于生活,但并不是现实生活的简单再现,而是充盈了艺术家的激情。如果脱离生活实践,艺术家没法培养对生活的感情,就可能失去创作的动力,艺术美也就无法产生。作曲家冼星海青年时期在法国巴黎学音乐时,曾经写过一个名为《风》的作品,这件作品在巴黎演出时受到了人们普遍的称赞,后来冼星海在《我学习音乐的经过》中回忆道:"我写自己比较成功的作品《风》的时候,正是生活逼得走投无路的时候。我住在一间七层楼上的破小房子里,这间房子门窗都破了。巴黎的天气本来比中国南方冷,那年冬天的那夜又刮大风,我没有棉被,睡也睡不成,只得点灯写作。那时风猛烈吹进,煤油灯(我安不起电灯)吹灭了又吹灭。我伤心极了,我打着战听寒风打着墙壁,穿过门窗,猛烈嘶吼,我的心也跟着猛烈撼动,一切人生的和祖国的苦、辣、辛、酸与不幸,都汹涌起来。我不能自已,借风述怀,写成了这个作品。"现实生活培养了艺术家的激情,推动了艺术家的想象,才有可能创造出感人的作品,在此基础上,才能使作品体现出艺术美。

---

① 〔德〕黑格尔:《美学》第 1 卷,第 357—358 页。

c. 生活推动艺术家创作技巧的发展

艺术技巧形成于对生活和思想情感进行表现的过程之中。技巧的提高是永无止境的,社会生活在不断发展,艺术家的思想状态在不断变化,必然要求艺术技巧发生相应的变化。例如,画家傅抱石曾到东北的镜泊湖、长白山、天池等地游历、写生,由于广泛接触现实生活,不仅在思想感情上受到启发,而且在笔墨技巧上也有了新的发展。他说:"几次深入生活都给人以新的体会和启发,这就推动了我思想上尖锐的斗争,以至对自己多年拿手的'看家本钱'产生了动摇……由于时代变了,生活、感情也跟着变了,通过新的生活感受,不能不要求在原有笔墨技法的基础上,大胆赋以新的生命,大胆寻找补充新的形式技法,使我们的笔墨能够有力地表达对新时代、新生活的歌颂与热爱。"①将傅抱石的画作《镜泊湖》与前期作品进行比较,可以清楚地看到生活在艺术技巧发展过程中的明显作用。

(2) 艺术美和现实美的关系

在美学史上,艺术美与现实美的关系成为争论的一个焦点。有自然美优先说,如朴素实在论、柏拉图等,还有将艺术美作为理念的感性显现而优先于自然美的观点,如黑格尔,进而又有将艺术美作为本来的美,完全否定自然美等等见解。康德对自然美和艺术美的区别进行了考察,他认为自然美是自然事物本身的美,而艺术美是对事物所做的美的描绘,美的描绘中包含了艺术家的理性观念及对事物所作的某种程度的改造,因此,康德主张把事物本身的美丑性质与对事物的美的描绘区别开来。他还进一步指出,艺术优于自然之处在于,它可以把自然中本来是丑的事物描绘得很美,比如复仇、疾病、战争等,都可能因艺术家理性观念的加工改造而变为艺术美。康德认为,因艺术美中包含着理性观念,所以自然只有在与艺术类似时才显得是美的。黑格尔明确提出了"艺术美高于自然"的观点,并从内容和形式两个方面进行了说明。一方面,自然美只有在和人的生活发生关系并成为"属于心灵的那种美的反映"时,才能变成审美对象;另一方面,自然美具有无意图性,而艺术美的存在离不开艺术家的理性创造,故艺术美能够表现人的心灵、意识和精神。因此他得出结论说:"因为艺术美是由心灵产生和

---

① 转引自《美术》杂志1980年第7期。

再生的美,心灵和它的产品比自然和它的现象高多少,艺术美也就比自然的美高多少。"①

在艺术美与现实美的关系问题上,别林斯基的观点具有一定的辩证色彩。他说:"绘画优于现实吗? 是的,有才能的画家在画布上所作的风景画必优于自然中任何美妙的景色。为什么呢? 因为在画幅上,没有偶然和多余的东西,所有的部分都从属于一个整体,一切趋向于一个目的,一切都有助于形成一个美丽的、完整的、独特的东西。现实本身是美的,不过它是美在本质、成分或内容上,不是在形式上。就这一美而论,现实好似地下矿苗中未经洗练的纯金;科学和艺术则把现实这黄金洗炼出来,熔化在优美的形式里。"②别林斯基一方面肯定艺术美来源于生活,另一方面又承认艺术在一定意义上高于生活。而车尔尼雪夫斯基主张,"艺术作品在任何时候都不及现实美伟大"③,他认为艺术是现实的贫乏无力的想象的图画和代替现实价值的"钞票",艺术美低于现实美。这一看法是片面的。艺术美虽然没有现实美那么丰富多彩,也的确不能代替现实美,但艺术美是现实美的主观能动反映的产物,是艺术家创造性劳动的结果,因而具有比现实美"更高、更强烈、更有集中性、更典型和更理想"的特点。

总之,现实美属于社会存在的范畴,是第一性的美;而艺术美属于社会意识的范畴,是第二性的美,艺术美来源于现实美,又比现实美更高、更典型。这是对二者关系的正确理解。

4. 科学美

所谓科学美,是指自然界本身的美与和谐等特性在理论上的表现,包括理论美和实验美等,通常以理论美为主。科学美属于第一性的美,是科学研究的一种精神动力。对许多科学家来说,科学研究同时也是一种特殊审美过程,具有美学价值。科学家一旦发现科学中的美,就能在心理上得到极大的满足,以至于出现强烈的生理性变化。例如,海森堡(W. Heisenberg)在进行矩阵元计算时,发现一种与自然界的和谐美相一致的规律,兴奋得几乎要"感到晕眩了",这种感觉类似于艺术家

---

① 〔德〕黑格尔:《美学》第 1 卷,第 2—3 页。
② 〔俄〕《别林斯基论文学》,上海新文艺出版社 1958 年版,第 126 页。
③ 〔俄〕《车尔尼雪夫斯基选集》,周扬译,上海:三联书店 1962 年版,第 83—85 页。

在面对审美对象时的体验:惊奇、喜悦、心跳加速、兴奋异常等,得到的是一种审美快感。科学家对"美"的追求,同对"真"的追求一样,是科学家的奋斗目标之一。德国物理学家韦耳(Claus Weyl)说过,他的工作总是力图把"真"与"美"统一起来。他甚至认为,当需要他在"真"的理论与"美"的理论之间选择一个时,他宁愿选择"美"的那一个。对科学美的追求,鼓舞着科学家们不怕困难,刻苦钻研,努力攀登科学的高峰。

(1) 科学美的特性

科学美主要具有以下两个方面的特性:一是主客观的统一性。一方面,科学美具有客观性。科学揭示了自然界丰富多彩的运动形式及发展规律,同时也就展示了自然界的客观性。科学固然不是美学,但只要它反映了自然界的本来面目,其中必然包含着美的因素,这是科学求"真"过程中通向"美"的必然结局。既然自然界的美是客观的,科学美也就具有客观性。另一方面,科学美又具有主观性。科学家对自己的科研对象进行欣赏时的感情,虽然不同于善的占有或利用欲望,但并不等于科学美与善无关。实际上,科学家的理论研究从根本的意义上说是服务于善的目的的,否则,科学研究就失去了存在的意义。同时,人类对科学美的追求和理解是不断变化的,这也导致科学美的内容必然随着人类的进步而不断丰富和发展。总之,科学美是客观性和主观性在实践基础上的统一,没有人的社会实践,就无法达到主客观的和谐统一,也就没有科学美。

二是科学美与科学真之间的辩证统一性。一方面,科学理论中的真与美之间具有统一关系。所谓真,是指科学理论的真理性,即科学理论应当同客观事实相符合,并达到对自然界的物质及其运动规律本质上的正确认识。从这一角度说,科学理论的真是美的基础,没有真就没有美。同时,事物的本质有无限多的层次,科学对这种本质的认识是一个不断深化的过程,即使某一时代与客观事实相符合的科学认识,它的真也是相对的、有弹性的,与此相应,科学美也是一个历史性的不断变化的范畴。另一方面,科学理论中的真与美又不是同等的概念,虽然有的诗人颂扬"美即是真,真即是美",但实际上美和真是一个事物的两个方面。

科学理论中真与美之间这种既矛盾又统一的关系,在科学史上有许多表现,比如托勒密的天文学理论受"宇宙和谐论"思想和亚里士多德哲学的影响,为求得体系的优美而颇费心机,在当时,似乎它已达到了真和美的统一。后来,当观测水平提高之后,托勒密理论体系的破绽逐渐显现出来,从美的方面说,它经过无数次修改删补,越改越臃肿,越改越不协调;从真的方面说,宗教神学所强加于它的天堂、人间、地狱等观念也日渐暴露出了虚伪性。哥白尼对此感到不满意,并立足于从美和真两个方面对它进行了修改。可以说,哥白尼天文学说不仅是科学理论在美学上的优化选择,也代表着科学真理同宗教唯心论斗争的胜利,从历史的眼光看,这是科学理论的相对真理性和科学美的历史性相统一的表现。

(2) 科学美的原则

其一,简洁性。简洁性是指构建理论话语时的一种原则,旨在追求科学理论的简单形式和深广内涵的统一,从而使科学理论在形式上呈现出一种美感。其中,形式的简单和内涵的深广是一致的。一个理论所赖以建立的基本前提越具有概括性,它的应用范围就越广。爱因斯坦认为,自然规律的简单性是它的一种特征,也是它的美妙所在,因而他主张科学真理的简单性标准:"我们所谓的简单性,并不是指学生在精通这种体系时产生的困难最小,而是指这种体系所包含的彼此独立的假设或公设最少。"[①]这是科学理论具有简洁形式的前提之一。

在经典物理学中,人们推崇牛顿的万有引力定律,认为它是体现科学理论简洁性的典范。从形式上看,它并不比开普勒行星运动定律和伽利略的自由落体定律复杂,却概括了天体和地面引力场中物体的相互作用,形式的简洁和内容的普遍性有效地结合在一起。诚如美国物理学家霍耳顿所评论的那样:关于两个物体相互吸引的简单公式,广泛地认为它的适用范围包罗万象。假定这个定律适用于一物体的每个部分,我们由它便得到某个外部物体的引力。对于球形天体这个特殊情形,它提供了一种充分而必要的力,可以进行开普勒第三定律的推导,也可以解释长期观察到的微小偏差。这在更大更深远的理论范围内证明哥白尼—开普勒和伽利略学说的正确性。有人甚至认为,自牛顿力学定律和万有引力定律提出以后,经典力学取得的所有成果,都是在上

[①] 《爱因斯坦文集》第1卷,许良英等编译,北京:商务印书馆1976年版,第299页。

述定律的基础上的发展演绎和数学形式。由此可见,科学理论形式的简洁性和内容的普遍性统一起来,才会产生深远的意义。原因在于,自然规律的简单性反映了大自然的客观事实,任何正确的科学概念都必须使这种简洁性的主客观方面达到平衡,用简洁性作为理论标准可以间接地检查主客观相符合的程度,这也正是爱因斯坦称简洁性为"真理的美学标准"的原因。总之,科学理论的简洁性是一种丰富多样的统一。

其二,新奇性。新奇性指新的不平常的发现或理论在想象中引起的一种乐趣,科学家的心灵因此感到一种愉快的满足。理论的新奇性来源于科学思想的独创性和科学方法的新颖性,并可能导致科学理论的奇异性。科学理论原则上是一种信息系统,需向人们提供关于自然界的新知识,因而理论所包含的信息量可以作为衡量具体内容不同的科学理论新奇性的共同标准。弗兰西斯·培根说:"没有一个极美的东西不是在调和中有着某些奇异!"[1]这一点,对于科学理论之美的评价也是适用的。

新奇之所以被视为科学理论美的原则,首先在于它体现了科学理论中的艺术因素。具体说来,新奇的科学思想虽然可能在观察实验事实的启发下产生,但在本质上却是想象的结晶,如果仅有单纯的观察和实验,是不能直接地、必然地产生独创性的科学思想的。有关的例子在科学史上比比皆是。在生物学研究中,18世纪瑞典生物学家林奈虽然根据观察搜集了大量关于生物性状的事实,却没有什么新奇的发现。到了19世纪,达尔文考察了不同物种的性状与环境之间的关系,产生了进化论思想。在化学界,同样是进行氧化—还原反应的实验,英国化学家普里斯特利把观察到的事实用于修补陈旧的燃素说,而法国化学家拉瓦锡却悟出了新的氧化学说。在地学界,19世纪德国地学家魏格纳根据有限的经验事实,想象大陆在历史上曾有过水平漂移,这种令人难以置信的奇特构思被当时的人们讥笑为"大诗人的梦",后来,地学理论的新发现证明,魏格纳当初的大胆设想和新奇构思竟然是正确的。

从审美心理上说,科学美感的最初体验是好奇心的满足或科学悬念的解决,这种原始的审美心理自然会对理论的新奇性和独创性提出

---

[1] 引自《科学与哲学》杂志,1980年第4期,第80页。

要求。人的认识的辩证发展过程和科学史的证据都表明,能够彻底解决科学悬念的终极真理是不存在的,任何一种科学理论在满足好奇心和解答科学悬念方面所起的作用,都是处于历史承启的环节上,它在对已有的悬念做出比较令人满意的解答之时,也提出了新的问题并开辟了新的研究领域。因此,新奇性是科学理论发展过程中必然伴随的一种现象,新奇性标准是科学研究的重要理论原则。

其三,对称性。对称性是一种内在的美,它来源于科学理论体系内部的自洽性,即以揭示自然界的规律和奥秘,表现大自然所蕴藏的优美秩序为特征,就内在结构方面说,对称本质上是逻辑的正确性和构造的严密性的体现。一件艺术品,如果结构对称、线条明快,就能给人以美感,而结构复杂紊乱的艺术品是很难给人以美感的。艺术美的这一原则对于科学美也是适用的。一些科学家借助于这一原则,对科学研究做出了重大贡献。比如,波兰天文学家哥白尼提出"日心说",试图取代托勒密的"地心说",就是利用了这一美学原则。他说:"处在行星中间的是太阳,在这极美丽的殿堂中,谁能把这个火炬放在更好的地位,使它的光明同时照到整个体系呢?……这样,我们就发现在这一秩序的安排下,宇宙里有一种奇妙的对称,轨道的大小与运动都有一定的谐和关系,这样的情形是用别的方法达不到的。"[1]可见哥白尼"日心说"最关心的问题是:行星怎样运动才能产生对称、和谐的天体几何学,哥白尼提出这一学说并没有太多新的系统的观察资料,[2]主要是出于科学美的动机和对称性的原则。

关于这一点,开普勒和第谷在天文学研究中的合作也很能说明问题。开普勒就像建造科学理论大厦的艺术家,他的艺术才能表现在他巧妙地利用了第谷的观测资料,他认为第谷的观测资料虽然精确,但并未真实地描绘出行星运动的对称与和谐形式。开普勒根据这些资料,在归纳、演绎、比较、推理、假说等多种尝试的基础上形成了对称、和谐的行星运动理论,在形成科学理论的过程中,开普勒的方法颇似一个雕塑家,尝试多种设计草图,不理想的不惜推倒重来,最后终于发现了隐

---

[1] 转引自 W. C. 丹皮尔:《科学史及其与哲学和宗教的关系》,李珩译,北京:商务印书馆 1975 年版,第 172 页。

[2] 有关资料几十年后才由第谷通过观察积累起来。

藏在天体运动之中的整个大自然的对称与和谐,并得出了符合美的规律的合理方案。当然,宇宙运动中也有"不对称性"问题,这是科学研究的另一课题。

其四,统一性。科学美与艺术美一样,认为孤立分散的东西给人以零碎感,不美,而将许多分散的东西统一起来,则给人以美感。因此,科学家总是力图把科学的各个分散部分统一起来,以成为完整、系统的知识体系。比如,俄国化学家门捷列夫十分强调"科学的宇宙观"和"占有科学方法"的有机统一对于构成科学理论的重要性。科学理论不仅需要材料,而且需要科学的设计,没有材料的设计方案是空中楼阁,没有设计只有材料则只能是零散的堆砌,只有把材料与设计有机结合起来,才能建构完美的科学理论。在这一思想观念指引下,门捷列夫按照化学元素的原子量和化学性质之间的相关秩序,把分散的、互不联系的元素知识统一起来,使其成为一个完整的统一体,在整体上呈现出美妙的周期、循环和节奏。为了更充分地展示这种内在结构的统一性,门捷列夫给当时尚未发现的几种化学元素留下了空位,并对未知元素的性质作了预言,新发现的元素既受到周期律的启发和推动,又完善了周期表的统一性。这样,门捷列夫不仅为"元素周期"理论的发展做出了贡献,而且能使懂得化学的人体会到一种科学美、理论美。

5. 技术美

技术美即英语国家的"迪扎因"理论所研究的美,包括生产环境的美、劳动过程的美和劳动产品的美等方面。"迪扎因"是英语单词"design"的音译,原意为"设计""制图""图画""筹划"等,比如"工业迪扎因""书画刻印艺术迪扎因""工程迪扎因"等。这一概念的出现,不仅仅意味着单纯的"设计"理念,而是包含着"美的设计""巧妙的设计""别出心裁的设计""不落俗套的设计"等意。技术美的观念产生于19世纪中期,人们提出这一概念的目的,在于"研究物质生产,即工业、建筑、交通、农业以及管理和服务领域的审美因素"①。英国社会学家、艺术理论家罗斯金早在1857年就认识到了产品的审美价值问题,并强调说,造得快的东西,毁得也快;最便宜的东西,最后可能是最贵的东西。罗斯金谈到日用品艺术,认为这种艺术在艺术等级中是最基

---

① 董学文等编译:《美,就在你身边》,北京:中国工人出版社1988年版,第43页。

本的。① 后来,随着科学技术的进步和工业生产的发展,技术美的问题越来越受到了人们的重视。

技术美的特征是通过对对象进行重新组合,使它们之间产生新的联系,从而在解决所面临的任务时产生一定的质量效果。所谓"质量效果",包括外形的美观、使用的舒适等。可见,"迪扎因"是处在发明创造和一般的设计筹划之间的活动,它的一些特点与发明活动相类似,因为它确立新的组合、研究新的联系。它的另一些特点与一般设计相类似,因为它具有明确的目的,既确立对象内部的新联系,又确立该对象与消费者、环境和其他对象的新联系,从而实现技术、艺术与舒适原则之间的关联,使舒适成分和艺术性质也被"组合到"先进的工业产品中。因此,具有技术美特性的产品不仅在技术上是完善的,而且在使用上是舒适的,在外形上是美观的。当然,"迪扎因"组合不是把美的形式或舒适的装置附加到现成的产品中,而是对对象进行重新组合和加工创造,使其在技术、审美、舒适程度等方面成为一个整体。只有这样,才能使产品的技术美既发挥质量效应,又发挥社会效应。

(1) 技术美学作为美学的一个分支

技术美学作为"迪扎因"的理论,从功用和审美相统一的观点,研究对象环境的设计和全面评价的基本原则,使其成为整个美学的一个分支。它从美学中划分出来并成为一个独立的研究领域,这和美学对象的扩大有关。人们改造环境,以新的社会内容对其加以填充,从而实现对日常生活环境的舒适条件进行完善和发展的目的。技术美学就旨在从科学技术革新和对社会的道德改造、审美改造相结合的观点,揭示和阐明对象环境发展的基本规律。

哲学美学和理论美学提供的思想资源,是技术美学得以产生和发展的重要前提条件。它之所以在 20 世纪 60 年代获得了巨大发展,就是受到此前的哲学美学和理论美学影响的结果。例如 1956—1966 年,当时苏联美学界进行了大规模的、异常激烈的、长达十年之久的关于审美本质问题的大讨论,并在讨论中形成了两种不同的理论派别——"自然派"和"社会派",前者以 Γ. 波斯彼洛夫的《论美和艺术》为代

---

① 参见罗斯金:《永恒的乐趣及其市场价格或艺术的政治经济学》,载《文集》,莫斯科 1902 年版,第 1 集,第 8 册。

表,认为美的本质在于对象的自然属性;而后者以 Л. 斯托洛维奇的《现实中和艺术中的审美》为代表,认为美的本质在于对象的社会属性。在社会派内部又有两种不同的意见,一种主张美存在于对象的特殊社会属性之中,而另一种则强调社会劳动的改造作用是美的根源,生产劳动是美的本质,因而被称为"生产派"。

"生产派"美学家的理论根据是马克思的《1844年经济学哲学手稿》。根据马克思的论述,"生产派"美学家指出在劳动的社会历史实践中,人按照周围世界的对象的"尺度"、按照美的规律对劳动对象进行改造,从而在其中体现了自己的"本质力量"。人的本质力量越丰富,它们在生产劳动过程中表现得越充分,人所创造的产品和劳动本身就越美,因此,人的本质力量是美的源泉。塔萨洛夫在《论对现实的审美掌握》一文中就认为:美是对象的形式符合于它的内在涵义,而这种符合一致是人在创造过程中有意识、合目的地达到的,并且成为他的社会本质的确证。对现实的审美掌握是普遍存在的,只要是按照美的规律去建造,无论在什么活动中都能对人发生同样的作用,因此主张忽略艺术创作的低级形式和高级形式之间的界限,即忽略物质劳动中初级的、形式的、生理的因素与高级的、内容的、精神的因素之间的界限,强调对艺术活动和物质生产的有机联系的规律性进行揭示。

"生产派"美学家不注重艺术的具体特性,把艺术创作等同于自由劳动中按照对象的客观尺度对对象的改造,在此基础上,任何一种创造性劳动,无论是工程师的、科学家的还是教师的,都是艺术创造。这一理论倾向有其片面性,但也有一定的积极意义。他们之所以对艺术同物质劳动和物质生产的联系感兴趣,正是因为现代生活实践尖锐地提出了艺术和物质生产的有机同一化问题。这一问题在20世纪60年代初成为许多国家专门注意的对象,不仅几乎各个工业部门中都建立了艺术设计机构,而且技术美学也在世界范围内发展起来。

(2) 技术美的要求

a. 光线和色彩

生产、劳动环境中的光线和色彩对人有着直接的影响,它们不仅在生理上会引起人的不同感觉,而且还会在心理上引起情绪的变化。无论在什么样的工作、劳动场所,都要有合理的、充分的照明系统。光线的方向和亮度,应当根据工作的性质、方式,时间的长短,空间的大小等进行合理的安排,否则就不能保证劳动者的操作准确可靠,也不能保证他们在工作过程中具有良好的感觉和愉快的心情。一般来说,劳动场所要求对工作目标照明均匀,具有适当的亮度,即光线不能太弱也不能太强;在工作目标和背景之间的照明程度上要有明显的对比;同时,还要注意在工作地点避免闪耀的光源等。随着技术美学的进一步发展,人们对选用什么样的照明设备以及对这些设备加以适当的美化和装饰也提出了更高的要求。

色彩在劳动环境中也有重大作用,各种不同的色调在一定的条件下能够使人产生不同的反应,因为"色彩的感觉是一般美感中最大众化的形式"①。在周围环境中正确地运用色彩,不仅能减轻眼睛的疲劳,提高识别能力并保证生产安全,而且还能给人带来美观、舒适的感官享受和轻松、愉快的心情。色彩中红、黄、蓝为三原色,这些色彩的调配和变换,可以组成无数种颜色,不同的颜色能够产生不同的美。达·芬奇认为,"不同颜色的美,由不同的途径增加。黑色在阴影中最美,白色在亮光中最美,青、绿、棕在中等阴影里最美,黄和红在亮光中最美,金色在反射光中最美,碧绿在中间影中最美"②。这里所谈的就是色彩和光线的配合和对比问题。因为不同的色彩给人以不同的情绪和心理反应,所以,技术美学常利用各种色彩的特点和功能来改善劳动生产的环境,减轻工人的疲劳,从而提高劳动生产率。例如,过去的机床一般都涂成灰色,与钢灰色的工件混成一片,不能形成鲜明的对比,因而造成工人不易分辨而感到疲劳。由于技术美学的发展,现在有的已将机床涂成绿色,并将机床上的移动部分涂成黄色,大大方便了工人将注意力集中在工件上面,从而有效地提高了劳动效率。

技术美学对光线和色彩的运用不仅限于工业生产的范围,在交通运输、医疗卫生、国防军事、商业服务及日常生活中,它们都起着重要的作用。

b. 声音

降低噪音,是技术美学普遍采取的措施。人们所能适应的声音强

---

① 《马克思恩格斯全集》第13卷,北京:人民出版社1986年版,第145页。
② 〔意〕达·芬奇:《芬奇论绘画》,戴勉编译,北京:人民美术出版社1979年版,第120页。

度有一定范围,当声强超过一定的频率和强度,就会对人造成危害,特别是音高和音强变化混乱、嘈杂而不和谐,可能严重刺激人的神经系统,导致紧张、疲劳和烦躁。人如果长期在噪音环境下工作,不仅影响效率,而且危害身体健康并可能带来多种疾病,如高血压、溃疡、头痛、耳聋等,甚至诱发暴力犯罪。绿化不仅能起到有效的消除噪音的作用,而且能美化环境。实验证明,十五至三十米宽的林木,在夏季枝繁叶茂时可使噪音减低七到九分贝,即使是秋季也能使其减低三至四分贝。草坪、花园、菜园等也能起到降低噪音的作用。在劳动环境中利用色彩来减轻工业噪音对人们心理上的刺激,也能起到一定的作用。在高噪音场所适当地将顶棚和墙壁涂成绿色、天蓝和蓝色,能适当地缓和噪音带来的有害影响。工厂使用不同色彩的、呈波纹状面的泡沫塑料吸声板,也同样能取得良好的效果。

　　在劳动生产中创造一个优美的音乐环境,是技术美学的又一课题。不超过三十五分贝、不低于十五分贝的声音,并不使人感到不适。有节奏、有规律、和谐、悦耳的声音,能够给人带来美的享受,一方面可以陶冶人的情操,另一方面还能消除疲劳、有益健康。声音的这些特点,正好可以为技术美学所利用。近年来一些国家运用音乐调节来防治噪音危害,便是一例。所谓音乐调节,就是在劳动、生产过程中播放适宜的音乐曲调,创造优美的音乐环境,以减少噪音危害,提高生产效率。因为合理的音乐调节不仅可以在一定程度上消除噪音,而且能使劳动者减少不必要的紧张,有助于他们心情愉快,动作协调,从而在生理、心理和工作上都产生有益的影响。

　　音乐调节还可以运用于农业、医疗、体育、科学实验、军事演习、商业贸易及日常生活中。在农场,播放优美的音乐可以提高奶牛的产奶量和母鸡的产蛋量。不仅如此,据说法国一位园艺家给一个番茄戴上耳机,让它每天"听"三个小时音乐,这个番茄长得特别大。在某些体育训练中采用音乐伴奏,可以提高运动员的主动性、积极性,缓和他(她)们的紧张情绪,促进机体的功能并增强必胜的信心。总之,技术美学对声音环境的研究和应用相当重视,它涉及的领域和范围也相当广泛。

　　c. 劳动时的动作与姿态

　　在劳动生产过程中,劳动者的动作和姿态也是技术美学关注的问题。动作的舒适、协调是保证持续操作的准确和迅速的必要条件。尤其是在大规模的集体劳动中,动作是否协调一致,是否配合默契,直接影响着工人的情绪和工作效率。因此,要按照不同工作的需要,除了保证安全、准确、迅速外,还应尽可能做到轻松、流畅、协调、有节奏等。例如,按照科学来分析人在劳动中的机械行为,省去多余的笨拙动作,制定精确的工作方法,实行完善的计算和监督制度等。在现代化大工业的组织管理中,更不能忽视包括劳动者的动作在内的一系列生理、心理因素在美学上的要求。

  首先,工作时要注意动作的节奏感。均匀的有规律的动作节奏,可以加快速度,减轻疲劳,增强舒适感,从而提高生产效率。对于重复性的、比较单调的动作,应当尽可能使其流畅而又自然地从一个动作过渡到另一个动作,并且最好能在两个动作的时间上保持一定的比例关系;对于循环性的工作,要合理安排动作的前后顺序和不同动作的转换,使其在整个工序中能保持前后的节奏和协调一致。其次,在需要两手同时操作时,应当使它们协调有序,避免互相干扰、手忙脚乱。如在一只手前后动作时,另一只手要避免左右动作,因为这类动作不符合人的习惯,使人感到精神紧张,甚至产生反感情绪,容易造成疲劳并诱发劳动事故。再次,工作时的姿势与动作也有密切关系,自然、方便的姿势便于劳动者进行正常的、持久的操作,从而减轻疲劳和职业病的发生。一般说来,合理地变换姿势是比较理想的工作状态,一方面可以使操作者身体某些部位的肌肉得到暂时休息,另一方面可以避免单调乏味的姿势给人带来的疲惫感。劳动姿势是否正确,可能影响到动作的准确性和速度,工作时无论采取坐姿还是站姿,都要符合健康、科学和美学的原则,这是技术美学对现代化工业生产提出的基本要求。

二、美的表现形态(上)

  前面我们说过,美的表现形态就是通常所说的"美的范畴"或"审美范畴",因为"审美范畴"也是源于对美的分类,所以我们将它和"美的存在领域"一起统归在"美的形态"之列。按照美所表现的事物的性质和给人的美感情态的不同,美的表现形态可以分为崇高、优美、丑、悲剧性和喜剧性等。

这里我们先谈一对美的基本表现形态：崇高和优美。

1. 崇高

"崇高"又被称为"壮美"，是生活中经常见到的一个概念。比如，人们习惯于把一种神圣的使命称作"崇高的职责"，把舍生忘死的行为称作"崇高的行为"，把远大的理想称作"崇高的理想"等。作为一个审美范畴，首先，它具有美的一般特点，比如它是人类社会的产物，它具有感性特征等等；其次，崇高又有着具体的特点，那就是它在内容方面更充实、更丰富、更复杂，在形式方面更强烈、更鲜明、更曲折。

（1）什么是崇高？

崇高是美的事物的一种表现形态，是对象的一种独特的审美属性。这种审美属性或范畴客观地存在于自然、社会和艺术作品中，并对人的审美心理发生作用，从而产生崇高感。崇高的具体含义存在于不同的审美对象之中。

在大自然中，有许多崇高的事物和现象，奔腾咆哮的长江大海，浩瀚无际的荒漠原野，巍峨雄壮的高山峻岭，展翅凌云的雄鹰鲲鹏，直泻而下的飞流瀑布，傲立山崖的苍松翠柏等，无不给人以崇高的感觉。作为审美对象，它们带有独特的审美属性，也就是说，它们不是一般的美，而是崇高的美，雄伟的美，力的美。

在社会生活中，一些人的活动与行为也带有崇高的性质，"这种崇高现象可见于个人（伟人、英雄）以及整个阶级、群众和民族为社会进步服务的杰出作为中"。[①] 大禹为民治水，三过家门而不入；岳飞精忠报国，历经磨难；巴黎公社战士宁死不屈；红军长征二万五千里；雷锋一生助人为乐；……作为审美对象，这些人物和行为本身客观地存在着崇高的悲壮的审美属性。

在艺术作品中，崇高既是现实世界具有崇高属性的事物或现象的能动反映，也是艺术家崇高精神的表现。苏轼的名句"大江东去，浪淘尽，千古风流人物"所表现的是崇高美，显然有别于柳永描绘西湖的"三秋桂子，十里荷花"的词句；潘天寿的绘画作品《雄视图》中，一双秃鹫蹲踞在悬崖峭壁之上，一只回首遥望，另一只凝神俯视，羽毛深沉厚

[①] 参见董学文、江溶主编：《当代世界美学艺术学辞典》，江苏文艺出版社1990年版，第70页。

重,其威猛的形象不禁令人产生崇高的审美感觉。

总之,崇高是对象具有的"不平凡的、伟大的"独特审美属性,能够使人在审美观照时产生剧烈的、激动不已的感觉,体会到的是一种惊心动魄之美。崇高作为美的一种表现形态或范畴,还可以细分为许多类型,如中国美学中将崇高分为庄严、奇峭、雄浑、悲壮、劲健、苍茫等;康德将其分为数学的崇高和力学的崇高;还有人划分为峻拔的崇高和恐惧的崇高等。在现实生活中,由于实践与人类生活之间的矛盾错综复杂,致使崇高的类型多种多样,并从不同的角度给人以不同的审美感受。

(2) 美学史上的崇高

公元1世纪,罗马修辞学家朗吉弩斯(C. Longinus)总结了古希腊罗马的史诗和悲剧的传统风格,在《论崇高》中从文学创作的角度首次提出了"崇高"的概念,并从作品的思想、情感、形象、语言、结构等方面系统地论证了它的构成,并将"崇高"定义为"伟大心灵的回声"。因为朗吉弩斯着重强调的是激情、天才、想象,追求的是强烈的艺术效果,他给崇高下的定义被后人认为是"太含糊了,除了富有启发性之外再没有什么了"①。18世纪,博克(E. Burke)开始从对象的角度考察崇高的审美属性,指出自然物的崇高与其形式有关,包括它们的形体大小、形体组合、光线、色彩、声音及运动的形态、力度等,其他一些因素如空虚、孤独、沉寂、豁亮的音响、困难、突然等也有助于产生崇高感,因为它们往往使人产生恐怖的感觉。② 博克承认崇高的客观性,肯定了崇高来源于客观事物本身,具有一定的唯物主义色彩,但是,他站在纯粹感觉论的立场上,片面强调对象的体积、平面、线条、光亮、重量等形式因素,过分强调恐怖感在崇高中的地位,甚至把崇高的来源归结为可怕的事物,而不是从社会方面寻找崇高感产生的依据,这是博克的经验主义美学局限性的表现。

与博克不同,康德从主体的审美经验出发并首次从哲学高度对崇高做了整体性的界定。康德力图在对崇高的分析中完成从感性到理

---

① 〔英〕李斯托威尔:《近代美学史评述》,蒋孔阳译,上海译文出版社1980年版,第214页。

② 《西方美学家论美和美感》,第118—123页。

性、从现象到本体、从有限到无限的过渡。他认为崇高对象的最主要特征是由无限而产生的"无形式",有的表现为无限广大,如天空、海洋,这是数量的崇高;有的表现为力量的强大,如飓风、暴雨,这是力量的崇高。崇高引起的审美感觉,是由痛感到快感,"先有一种生命力受到暂时的阻碍的感觉",然后有一种"更强烈的生命力的洋溢迸发";对崇高的欣赏,要通过对象的无形式①唤起主体精神世界的伦理道德力量。因此,对崇高的对象来说,主体的感受已经不是客观自然,而是主观精神自身了,"暴风雨的海洋本不能称作崇高,它的景象只是可怕。只有心灵充满了众多理念,才使这种直观引起感情自身的崇高"。康德认识到了主体在崇高感产生过程中的重大作用,但他忽视了对象与人的生活之间的客观联系,从而走向了另一个极端。

黑格尔批判了康德认为的崇高与客观事物的内容无关的看法,指出"内容的表现同时也就是对表现的否定"②,这才产生了崇高感。对于这一点,车尔尼雪夫斯基解释道,"凡是观念超出了它所赖以表现的个别物象的范围,从而不依赖那表现它的印象而直接说明自己,这种美的形式谓之崇高美。所以在崇高中,观念对我们尽量显出其普遍性和无限性。在这观念面前,个别物象和它们的存在便仿佛无足轻重,渺然若失"③。美的内容超出了美的形式④的范围而"直接说明自己",这种美的形式就是崇高,因此,形式成了"无形式"。黑格尔在崇高问题的理论倾向,使崇高带上了神秘的色彩。席勒总结了从博克到康德关于崇高的研究成果,将崇高与人类的"理性自由"联系起来,并作了极富时代精神的阐释。他把崇高看成是客观存在的对象的性质,一方面它使人感到自己受限制,另一方面又在理性上感到自己能够冲破限制并获得自由。席勒从主客体的关系中探讨崇高的本质,可以说这是他出色的地方。车尔尼雪夫斯基则从人的生活的角度考察崇高的特性,认为真正崇高的东西不在自然界,而在人本身,从而显示出他对崇高这一美学范畴的社会内容的重视。

---

① 这里的"无形式"指不符合形式美的形式。
② 〔德〕黑格尔:《美学》第2卷,朱光潜译,北京:人民文学出版社1958年版,第80页。
③ 〔俄〕车尔尼雪夫斯基:《美学论文选》,第78页。
④ "形式"在黑格尔那里即个别物象。

（3）崇高的审美特征

a. 崇高是人类社会实践的产物

自然界的一定感性形式之所以具有崇高的意义，是由于它与一定历史阶段的社会实践发生联系，从而激发了人的潜在能力。在"蒙昧时代"的原始社会不可能产生崇高美，因为那时人还是自然的奴隶，他们往往把凶猛的野兽当作崇敬的对象，还没有产生自觉战胜自然的意识。只有当人类开始认识到自己的力量及自己对自然起主宰作用时，人类的实践活动才可能创造出崇高美。原始神话中的诸神和英雄的形象，正是自然的巨大威力在原始人想象中被征服、受支配的产物。可见，崇高是以人类社会生活作为它的内容，以人类自觉进行改造社会和改造自然的实践活动作为基础的，它所显现的实际上是自觉实践着的人。朗吉弩斯说，当我们看到"巍然高耸"的自然景象时，我们马上就会联系到"人是为什么生在世间的"；康德则直接把崇高说成是"心灵认识自己使命的崇高性"，都说明崇高感的产生是与人紧紧联系在一起的。

b. 崇高以巨大的矛盾冲突获得审美价值

如果说美是矛盾处于相对统一状态的话，那么，崇高的特点是美处于主客体的矛盾激化中；从美感上，它具有压倒一切的强大力量，以一种不可阻遏的强劲的气势，给人以惊心动魄的感受；从形式上，它表现为一种粗犷、激荡、刚健、雄伟的特征。可以说，崇高是现实美的精粹，是对一般美的事物的超越，因此，它最能体现人类社会生活的本质特征，最能揭示人类在改造自然和改造社会中的本质力量。原因在于，人类社会是在矛盾斗争中向前发展的，自然规律和社会规律有其自身的必然性，人类要获得自由，就要在社会实践中不断地对其加以认识和把握。这个过程是漫长而艰难的，有时会遇到挫折和困难，甚至会付出鲜血和生命的代价。崇高美的产生，是伴随着人与自然的冲突、伴随着各种各样的挫折和困难取得的，因此，崇高的美学特征，不像抒情诗那样优美，也不像风景画那样恬静，而是以对自然规律和社会规律掌握的艰巨性来肯定人的本质力量。例如，历史上的奴隶革命、农民起义、无产阶级革命以及民族解放斗争，都是先进社会力量起来反抗旧制度，反抗阶级压迫和民族压迫的极其艰巨的斗争，都需要一定的英勇牺牲精神，从而写下了崇高悲壮的历史篇章。小说《红岩》中的一些视死如归、气贯长虹的英雄形象等,都是在巨大的矛盾冲突中体现了崇高的审美价值。

c. 自然界以不平凡的形态使审美主体获得崇高感

自然界中的崇高有两方面的内涵,对于审美主体的审美意识来说,它是一种客观存在,它离不开自然物的自然属性以及由此构成的具体可感的形象与社会的崇高行为的联系;从自然本身来看,崇高离不开自然合规律活动所展示的气势磅礴、不可抗拒的力量和广阔深邃的无限空间。当人们在观赏狂风骤雨、惊涛拍岸、无垠沙漠的时候,常常会产生崇高感;如果狂风骤雨淹没了千家万户,惊涛骇浪冲击着即将沉没的航船,沙漠炙烤着奄奄一息的旅行者,就很难使人产生崇高感。因此,自然物要获得崇高的审美特性,必须以不侵害人的利益为前提,否则就不容易成为人的审美对象。黑格尔在《历史哲学》中曾谈到,大海给我们以无际和渺茫的无限的观念,而在海的无限里感到自己的无限时,人类就被激起勇气去超越那有限的一切。可见,自然界不平凡景象的崇高美是通过人类不平凡的生活实践获得的,它凝聚着人类征服自然的智慧,蕴含着漫长而广阔的社会生活内容,它以惊险、突兀的形式曲折地肯定了人类改造自然的胜利。可以说,自然界的崇高美总是在自然上肯定人的勇气和力量、人的胸襟和视野、人的生命力和战斗精神,总是在内容上与生活中的崇高有着这样那样的联系。

总之,无论社会生活中的崇高还是自然界中的崇高,都有着共同的特点,那就是与人类自身有着密切的关系。

(4) 艺术中的崇高

艺术中的崇高是对自然中和生活中的崇高进行反映和创造的产物。宏伟、规模大、巍峨,是反映在艺术中的崇高的典型形式。

对古希腊人来说,最有力量的神——宙斯,乃诸神之王。在描绘雷神的雕塑作品中,这一审美原则被充分而明显地表现出来。奥林匹斯山上的宙斯神庙由于地震而倒塌了,在它的废墟上,世纪和时代飞逝而过,但巨大圆柱的残骸至今仍激动人心,令人神往。然而,这个庙的伟大,其秘密不仅仅在于它的宏伟。在庙里设有端坐在宝座上的宙斯的巨大塑像。塑像同庙的高度的比例是这样的:如果神的坐像要挺身直立,那么宙斯用它强有力的脑袋就会捅穿屋顶。这个结构说明,人是强大的,他创建了雄伟的神庙,但宙斯更是强大无比,只要它一动身,整个建筑物就会倒塌。建筑、雕塑配合得当的格局,使人产生美和崇高的印象。埃及的金字塔是崇高的,甚至有压倒个人的气势,与墓上建筑物的巨大形象所明显地表现出来的永恒性相比,个人变成了一粒沙。在中世纪,崇高和神之间被画上了等号,其特点是关于崇高的宗教神秘主义观念,即封建教权主义观点。中世纪哥特式大教堂鲜明地表现了崇高的形象,其中巨大的空间、窄而高的中堂井,透过彩色玻璃图案的神秘闪光等,形成了一种神秘莫测的崇高气氛,充分表现了对理想的、几乎不能实现的、可在巨大的努力下对人类不再是禁区的完美性的渴求。

　　米开朗基罗的雕像《大卫》是文艺复兴时代对崇高的富有特色的表现。年轻的勇士处于搏斗前的高度紧张状态,他屏息着,凝神静气,准备投掷,在这一纯粹的生理状态后面,站立着一个具有潜在威力的人的形象。艺术形象本身蕴藏着的这种即将暴露出来的就要实现的威力,也就是崇高的形象。在近代艺术中,贝多芬的《第九交响曲》鲜明地体现出崇高的风格。低微的、若隐若现的音响逐渐加强,突然爆发,然后渐趋沉寂,几近消失,同时又在积累着巨大的能量,直至火花四射,熊熊燃烧,强大的浪潮翻滚着,具有扫荡一切的伟力。可以说,贝多芬是从宇宙的、崇高的角度来理解自然界和人类生活的。

　　艺术中对崇高的反映,有一点需要注意,那就是要求艺术家在创作时具有明朗开阔、精神振奋的心态,并将激情灌注于整个创作过程,否则,就很难表现崇高的主题。以普希金对波尔塔瓦之战的反映为例,在《彼得大帝史》的准备材料中,普希金以历史学家的平静笔调描述了这次战役:"彼得大帝带领自己的将军们乘车驰过整个军队,激励士兵和军官,引导他们向敌人进攻。查理向他迎上来;九时,军队开战,战斗未超过两个小时,瑞典人就逃跑了。在战场上估计有九千二百三十四人被打死。"尽管确切的数字表明了战役的规模,但这种描绘却不会使人产生崇高的印象。而在长诗《波尔塔瓦》中,普希金选择了具有崇高风格的热情洋溢的词句来刻画彼得大帝的形象,描绘了关于这次战役令人难忘的崇高画面:

　　　　彼得走出帐篷,
　　　　崇拜者把他团团围住,
　　　　他发出神赐的洪亮的声音:
　　　　"战斗吧,上帝保佑!"

他目光炯炯,神情严峻。
举止敏捷,风采俊美。
他整个人,就像一尊雷神。
……
开战了,波尔塔瓦之战!
枪林弹雨,炮火纷飞,
向密集的人群扑来,
在失败者的阵地上,
新编的队形结成人墙,
骑兵队飞驰从天而降。
马缰和马刀的响声四起,
相互碰撞,相互砍杀……
瑞典人、俄罗斯人在拼刺、在砍杀,
鼓声、喊声、金属摩擦声,
大炮声、跺脚声、马嘶声、呻吟声,
死亡和痛苦从四面八方来临。

同样的作者,同样的内容,同样的主题,为什么给人的艺术感觉差别如此之大呢?关键的原因在于作者表现主题的方式及艺术形象所能反映生活的广度和深度。有种观点认为,艺术中的崇高,经常体现在以行动冲突为基本特征的戏剧形式中。其他艺术形式不能像动的再现艺术那样充分、集中地展示出这种具有明确的理性因素的崇高来。这种看法是将艺术中的崇高理解为取决于艺术表现的方式了。实际上,艺术中的崇高来源于客体的崇高品性和艺术家创作激情的相互结合。

2. 优美

一般说来,"美"这个词有广义和狭义之分,广义地说,作为一般的审美对象,它包括崇高、优美、滑稽、丑等不同的范畴;狭义地说,"美"实际上指的就是优美,这在本书中已有多处论述,这里侧重于它和崇高的异同。

与崇高不同,优美的特点是美处于矛盾的相对统一、相对平衡状态;从美感上看,优美能给人以轻松、愉快和心旷神怡的感受;从形式上看,它表现为柔媚、和谐、安静和秀雅的美。杜甫的诗句"细雨鱼儿出,微风燕子斜",描绘的就是优美的境界。这些景色,表现了诗人愉悦的情感,充满了优美的诗情画意。

（1）优美与崇高的区别

在审美实践中,几乎所有的审美对象都可以划分为两种迥然不同的类型。生活中,人的方面有金刚怒目的健壮男子与秀外慧中的妙龄少女,风景方面有钱塘大潮与桂林山水等；艺术中,诗词有苏轼"大江东去"的豪迈与陶潜"采菊东篱下"的闲适,古曲有《十里埋伏》与《春江花月夜》,绘画则有米开朗基罗的《摩西》与达·芬奇的《蒙娜丽莎》等,这些是在表现形态上具有明显差异的两种不同审美类型。对于这两种不同形态的美,有人概括为：一种是"骏马秋风冀北"的美,一种是"杏花春雨江南"的美,实际上,前者就是所谓的崇高,后者就是所谓的优美。

在主体的审美感觉中,优美和崇高能给人不同的感官享受。优美引起的是单纯的快感,可以使人感到心旷神怡,精神愉悦,心境是单纯而宁静的；而崇高所引起的是奋发激荡、昂扬向上的情绪。崇高"仿佛挟巨大的力量倾山倒海地来临,我们常于有意无意之中觉得自己渺小,觉得它不可了解,不可抵挡,不敢贸然尽量地接收它,于是它不免带有几分退让回避的态度。但是这种否定的消极的态度只是一瞬间的。我们还没有明白察觉到自己的迟疑时,就已经发现它可景仰,可敬佩。我们对它那样浩大的气魄,因为没经常见过,只是望着发呆。在发呆之中,我们不觉忘却自我,聚精会神地审视它,接受它,吸收它,模仿它,于是猛然间自己也振作奋发起来"①。这种对崇高的艺术感受,与对优美的体验有明显的不同。

关于优美与崇高的区别,早在古代就引起了人们的注意。我国战国时期的思想家孟子认为,"充实之谓美,充实而有光辉之谓大"②,"美"与"大"的区别,就是优美与崇高的区别。朗吉驽斯谈到："我们所欣赏的不是小溪小涧,尽管溪涧也很明媚而且有用,而是尼罗河、多瑙河、莱茵河、尤其是海洋"③,"小溪小涧"的明媚美是优美,而尼罗河、多瑙河、莱茵河、海洋的美则是崇高美。到了近代,中国清代学者姚鼐提

---

① 朱光潜：《文艺心理学》,上海开明书店1937年版,第243页。
② 《孟子·正义》,《尽心章句下》。
③ 《西方美学家论美和美感》,第49页。

出了"阳刚之美"与"阴柔之美"的区分,他说:"其得于阳与刚之美者,则其文如霆,如电,如长风之出谷,如崇山峻崖,如决大川,如奔骐骥;其光也,如杲日,如火;其于人也,如冯高视远,如君而朝万众,如鼓万勇士而战之。其得于阴与柔之美者,则其文如升初日,如清风,如云,如霞,如烟,如幽林曲涧,如沦,如漾,如珠玉之辉,如鸿鹄之鸣而入寥廓。"①

博克第一次明确地将崇高与美加以区分,他指出:体积巨大是崇高感产生的一个重要原因,而美的对象则比较小;崇高的东西是凹凸不平和奔放不羁的,美的东西是平滑光亮的;崇高的东西通常表现为直线,或是强烈的扭曲,而美则往往避开直线,或缓慢的弯曲;崇高的东西必须是阴暗朦胧的,而美是鲜明的;崇高的东西是坚实甚至笨重的,美则是轻巧而娇柔的。② 博克将优美与崇高相区别的思想,对康德的影响甚大。康德着重对此进行了探讨,他在《判断力批判》中认为:"关于自然界的美,我们必须在我们以外去寻找一个根据,关于崇高却只须在我们心中和思维样式中去寻找根据,崇高性正是由思维样式带进自然的表象里去的。"也就是说,美与崇高的"最重要的和内在的差别"在于美有一定的形式限制,而崇高表现为"最粗野最无规则的杂乱和荒凉,只要它标志出体积和力量"。这是康德从哲学的高度对优美和崇高所做的区别。车尔尼雪夫斯基从人的生活的角度考察崇高与美之间的差异,他说:任何东西,如果我们在其中看得到符合于我们的人生观的生活,那就是美的;任何东西,如果是比我们拿来跟它比较的事物更伟大的,那就是崇高的。③

(2) 优美与崇高本质上的共同点

康德和席勒都把崇高看做是与美有着共同本质的美学范畴,认为它们的共同点都是满足感官的要求,不涉及明确的目的,都表现出主观的合目的性。谢林(Schelling)在《先验唯心论体系》中也说过,虽然人们往往把崇高与美对立起来,但两者之间却没有真正的、客观的对立;真实的、绝对的、美的东西总是崇高的,崇高的东西(如果是真实的)也

---

① 姚鼐:《海愚诗钞序》。
② 《西方美学家论美和美感》,第125页。
③ 〔俄〕车尔尼雪夫斯基:《艺术与现实的审美关系》,周扬译,北京:人民文学出版社1979年版,第17页。

是美的。①

实际上,如果承认美的本质是体现人的积极本质力量和情感的生动形象,就可以说优美与崇高没有本质上的差别。人类的文明史正是人类认识和征服自然的历史,一方面,人类在认识和征服自然的实践中掌握了客观世界的运动规律,使自然符合了人类的目的,在成为自然主宰者的同时,产生了无比强烈的崇高感。另一方面,被征服了的自然,被改造了的客观世界由于打上了人类意志的印记,从而在客观上肯定了人类的实践,这样的自然也就具有了美的意义。从这个角度说,崇高与优美在本质上是相同的。

在对崇高与优美的异同做了一番比较之后,我们就比较容易理解它们为何有如此多样的表现形态了。优美所代表的匀称、和谐、精细等,正是实践的合目的性与合规律性的结果,它体现的是经过改造的社会现实对人类实践的明确而单纯的肯定。就像一座已经竣工的大厦,昔日杂乱、喧嚣、繁复的一切全都被清理完毕,留下的只是一座按照人的意志并服从人的需要的一座建筑,它的方位是经过测量的,它的形体是合乎比例的,它的结构不仅适用而且是经过装点修饰的。它作为实践的结果摆在那里,从而让人感觉到了美。比较起来,崇高所显示的是剧烈的内在冲突,这种冲突的内容是精细、和谐的外在形式所无法容纳的,所以,它不能不冲破这一切,以极为反常的粗犷、巨大、不规则等特色,以急剧的场景和氛围表现出来,只有这样,才能反映出剧烈的矛盾冲突,也才能在其结果中体现出美。

三、美的表现形态(下)

1. 丑

丑作为审美范畴,指某种由于不协调、不匀称和不规则而引起非快感的、令人厌恶的东西,它反映完美的缺乏或不可能性。丑有别于畸形和不美,不是美的简单否定,而是以反面形式保持了正面的审美理想观念。在现实的审美活动中,丑一般与美相比较而存在,但对丑的审美特性的研究是传统美学的一个薄弱环节。为了确定丑的审美本质,至少

---

① 〔俄〕车尔尼雪夫斯基:《艺术与现实的审美关系》,第187页。

应该分清以下几个方面的界限:a. 自然形态的丑和艺术形态的丑的界限;b. 审美范畴的丑和道德范畴的丑(即丑恶)的界限;c. 与美相结合、相对照、相转化的丑和游离于美之外的丑的界限;d. 艺术内容的丑与艺术形式的丑的界限;e. 以肯定的态度处理丑的题材、因艺术表现的成功而获得的丑的审美价值和以否定的态度处理丑的题材、因艺术表现的成功而获得的丑的审美价值的界限。

(1) 艺术中的丑

大体说来,古典艺术是比较疏远丑的,古典主义的"美的艺术",要求在艺术中排斥丑的对象。后来,情况发生了很大的变化,近代的巴罗克艺术、浪漫主义艺术、批判现实主义艺术和自然主义艺术,都不回避丑,并把丑作为艺术的一个组成因素。尤其是现代主义艺术思潮兴起后,丑在艺术中的审美价值更加提高,从印象派后期画家到象征派、立体派、野兽派、未来派、达达派,直到后现代主义的波普派、行动派、概念派,丑普遍被当作刺激艺术感染力、激发审美活力和鉴赏想象力的要素,以致明显地在艺术创作中追求变形、荒诞、奇崛、怪异的趣味与风格。

西方现代艺术对丑表现出的特殊兴趣,有其深刻的社会根源,即现代资本主义的全面异化以及艺术本身的异化,扭曲的艺术集中地反映了被扭曲的心灵和社会。尼采宣称"上帝死了",萨特发现了"虚无",人被投入到一个荒谬的存在之中去探究自身的存在与痛苦,荒诞成为普遍的风格。他们大量描绘精神的空虚、黑暗、愚钝、不安、疑虑和恐惧;描绘世界的荒谬、虚伪、分裂、严酷、残暴和艰难。梅特林克(M. Maeterlinck)在创作中常用阴郁的山峰、暗淡的月光、杂乱的沼泽、猫头鹰的尖叫等作为表达情感的象征。英国作家劳伦斯(Lawrence)讨厌"早春的鲜花",喜欢"秋天的排泄",甚至明确提出"我们要实现生命中的巨大的兽性品质,——这是极其美妙的"。20世纪60年代兴起于美国的"黑色幽默"派认为,世界是令人绝望的荒谬与丑恶,人能够自由选择的机会微乎其微,只能在荒谬的世界干些荒谬的事情,因此,无论人自身还是周围的世界,都是艺术讽刺嘲笑的对象。

这种对丑和荒诞的特殊兴趣,在绘画中表现得更加突出。抽象表现主义绘画强调直觉感觉,从内心需要出发任意挥洒,故意违反形式美的规律,用原始的线条、粗野的轮廓、杂乱的色彩表现发自本能的无意识的情感。超现实派、达达派、行动派则广泛运用荒诞手法,用变形、解体、歪曲的方式打乱事物原有的结构秩序,将对象按主观意图重新拼凑组合,故意造成不和谐的色调和节奏。后现代主义的"波普"派、"恶臭艺术"派和"空无"派更是鼓吹艺术形象的分解,故意将不同空间的没有什么逻辑联系的事物拼合一起,故意将不登大雅之堂的破罐、烂布甚至便池放到展览厅中作为艺术品陈列,故意以绝对的空无代替实有的艺术形象,造成类似梦魇的效果。后现代艺术把丑推向审视的中心,如1986 年在美国一个博物馆举办欧美雕塑艺术 40 年展览,一进展览大厅,满目只有一堆堆碎砖、一条条横七竖八的原木、生锈的钢管、压扁的汽车残骸等等,宛若走进一个废品仓库或垃圾场。这是审美的畸形表现。

正常艺术中丑的审美价值来自于以下三种情况:

第一种,有些丑的形象外观包蕴着美的意趣与理想,通过形象本身外丑和内美的强烈对比而产生审美效果。雨果小说《巴黎圣母院》中的人物卡西莫多就是这样。米开朗基罗在梅第奇墓上的雕塑群像,没有一个符合正常人的比例,为了突出激愤与悲痛,故意把躯干与四肢加长,上半身弯向前,眼眶特别凹陷,背上的筋和脊骨扭成一团,像快要折断了的铁索一样紧张,丑在这里成为提高艺术生命力的激发物。第二种,作品以丑为题材,但因艺术家真实地展现出丑的事物必然被历史抛弃的命运,以否定的态度对其加以表现,并通过这样的表现寄寓了美的理想,从而使丑的题材具有审美价值。如罗丹的雕塑《老妓》,果戈理的小说《死魂灵》等,就是如此。第三种,作品以某种旁观、甚至欣赏的态度表现丑,但因艺术家高超的技巧和独创的形式而使丑的题材具有可欣赏的外观,其中丑的内容与美的形式处于尖锐的对立之中,如波德莱尔《恶之花》中的某些诗篇,毕加索的某些立体主义绘画作品等。西方现代和后现代某些艺术作品则属于这一类的末流。

可以说,以上三种丑具有不同的审美价值。前两种丑符合艺术创作形式与内容相统一的规律,具有较高的审美价值;第三种丑本身存在内容与形式的矛盾,有可能走向反艺术、反审美的道路。

(2)美学史上对丑与美之间关系的论述

亚里士多德谈到丑时,曾以"滑稽面具"为例,说它虽然长相丑,却能引起人审美的快感,因为它是丑的事物的艺术摹仿,而不是恶的事物的艺术摹仿。由此可见,亚里士多德已经觉察到自然形态的丑与艺术形态的丑、审美范畴的丑与道德范畴的恶等之间的区别。他还提到,最讨人嫌的动物或死尸的外形是丑的,是我们所不喜欢观看的,但这些丑的对象经过艺术家惟妙惟肖的摹仿,变成精心绘制的图画,也会因表现的成功而得到人们的欣赏,这"惟妙惟肖的图像看上去却能引起我们的快感"。他看到了以丑为题材的艺术作品所包含的内容与形式的矛盾,认为只要艺术表现成功,也可以使丑的题材产生审美意义。

美与丑相比较而存在,这是希腊美学中很早就提出的一个有价值的观点。赫拉克利特说:"最美丽的猴子与人类比起来也是丑陋的。"① 哲学神学家圣·奥古斯丁发展了这一观点。他提出,美是绝对的而丑是相对的,宇宙的对称中本质上包含着美与丑的对立与统一,丑在整体中可烘托出美。他以绘画为例说,在一幅画中,阴影如果布置得正确,并不会使画显得丑。② 文艺复兴时期的康帕内拉(Campanella)在《诗学》里也谈到了美和丑的关系,认为"任何东西都同时是美的和丑的",事物本身原无美丑之分,它们之所以显得美或丑,只是由于鉴赏者的看法不同,美被看做善的标志,丑被看做恶的标志。这是西方美学从主体意识的角度解释丑的本质的发端,主体的审美意向成为衡量事物美和丑的标准。此后,主体尺度就成为西方美学中衡量美丑的一个传统尺度。鲍姆嘉通以主体的感性认识的完善或不完善来界定美与丑的界限,叔本华以主体意志的客观化是否充分来界定美与丑的界限,立普斯以主体在对象中投射的感情是否有价值来界定美与丑的界限。

博克将丑的审美本质和崇高联系起来,他看到了丑与崇高之间有一致性,丑本身不一定就是崇高,倘若丑和引起强烈恐惧的那种性质结合在一起,它就显得崇高。莱辛肯定丑可以进入艺术之宫,把丑看做达到艺术喜剧性的手段,认为它可以加强艺术中某种混合的情感。在《拉奥孔》这部名著中,莱辛还精细地区分了丑在诗中和在绘画中的不同表现形态,认为文学作品可以用语言描述和表现丑,而造型艺术却不

---

① 北京大学哲学系外国哲学史教研室编:《古希腊罗马哲学》,上海:三联书店1957年版,第27页。
② 〔罗马〕奥古斯丁:《忏悔录》,周士良译,北京:商务印书馆1963年版,第322页。

能用色彩、线条描绘丑。他说:"就它作为模仿的技能来说,绘画有能力去表现丑;就它作为美的艺术来说,绘画却拒绝表现丑。"为什么呢?莱辛的理由是:绘画是空间艺术,丑的形式具有持久的力量,产生出那种令人不快的效果就像长久面对可憎厌的东西令人感到恶心作呕一样。与此相反,"在诗里形体的丑由于把在空间中并列的部分转化为在时间中承续的部分,就几乎完全失去它的不愉快的效果,因此仿佛也就失其为丑了。所以它可以和其他形状更紧密地结合在一起去产生一种新的特殊的效果"①。莱辛觉察到,丑只有在与美相联系,并在自身的转化过程中与美结合为有机的整体时,才能获得自身相对独立的审美价值,那种绝对静止、孤立、与美截然分离的无变化的丑,则无审美意义。

德国美学家罗森克兰兹(Rosenkranz)于1853年写出整整一部《丑的美学》,对丑做了全面而详尽的论述。他指出,丑是一种轮廓鲜明的对象,必须作为独立的美学范畴来论述。首先,他认为丑本身是美的否定,丑始终取决于对美的相关性,美与丑双方包含同一性的因素,产生美的那些因素倒错为美的对立面便是丑。其次,他对丑进行了详细分类,从一般的丑一直到它的"完善的种类"。如将丑分为呆、死、恐怖;恐怖又分为荒谬的、令人恶心的、恶的;恶再分为犯罪的、幽灵的、魔鬼的;魔鬼再分为附魔的、巫婆的、撒旦的,等等。再次,罗森克兰兹说丑在艺术中是不可避免的。他否定了丑仅仅作为美的衬托物而被接纳到艺术中来的传统观点,提出,艺术之所以不能抛开丑,是为了能够从整体性方面去表现理念。罗森克兰兹还认为,丑出现在艺术中需要美来衬托,就像不和谐音必须以和谐的乐音为前提一样,"丑总是在美那里反映出自己来"。在艺术中不管丑表现得多么深沉有力,都必须服从美的一般法则,如对称、和谐、比例、多样统一等。对丑的"理想化"并不意味着去美化丑、粉饰丑或掩盖丑,而是要突出丑的个性和富于特征的轮廓,更有力地表现丑。他将丑的本质归结为理念的显现,因而,有时他混淆了审美的丑和道德的恶的区别。

罗丹根据自己的创作经验探讨了美和丑的关系。他提出艺术的真实可以化丑为美,不管是美的还是丑的事物,只要通过艺术表现了内在

---

① 〔德〕莱辛:《拉奥孔》,朱光潜译,北京:人民文学出版社1979年版,第137页。

真实的意蕴、感情和思想,就具有了审美价值。罗丹说:"自然中认为丑的,往往要比那认为美的更显露出它的'性格',因为内在真实在愁苦的病容上,在皱蹙秽恶的瘦脸上,在各种畸形与残缺上,比在正常健全的相貌上更加明显地呈现出来","在自然中一般人所谓'丑',在艺术中能变成非常的美"。① 罗丹明确地将丑的审美本质与艺术创作的真实性及性格塑造联系起来,从而开拓出探索丑的审美本质的一条新路。与此相反,克罗齐单纯从形式表现的角度规定丑的审美本质,认为美是直觉的成功表现,而丑是不成功的表现。他说:"美与丑的奥妙都可以容纳在'成功的表现'和'不成功的表现'这两个平易的定义里面。"② 克罗齐抹杀了艺术作品的内容丑和形式丑的区别,将形式表现的成败作为评定美丑的唯一标准,并且用形式美的标准来为内容颓废空虚而表现手法新颖别致的现代艺术辩护。由于现代形式主义思潮的盛行,克罗齐关于美丑关系的理论成为西方现代美学中占相当主导地位的观点。

(3) 关于审丑的问题

a. 现实生活中的丑,在自然界和人类社会普遍存在着,但却不是孤立地存在着,而是作为美的异化、美的对立面而存在着。在自然界,凡是不符合生命活动规律,被否定、被扬弃的、异化的、失去了生命的东西,就是丑的;在人类社会,凡是有碍于人类的生存和发展,被历史本身所否定的退化、僵死、反动的现象,就是丑的。如果说美意味着个体生命形式所展示的自然和人类整体生命活动合规律的发展,那么,丑则意味着整体生命形式的瓦解、停滞、破裂和衰亡。

b. 审美范畴的丑不同于伦理范畴的恶。虽然它们在内容上有联系,但在形式上有区别。伦理范畴的恶不涉及形式美不美的问题,比如《白蛇传》中的女主人公白素贞原来是一条蛇,蛇因其长相丑、会咬人,人人都厌恶,但白素贞却为人所爱,因为她身上具有的善良、勇敢等品性是美的;如果外表美而行为恶,则会为人们所唾弃。不同的是,审美范畴的丑,则包含形式美的因素,其本身存在着形式与内容、美与丑的深刻矛盾,丑的审美本质就是通过这种特殊的矛盾表现出来的。

---

① 〔法〕罗丹:《罗丹艺术论》,第26、23页。
② 《西方美学家论美和美感》,第290页。

c. 应该将有条件产生审美价值的丑和无条件产生审美价值的丑严格区分开来。本身处于孤立僵死状态，游离于美之外的丑，如现实生活中普遍令人憎恶、根本无条件转化为美的丑陋现象，如鲁迅列举的鼻涕、狗屎、粪蛆、人的单纯兽性本能的发泄、肢解活人的血腥场面等，以及由于虚伪和笨拙而粗制滥造的完全失败的作品，本身都是没有审美价值的丑，不应该包括在审美的范围之内。我们所研究的是具有审美价值的丑，即本身有条件转化为美并与美相结合的丑。

d. 丑依附于美而获得自己相对独立的价值，因此，所谓"审丑"实质上还是一个审美问题。从美学理论上说，丑是美的积极的对立面，是美的具有积极意义的异化。在丑里面，美的各种组成因素由于关系的改变，异化为美的积极的对立面，它并非孤立、僵化、消极无力的，相反，无论从内容或是从形式上说，丑都是活跃的因素，从反面突破常规地显示着美的特征。如崇高正是其中包含着丑的成分，悲壮常常是由于丑压倒了美，悲剧性、喜剧性、浪漫性艺术都体现着美与丑的抗争。

e. 承认丑在艺术中的审美价值并不意味着对现实中的丑进行肯定。我们反对某些西方现代艺术中那种故意破坏美的规律，一味追求丑、迷恋丑、美丑不分甚至以丑代美的反艺术倾向。艺术描绘丑绝不是为了肯定现实中的丑，宣扬人类的丑行，更不是用丑的描绘去刺激人的感官与本能，暴露或诱发人的阴暗、颓废心理或动物性的低级庸俗的生理快感。相反，艺术表现丑是为了否定现实中的丑，从而将丑作为激发和突出美的一种手段。

2. 悲剧性

悲剧性是美学家极为关注的美学范畴之一，它是指具有正面价值的人物和事物在社会历史的必然性冲突中遭到侵害或毁灭，使人产生强烈的痛苦，同时又被其崇高精神所感动，从而因情感的急剧震荡体验到的由痛感转化为快感的特殊审美形态。各类艺术形式都可以表现悲剧性，音乐作品如柴可夫斯基的《悲怆交响乐》，文学作品如索福克勒斯的《俄狄浦斯王》、莎士比亚的《哈姆雷特》、曹雪芹的《红楼梦》，绘画作品如苏里柯夫的《近卫军临刑前的早晨》，雕塑作品如米开朗基罗的《被缚的奴隶》等。

（1）悲剧性美感的类型

a. 一种是源于代表社会先进思想的正面人物因时代因素、对手条件或自身局限而导致的失败和毁灭。鲁迅在《再论雷峰塔的倒掉》一文中所谓之"将人生有价值的东西毁灭给人看"的悲剧美,指的就是这一类型。这一类人物是时代的火花、进军的号角和前行的先锋,是社会理想的代表,他们的行为表现了人类在改造社会、改造自然中的大无畏精神,展示了历史发展的趋势,因而体现出了人类的本质力量。他们的美学价值不是以自身的胜利来肯定所追求的目的,而是以自身的失败来肯定所追求的目的的正义性、进步性和必然性,以此来鼓舞人们化悲痛为力量,并从失败中看到光明。

在《哈姆雷特》中,主人公作为统治阶级内部的叛逆者同封建的黑暗势力进行了不妥协的斗争,最后不幸在复仇中死去,该剧"构成了历史的必然要求和这个要求的实际上不可能实现之间的悲剧性的冲突"①。哈姆雷特在对自身所属阶级的否定和对未来美好社会的追求中,以自身的毁灭不倦地探索着人生的价值,寻求着人类社会的真谛,创造着崇高美的精华。

b. 是源于"小人物"的命运悲剧。他们具有人类的善良、友爱、勤劳、自我牺牲、渴望自由等美德,在不平等的社会里,由于他们卑微的地位、阶级和家庭的限制或社会因素的影响,被侮辱、被损害、被践踏,要么消极地忍受,要么求助于神灵,要么沉湎于幻想,最后终究逃脱不了失败的命运。他们虽然处于极其艰难困苦的生活境遇中,但他们以自身的痛苦换取人的情操和美德,并引发人们深刻的思考,鼓励人们在否定一种生活的同时去追求另一种生活。

陀思妥耶夫斯基的小说《穷人》中的杰渥式庚,几十年来一直过着极度贫困的生活,承受着来自四面八方的歧视和凌辱,他虽然命运悲惨,但有着无私的爱、高尚的品质和舍己为人的精神,时时提醒自己"在心灵和思想上我是一个人",蔑视那些不把人当作人的家伙,认为他们"算是什么人呢?这是废物,不是人,简直是废物!"并以维护人的尊严作为自己天然的使命。鲁迅称赞这部作品道,一读"便令人发生精神的变化"②,原因正在于其中的悲剧性因素给人以美感。

---

① 恩格斯:《致斐·拉萨尔》,《马克思恩格斯选集》第4卷,北京:人民出版社1995年版,第560页。
② 鲁迅:《〈穷人〉小引》,《鲁迅全集》第七卷,北京:人民文学出版社1981年版,第462页。

c. 是源于落后人物的英雄行为的悲剧。他们不能认识历史发展的趋势,误把自己的错误行为当成正义的行为,因而虽然有着英雄的表现,最后却难以逃脱失败和毁灭的命运。马克思指出,"当旧制度本身还相信而且也应当相信自己的合理性的时候,它的历史是悲剧性的"①,这是其能够给人以悲剧性美感的原因。楚霸王项羽代表的是没落的贵族阶级而不是进步力量,他的灭亡是历史的必然,但他认识不到自己失败的真正原因,而是在乌江自刎时高声长叹:"天亡我,非用兵之罪也!"即使如此,项羽仍不失为一个令人敬畏的英雄,避开他在推翻秦王朝的斗争立下的功劳不谈,仅就他临死时表现出来的大无畏的英勇气概,也足以令人产生悲剧性的美感。

这类形象的美学价值在于他们的崇高行为与历史发展必然趋势的深刻矛盾,如果把他们当作正面人物进行歌颂,则会损害其美学价值。被马克思、恩格斯批评过的拉萨尔就是那样,他的悲剧《济金根》,把"作为骑士和作为垂死阶级的代表"的弗朗茨·冯·济金根当作正面英雄加以称赞和歌颂,并把他的灭亡仅仅归结为贵族的冷漠、狡诈和胆怯,这就大大降低了主题的意义和作品的审美价值。

(2) 悲剧性美感的产生

艺术作品的悲剧性因素,是社会生活中悲剧性事件的反映和概括,是社会生活中有价值的东西被毁灭的艺术产物。它通常表现的是人生最大的痛苦和悲哀,为何却能使人体会到精神的快感呢?这是美学家们争论的问题之一。

博克认为,悲剧快感的产生是因为苦难在人心中唤起了怜悯,而怜悯来自于爱和社会情感,人在观看痛苦中获得快感,是因为他同情受苦的人,同情越多,体验到的快感越强烈。休谟则从悲剧形式的角度进行分析,认为悲剧快感除了来自于恐惧与怜悯中积极的情感之外,还来自于悲剧的形式美。原因在于,人被怜悯与恐惧打动之后,就更能敏锐地感受到音调的和谐与诗句的优美,从而使痛苦感被形式的美感淹没,"不仅忧郁情绪的不舒适感完全被更强烈的相反的情绪所征服和消

---

① 马克思:《〈黑格尔法哲学批判〉导言》,见《马克思恩格斯选集》第 1 卷,北京:人民出版社 1995 年版,第 5 页。

除,而且所有这些情绪的全部冲动都转变为快乐"①。

立普斯从"移情说"的角度看待这一问题,认为悲剧快感是"教导我们正当的恐惧和正当的同情,教导我们为值得恐惧或忧虑的事物而恐惧或忧虑,教导我们真正的人的同情"②。立普斯指出,怜悯就是同情,在同情主人公时,会感到我们像主人公一样遇到困难,感到自己的努力或意志活动,实际上是参与分享主人公的情绪。与立普斯的"同情说"相对的观点是把悲剧快感的原因归结为安全感。桑塔耶纳说过,在悲剧中"可以感到恶,但与此同时,无论它多么强大,却不能伤害到我们,这种感觉可以大大刺激我们自己完好无恙的意识"③,也就是说,看到别人的不幸而感到快乐是因为庆幸自己逃脱了类似的灾难,从而产生一种安全感或优越感,此即悲剧快感的由来。法国学者法格将这种观点进一步发展为"恶意快感"说,认为悲剧快感起因于人性中根深蒂固的残酷和恶意,人是"野蛮的大猩猩"的后代,总是试图在别人的不幸中寻求快乐。

可以说,上述观点各有一定的合理性,但似乎都没有触及悲剧性美感这一问题的实质。

(3) 悲剧性美感的实质

人们获得悲剧性的审美感觉时,体验到的是悲伤、严峻、冷酷。但是,正像日落时的光和影使对象看起来规模大一些一样,对死亡的意识迫使人更尖锐地感受到存在的全部美妙和苦楚,全部欢乐和复杂性。当死神站在身边的时候,在这种"边缘"的境地,世界的全部色彩、它的审美丰富性、它的感性的美妙、常见的事物的伟大,就显得更加鲜明清晰,真与假、善与恶、人的生存意义本身就显得更加清楚明朗。总之,悲剧性问题的实质在于,它能够唤起人的崇高感。

a. 悲剧性的崇高感是矛盾冲突中的美

人类的文明史充满了人与自然、社会及自身等各方面的冲突。没有冲突、没有斗争,就没有人类的进步。历史的演进表明,新的生活方式总是在旧时代中孕育而成的,新旧的变化不是突然的过程,当新的力

---

① 转引自朱光潜:《悲剧心理学》,北京:人民文学出版社1983年版,第169页。
② 〔德〕立普斯:《悲剧性》,刘半九译,载《古典文艺理论译丛》第6期,北京:人民文学出版社1963年版,第127页。
③ 转引自朱光潜:《悲剧心理学》,第42页。

量正在成长而旧的力量尚未耗尽时,在这种新旧转折时期,矛盾冲突是不可避免的。也就是说,"当旧制度本身还相信而且也应当相信自己的合理性的时候,它的历史是悲剧性的。当旧制度作为现存的世界制度同新生的世界进行斗争的时候,旧制度犯的是世界历史性的错误,而不是个人的错误。因而旧制度的灭亡也是悲剧性的"①。在这一过程中,矛盾越尖锐、冲突越激烈、斗争越艰苦,悲剧性就越强,给人的崇高感就越突出。如普罗米修斯与天帝宙斯的冲突,俄狄浦斯与弑父娶母的命运冲突,哈姆雷特与克劳狄斯的外部冲突及内心世界的性格冲突等等。

b. 悲剧性的崇高感是情感升华的理性美

悲剧性美感不是一种赏心悦目的快感,也不是面对人生磨难无可奈何而感到的悲痛欲绝之感,而是在痛感与快感、压抑与激昂相对立的情绪中体验到的惊心动魄之美,其中虽含有悲痛与恐惧的因素,但不是消极的,而是从悲痛与恐惧中获得振奋。黑格尔认为,悲剧性快感的产生是因为我们看到了"永恒正义的胜利","只有在这种情况之下,悲剧的最后结局才不是灾祸和苦痛而是精神的安慰,因为只有在这种结局中,个别人物的遭遇的必然性才显现为绝对理性,而心情也才真正地从伦理的观点达到平静,这心情原先为英雄的命运所震撼,现在却从主题要旨上达到和解了"②。因此,真正的悲剧性感觉是有理智的,是人看到了理性的东西胜利而产生心灵震撼的结果。

c. 悲剧性的崇高感是人类尊严的体现

悲剧性冲突必然表现出残酷的斗争与苦难,但我们从悲剧人物身上看到的不是怯懦沉沦,而是英勇无畏,代表着人类的价值和尊严。一部真正的悲剧,主人公总是自觉地、全身心地投入到与对立势力的抗争中,展示出人的生命力,提醒我们注意人类具有勇气、荣誉、希望、自豪、同情心和牺牲精神,人是不朽的,从而发现人的伟大和生命的意义。普罗米修斯宁愿承受巨大的痛苦,决不屈从于残暴的天帝,直到被打进深渊时,他还明确表示:"我不会用自己的痛苦去换取奴隶的服役:我宁

---

① 马克思:《〈黑格尔法哲学批判〉导言》,见《马克思恩格斯选集》第1卷,北京:人民出版社1995年版,第5页。

② 〔德〕黑格尔:《美学》第3卷下册,朱光潜译,北京:人民文学出版社1982年版,第310页。

愿被缚在岩石上，也不愿作宙斯的忠顺奴仆。"宙斯可以剥夺他的自由，却不能贬低他的意志；可以把他打倒，却不能把他征服，充分体现了人类的尊严，因而被称为"哲学日历中最高尚的圣者和殉道者"。

3. 喜剧性

喜剧性是悲剧性的对应概念，又称滑稽，它反映各种在实质与外貌之间具有内在矛盾性和不一致的生活现象。鲁迅认为它源于"将人生无价值的东西撕破给人看"，即指对违背客观规律的荒谬现象进行审美反映时产生的一种特殊的美感。当我们觉察到巨大的形式却包含着毫无意义的内容，美的外观却联结着一个虚假的实体，紧张的期待却得出无足轻重的结果等情况时，就可能获得喜剧性的审美体验。

（1）喜剧性美感的特征

现实生活中经常会出现一些滑稽可笑的事情，比如有的人穿着奇特，有的人动作夸张，有的人行为古怪等，都会引人发笑。笑是喜剧的重要美感特征，但并非所有的笑都能成为喜剧。喜剧的基本特征是对丑的否定，现实生活中丑的现象是人们所厌恶的，而当现实中的丑转化为艺术中的美时，人们才能获得喜剧性的美感。

喜剧性美感的特征主要来自于以下三个方面：

a. 喜剧反映的基本内容是现实生活中的丑

"历史是认真的，经过许多阶段才把陈旧的形态送进坟墓。世界历史形态的最后一个阶段是它的喜剧。"①人类社会总是在否定之否定中不断向前发展的，原来的主角可能变成丑角，否定了的丑角又产生了新的主角。肯定与否定的相互交替是事物发展的规律，任何肯定都是对旧事物的否定，任何否定都是对新事物的肯定。如果应该否定的却没有得到否定，就是喜剧所要表现的基本内容，就会给人以喜剧性的美感体验。

塞万提斯的小说《堂·吉诃德》是文艺复兴时期杰出的作品，在当时的西班牙，资本主义正在取代封建主义，但这一趋势与顽固的封建势力之间形成了尖锐矛盾，并在堂·吉诃德的身上得到了体现，他有着进步的理想，却用落后的手段去实行，结果处处碰壁，显得滑稽可笑。比如他把苦役犯看成是受害的骑士，他猛冲乱战，不但没有解除别人的痛

---

① 马克思:《〈黑格尔法哲学批判〉导言》，见《马克思恩格斯选集》第1卷，第5页。

苦,反而给别人增加了灾难。堂·吉诃德身上充满了美与丑的矛盾,一方面,他表现出的人文主义理想是已被历史的发展所肯定的,另一方面,他那落后于历史进程的改革手段还没有得到否定,这就构成了这个形象的喜剧性因素。作者在对这种应该被否定而还没有被否定的势力进行无情鞭挞的过程中,给人许多喜剧性的感受。

  b. 喜剧的基本艺术手法是夸张

  所谓夸张,是根据一定的目的,在客观现实的基础上运用动作、语言、声音、线条、色彩等条件,对事物作夸大的描述,从而起到强化的作用。中国传统戏曲《刘三姐》中有这样的歌词:"莫夸财主家豪富,财主心肠比蛇毒,塘边洗手鱼也死,路过青山树也枯",通过鱼死树枯的夸张,表现出了财主心肠的恶毒。刘勰在《文心雕龙·夸饰》中说过,"形器易写,壮辞可得喻其真"——具体的器物容易描绘,有力的文辞就可以显示它的真相。其中"壮辞"即指夸张。喜剧为了达到对丑的否定,夸张是基本的艺术手法,夸张的目的是为了揭示事物的本质。

  夸张的力量来自于真实,离开了真实,所谓的夸张给人带来的只能是低级的笑或庸俗的笑。夸张变得毫无意义,也就很难产生喜剧性的效果。果戈理的《钦差大臣》中,一个诡谲狡诈的市长竟把一个默默无闻的小官员当成了钦差大臣,这不能不说是一种极大的夸张,其艺术魅力来自于生活中的真实。市长本身就是一个骗子,他由于坏事做得太多,做贼心虚,终日惶恐不安,一边极力寻找对策,一边又不失时机地进行自我夸耀和自我粉饰;小官员则是一个典型的纨绔子弟,身陷穷途末路甚至连饭也吃不起,但又要保持贵族少爷的尊严和气派,他无法掩饰自己的好吃懒做和寻欢作乐,却又吹嘘自己如何富有、如何高贵。这两个人物以其卑鄙手段互相利用、互相欺骗,给人带来极其强烈的喜剧性感觉,难怪沙皇尼古拉一世看完该剧后悻悻地说:"我们全被鞭打了,而以我为最甚。"

  c. 喜剧性美感的特征在于发笑

  如前所述,并非所有的笑都是喜剧的美感特征,搔痒所发出的笑是一种生理现象,不是喜剧性的笑;战胜了敌人后发出的笑是对人的力量的肯定和对美的歌颂,也不是喜剧性的笑;一个人的裤子突然掉在了地上,周围人会哈哈大笑,在这一现象中也没有真正的喜剧性。但是,匈牙利电影《废品的报复》描绘了缝纫厂的一个玩忽职守的人,他穿上了自己生产的裤子,当裤子从这个人身上掉下来的时候,笑才获得喜剧的性质。喜剧性的笑是对丑的否定,是对人的本质力量的间接肯定形式。一提起"丑",人们往往会与"恶"联系起来,似乎就是指通常所说的"坏人",其实不然。"喜剧是对于比较坏的人的摹仿,然而'坏'不是指一切恶而言,而是指丑而言,其中一种是滑稽。"① 也就是说,艺术领域的丑与道德领域的丑不是同一个概念,我们说坏人身上有丑,好人身上也可能有丑,区别在于丑的内容不同,丑的形式也不同。

不管是正面人物还是反面人物,他们之所以能引人发笑,总是与"丑"联系着的,只有这样的笑才可能具有喜剧性特征。从这一点来说,创作成功的喜剧比创作悲剧难度更大,因为它要求作者对现实中的是非、美丑有敏锐的判断力,对某些畸形现象有独到的洞察力,否则就会弄巧成拙。也正因如此,应该认为喜剧性的笑不是一般的"逗乐",不是可以一笑就了之的,而是包含着辛酸,渗透着同情,引人沉思,发人深省,使人思考许多人生的问题和社会的真理。

(2) 喜剧性美感的类型

a. 机智

机智是"创造、造成喜剧性的能力"②。它集中、强调、评价现实的实际矛盾,以便使这些矛盾中的喜剧性成为一目了然、可感觉到的东西。

机智的基本特征在于深入事物内部,抓住其基本要害和显著的关系,或者对相似的事物有了新的发现,或者以性质相异的事物作比拟,或者是突然发现似乎是存在于两极的事物之间的共同之处等。这种发现、比拟打乱了我们原有的对事物的常规分类,其间的变化似乎使事物的价值被混淆了,然而实质上却取得了使事物的价值更深刻的效果。因而,机智常常是迷人的、才情焕发的、富于灵感的。

在肯定型喜剧的正面人物身上,机智表现得比较突出。他们往往具有高尚的情操和生机勃勃的活力,善良、勇敢、聪明、快乐,在与邪恶势力的斗争中以智取胜,或旁敲侧击,或避实就虚,或正话反说,或寓庄于谐,在嬉笑的同时道出真知灼见,从而收到情理之中、意料之外的喜

---

① 〔古希腊〕亚里士多德:《诗学》,罗念生译,北京:人民文学出版社2000年版,第16页。
② 〔苏〕尤·鲍列夫:《美学》,冯申等译,上海译文出版社1988年版,第101页。

剧性效果。比如,莎士比亚《威尼斯商人》中的鲍细娅,女扮男装出现在法庭上,允许夏洛克割安东尼奥的肉,但规定必须不流一滴血,机智勇敢地战胜了贪婪狡诈的夏洛克。

b. 讽刺

讽刺是以夸张的手法对不合理的事物和现象所作的辛辣的嘲笑和非难。其特点是具有强烈的攻击性,能帮助我们认识生活的本质,摆脱虚假的、过时的权威,是抨击社会上种种恶习的有力武器。别林斯基认为,假如讽刺可以"消灭什么东西",那是因为"异常准确地描述了它的特征,异常准确地道出了它的丑陋面目",从而揭露出它的表里不一、名不副实,使其在形式与内容的矛盾中、在美与丑的对比中显得更丑,并引发人们用笑声来对其进行鞭挞。讽刺引出的笑是:"愤怒的火焰所激发出来的笑",笑声形成一种无情的力量,能够烧毁社会上的种种恶习。果戈理说,这种"笑比想象的更有意义,更加深刻,这不是由于性格一时受了刺激和易于激动的、变态的心理所产生的那种笑,也不是供人们消闲解闷的那种笑,而是为了深刻地认识事物,使那些不引人注目的东西更加鲜明突出的笑"①。因而讽刺性的笑是非常严肃的笑。安徒生童话中对一丝不挂的国王的讽刺,就是建立在笑的这一特点上的。只要人们相信自己的眼睛,看到国王的新衣原来是不穿衣服的,那他们就不再毕恭毕敬,不再拜倒,可以笑了。

否定型喜剧的人物性格,其特征就是以丑假扮为美。已失去存在的合理性,偏要打扮成进步的;本是卑鄙龌龊的灵魂,故意冒充崇高伟大;实质上内容空虚,反而强装充实,等等。在形式与内容、本质与现象的强烈对比中显出自身的不协调,导致灵魂与肉体、言语与行动、动机与效果等种种矛盾,表现出违反规律、荒谬背理、颠倒错乱。果戈理《钦差大臣》中有一群地方官吏、市长、警察局长、法官、邮政局长、慈善医院院长,他们个个贪污受贿、专横跋扈,却装成地位显要、冠冕堂皇的"百姓父母官",作者在剧本中运用讽刺的笔法,把官场的黑暗腐败刻画得淋漓尽致,达到了批判的目的并揭露了官场的恶习。把恶习变成人人的笑柄,对恶习就是重大的致命打击,在这一过程中,讽刺可能会

---

① 参见〔苏〕波斯彼洛夫:《文艺学引论》,邱榆若等译,长沙:湖南文艺出版社1987年版,第138页。

起到重要的作用。

c. 幽默

幽默这个概念16世纪末在英国开始使用,它源于拉丁文,本意是水分、液体的意思,认为个人的本性起因于体液,所以转用它表示人的气质、性格、情绪等,后来才指戏谑、嘲弄等意。有人把幽默感称为"理解喜剧现象的能力",原因就在于此。幽默感作为喜剧性美感的一个变种,具有自己的特点。真正的幽默感,始终以崇高的审美理想为依据。

幽默与机智、讽刺有一定的联系,但又有区别。幽默从机智出发,通过夸张、象征、谐音等手法,对生活中不合理的现象加以揭示并作含蓄的批评;幽默蕴涵着尖锐、深刻的讽刺意义,同时又有一定的爱怜和同情成分。幽默有一种看破人生外部价值的认识冲动,它来自于对生活中的缺陷作概括的、严肃的思考和判断,并力图以聪明才智和滑稽手段揭露出人生中的矛盾,如谨小慎微的伟大、内藏病患的健全、自我欺骗的英雄主义等。苏珊·朗格认为:"幽默是戏剧的光辉,是生命节奏的突然加强。"[1]因而,幽默与生命感有着密切的联系,生命力达到一定的高度就会产生幽默。

以上所述的五种美的表现形态,是基于西方美学传统的一些基本美学范畴。我国古典美学思想中也有许多独具特色的审美范畴,如"中和""阴柔""气韵""境界""风骨"等等,都是对某种美的表现的极好概括,这些在本书"余论"中会有所涉及。此外,随着人类审美活动的拓展和美学理论的丰富,美的表现形态也在不断地丰富,出现了许多"美学范畴的变体"[2]。比如,与丑和喜剧性有关的荒诞、怪诞等,在现代艺术审美中就有相当突出的表现。杜夫海纳更是将情感范畴划分为优雅、漂亮、离奇、讽刺、哀伤、诗意、秀丽、喜、讥笑、夸张、尊贵、美、惊人、动人、壮烈、悲、英勇、滑稽、盛大、抒情、哀婉、抒情、嘲弄、崇高等24种,并且认为这些就是美学范畴。虽然他的划分未必正确,但是足以看

---

[1] 〔美〕苏珊·朗格:《情感与形式》,刘大基等译,北京:中国社会科学出版社1986年版,第399页。

[2] 〔苏〕舍斯塔科夫:《美学范畴论》,长沙:湖南文艺出版社1990年版,第45页。

出美的表现形态的丰富性。在新的审美活动和理论探索的启示下,新的美学范畴会不断地为人们所发现。

思考题

1. 自然美有哪些形态?如何理解自然美的产生?
2. 人的形象美属于自然美还是社会美?形象美与内在美关系如何?
3. 为什么说艺术美来源于生活?如何对艺术美进行评价?
4. 结合具体例子谈谈你对科学美和技术美的认识。
5. 什么是崇高?崇高有哪些审美特征?
6. 试比较优美与崇高的异同。
7. 简述艺术中的丑及其审美价值,应该如何审丑?
8. 悲剧性美感来源于哪些方面?其实质是什么?
9. 谈谈喜剧性美感的来源及其类型。

第四章　艺术美论

从美学的视角看,艺术,可以说是美的集中体现和最典型的呈现形态。因此,美学必须研究艺术,艺术应作为美学研究对象中的一个重要的有机的组成部分。但是,能否说艺术就是美,美就是艺术?能否说美学的研究对象就是艺术,有关艺术的学问就是美学呢?在美学史上,的确有一派学说是这样主张的。不过,在我们看来,虽然美与艺术有极密切的关联,美学与有关艺术的学问密不可分,但却不应简单地把美与艺术、美学与艺术学等同起来,混为一谈。一则,美的存在形态丰富多样,不仅只在艺术;再则,艺术中尽管蕴涵着审美价值,有的艺术尤其是近代"美的艺术"体系,甚至以美的价值创造作为自己的中心价值和根本目的,但是,艺术的价值绝不是仅仅用美的价值能够涵盖得了的,它还蕴涵着其他丰富的价值成分。同时,从整个人类艺术发展的历史长河来看,也绝不是任何时代任何民族的艺术都是以美的价值的创造作为中心的、根本的价值追求,其间存在着极为复杂的现象。因此,研究审美现象的美学与研究艺术的学问即艺术学,在现代科学体系中,是两个在研究对象上既有密切联系又应该加以区别的各自相互独立的科学。美学并不能解决所有艺术学的问题。关于艺术的各种基本理论问题、分支学科、应用学科等,应由另一门学科——艺术科学即"艺术学"予以系统研究。因此,在这本讲述美学基本理论的教材中,不可能涉及和介绍所有艺术中的理论问题,而只能从美学的视角,对艺术的本质、艺术中的美的价值、艺术的类型及各种艺术的审美特征等问题,做一些简略的阐述。

一、何谓艺术

"艺术是什么"的问题即艺术本质问题,是艺术学的中心问题,也是美学中的一个十分重要的问题。一方面,虽然美的价值在自然界、在人类的社会生活中、在技术创造领域、在其他精神创造领域均有不同程度的体现,但美的最集中最典型的形态却是存在于艺术创造之中。另一方面,艺术虽然可能蕴涵着极丰富的社会人文价值和种种精神价值,但却总是离不开美的价值,甚至常常以美的价值作为主要的甚至是唯一的价值追求。因此,美学应该对艺术的本质、艺术中的审美价值特性及其与艺术本质的关系进行具体说明。

1. 再现说与表现说

谈起艺术美的创造和艺术的本质,首先遇到的一个问题就是艺术中的再现与表现的关系。可以说,再现与表现是艺术中的一对基本矛盾,也是艺术美创造问题的一对基本矛盾。

再现与表现有人把它们看做东方与西方传统艺术观念的对立。众所周知,在西方传统的艺术理论中,占支配地位的艺术观念是"摹仿说"(亦称"模仿说")。它早在古希腊时期即已萌芽,柏拉图和亚里士多德都提出了他们各自的摹仿说。柏拉图在其《理想国》里认为:"从荷马起,一切诗人都只是摹仿者。"他以床为例,说明艺术是对理念中的床与现实中的床的摹仿:"那么,画家是床的什么呢?我想最好叫他做摹仿者,摹仿神和木匠所制造的。"[①]亚里士多德把柏拉图客观唯心主义的摹仿说颠倒了过来,置于唯物主义基础之上,在他的《诗学》第一章中指出:"史诗和悲剧、喜剧和酒神颂以及大部分双管箫乐和竖琴乐——这一切实际上是摹仿,只是有三点差别,即摹仿所用的媒介不同,所取的对象不同,所采的方式不同。"[②]这种模仿说的理论在西方占统治地位长达两千年以上,甚至到了19世纪下半叶,俄国革命民主主义美学家车尔尼雪夫斯基仍然强调:"再现生活是艺术一般性格的特

[①] 〔古希腊〕柏拉图:《文艺对话集》,朱光潜译,北京:人民文学出版社1963年版,第70页。

[②] 〔古希腊〕亚里士多德:《诗学》,罗念生译,北京:人民文学出版社1962年版,第3页。

点,是它的本质。"①

在东方的中国,自古代以来,占统治地位的艺术观念是以"言志说""缘情说"等为代表的艺术表现论。《尚书·尧典》:"诗言志,歌咏言,声依永,律和声,八音克谐,无相夺伦,神人以和。"《诗大序》:"诗者,志之所之也。在心为志,发言为诗。情动于中而形于言,言之不足故嗟叹之,嗟叹之不足故永歌之,永歌之不足,不知手之舞之,足之蹈之也。"陆机《文赋》:"诗缘情而绮靡。"扬雄《法言·问神》:"书,心画也。"杜牧《答庄充书》:"文以意为主。"方东树《昭昧詹言》:"诗之为学,性情而已。""凡诗文书画,以精神为主。"刘熙载《游艺约言》:"文,心学也",等等。这些说法,均是这种艺术表现论的具体体现。

当然,说西方重"再现",东方重"表现",这只是就其在古代的主导倾向来谈的,决不能简单化地理解为西方传统艺术理论中完全没有"表现说"的因素,或东方传统艺术理论中完全没有"再现说"的因子。实际上,在西方传统的摹仿说中,他们经常谈到的"摹仿自然"的"自然",就不仅指外在的自然(包括社会生活),而且常常包括内在的自然即艺术家的情感、想象等主观心灵世界。这样,可以说西方的"摹仿说"已含有"表现说"的因素在内了。另一方面,在东方特别是在中国的艺术理论中,也内含着不少"再现说"的因素。例如,孔子关于诗的著名的"兴观群怨"说中的"观",以及六朝时期著名画论《古画品录》的作者谢赫"六法"中的应物象形、传移模写等,谈的都是艺术中的模仿的、再现的方面。只不过它们在古代的西方和东方没有形成占主导地位的理论形态罢了。

另外,西方重再现、东方重表现这样一种传统艺术理论的基本格局,也并不是从古至今固定不变的,而是在近现代发生了一种根本性的逆转。

就西方的情形而言,自近代浪漫主义艺术思潮风行之际,传统的摹仿说便受到有力挑战。19世纪末20世纪初,种种现代主义艺术观念应运而生,它们之中除极少数艺术流派如超级现实主义以酷肖现实为其艺术追求外,绝大多数艺术思潮、艺术流派,如象征主义、印象主义、

---

① 〔俄〕车尔尼雪夫斯基:《艺术与现实的审美关系》,周扬译,北京:人民文学出版社1979年第二版,第91页。

表现主义、立体主义、超现实主义等等,都已告别了摹仿说的传统,走上艺术表现主观情感、印象和内在心灵世界的变革之路。俄罗斯大作家列夫·托尔斯泰在小说创作中坚持批判现实主义美学原则,但在艺术本质问题上却认为:"艺术是人与人之间交际的手段之一。""正像传达出人们的思想和经验的语言是人们结为一体的手段,艺术的作用也正是这样。不过艺术这种交际的手段和语言有所不同:人们用语言互相传达自己的思想,而人们用艺术互相传达自己的感情。""艺术起源于一个人为了要把自己体验过的感情传达给别人,于是在自己心里重新唤起这种感情,并用某种外在的标志表达出来。"①克罗齐则宣称:艺术即直觉,直觉即表现。这正如日本当代美学家今道友信概括的那样:"在(西方)20世纪的艺术中,几乎所有艺术作品,都成了与客观世界无关的、艺术家个人精神的直接流露,都成了面对艺术家的不安、喜悦、准形而上学世界观的美学理念,换句话,是面对作者内部及其自我的东西了。现代艺术,在各种意义上,比起具象的再现要素,非形象的非自然的自我显露的种种表现更为重要。"②而在东方,艺术观念在近代也已悄悄地发生了根本变化。在中国,早在明清之际,随着市民社会而产生的市民艺术,尤其是偏重于叙事性因素的小说、戏曲、说唱艺术等获得了很大发展。它们在艺术精神上已将侧重点从表现性移到了再现性因素上。自近代以来,由于艺术自身发展的要求以及受到写实主义和自然主义艺术观念的影响,"再现说"的艺术观念可以说已成为近现代主导的艺术原则,取代了传统的"表现说"的统治地位。日本艺术在18、19世纪特别是到了明治维新以后的近代,也与中国走了大致相同的演化途径。如17、18世纪逐渐兴盛起来的"浮世绘",作为日本的风俗画,其再现性因素受到根本的关注。19世纪日本画家渡边华山(1793—1841)公开反对非写实性的表现,而坚持写实的原则。③到了近现代,写实主义在日本也已取代传统的表现说,成为主导的艺术观念。对于东、西方艺术观念的这种相反的历史走向,今道友信称之为东方和西方的"逆现象的同时展开"。他说:"西方的古典艺术理念为再

---

① 转引自伍蠡甫主编《西方文论选》下卷,上海译文出版社1979年版,第432页。
② 〔日〕今道友信:《美的相位与艺术》,北京:中国文联出版公司1988年版,第146页。
③ 同上书,第152页。

现,而近代转为表现;东方的古典艺术理念为表现,近代转为再现。"①总之,"表现"与"再现"不仅体现为东方与西方古典艺术精神的对立,而且也表现为东方和西方各自内部古代与近现代艺术观念上的对立。可以说,"再现"与"表现"是关于艺术本质问题上的一对影响持久的对立观念。

2. 现代的多元理解

在现当代美学、艺术学中,关于艺术的本质问题开始突破再现与表现这一对立状态,出现了多元理解并存的格局。它们不愿继续在再现与表现非此即彼的理论对立中无谓地继续浪费精力,而是试图超越这一矛盾,另辟他途,以期解开艺术本质之谜。下面我们择其要者做些介绍。

(1)"有意味的形式"说

美学家、艺术批评家克莱夫·贝尔的代表性理论著作《艺术》,第一章标题便是"什么是艺术"。他在这里提出了一个著名的艺术定义:"艺术是有意味的形式。"贝尔的艺术定义旨在"找到艺术品的基本性质,即将艺术品与其他一切物品区别开来的性质"。他认为,"艺术品中必定存在着某种特性:离开它,艺术品就不能作为艺术品而存在;有了它,任何作品至少不会一点价值也没有。这是一种什么性质呢?什么性质存在于一切能唤起我们审美感情的客体之中呢?……看来,可作解释的回答只有一个,那就是'有意味的形式'。在各个不同的作品中,线条、色彩以某种特殊的方式组成某种形式或形式间的关系,激起我们的审美感情。这种线、色的关系和组合,这些审美地感人的形式,我称之为有意味的形式"②。

对于贝尔的"有意味的形式",我们不能仅仅从字面上去理解。假如从字面上看,这个艺术定义似乎既注意到了艺术的形式,又顾及了艺术的意味或内容。其实并不是这样。他的"有意味的形式",首先排除了再现性因素:"如果说某种再现的形式很有价值的话,其价值也只在于其形式而不在其再现。艺术中的再现因素无论有无害处总是无关紧要的东西。"由此出发,他主张将真正的绘画与"叙述性绘画"即再现性

---

① 参阅今道友信:《美的相位与艺术》,第153页。
② 〔英〕贝尔:《艺术》,周金怀、马钟元译,北京:中国文联出版公司1984年版,第4页。

作品区别开来。其次,他的定义排除了艺术家的思想和情感的因素。在他看来,那些暗示感情、传达思想的作品算不上艺术品,只不过是实现其他目的的手段。真正的有意味的形式,仅仅是线、色的关系及其组合。这里所谓"有意味",指的是能唤起人的特殊的审美情感,而与艺术内容毫不相干。这样,贝尔的艺术定义,既离开了"再现说"传统,也告别了现代的"表现说",成为现代一种新的艺术理论传统即形式主义传统中的一个重要的、有代表性的学说。

除贝尔之外,在20世纪初俄国形式主义和英美新批评派的艺术观中,把艺术视为纯形式的观点也很普遍。例如,俄国形式主义代表人物什克洛夫斯基在《散文理论》中就明确认为:"文学作品是一种纯形式,它不是事物,不是素材,也不是素材之间的关系……因此作品的范围是无关紧要的……滑稽的,悲哀的,世界性的或是室内作品,世界对宇宙,猫对石头,它们都是一样的。"①

"有意味的形式"说和其他形式主义的艺术本质观,注目于以往摹仿说和表现说所忽略的艺术特有的形式与结构,这对推进人们对艺术本质的更全面的认识有其积极意义。然而,他们仅强调形式的一面,忽略内容(再现的与表现的)对于艺术本质的规定意义,其片面性也是显而易见的。

(2)"艺术符号"说

在西方现代艺术本质说中,另一种重要理论是德国哲学家恩斯特·卡西尔(E. Cassirer)和美国美学家苏珊·朗格提出的"艺术符号"说。

"艺术符号"说首先是由卡西尔较系统地提出的。他的"艺术符号"说也是在批判摹仿说与表现说基础上建立起来的。首先,卡西尔不满于以往的摹仿说:"只要我们满足了用那模仿给定的、准备好的现实的传统观点,我们就会失去对语言和艺术进行更深刻的理解的真实线索。这种传统观点被一众所周知的名言表达出来:'艺术是对自然的模仿'。……但是无论艺术还是语言,都不仅仅是'第二自然',它们还有更多的性质,它们是独立的,是独创的人类功能和能力。"其次,他

---

① 转引自波斯彼洛夫:《文学原理》,王忠琪、徐京安、张秉真译,北京:三联书店1985年版,第38页。

也严厉地批评了表现说。我们知道,西方现代表现说最有力、最典型的鼓吹者是克罗齐和科林伍德。卡西尔的批判就是拿他们开刀的:"表现的纯粹事实不能和表现艺术的事实相提并论。"就是说,克罗齐的艺术即表现、表现即艺术的观点是不能成立的。另外,他认为,克罗齐的艺术是纯粹的表现、艺术的媒介无足轻重的观点也是站不住脚的:"只要我们记住,艺术不是用一般方式、用非特定的方式来表现,而是用特定的媒介来表现,克罗齐的谬论就消失了。一个伟大的艺术家在选用其媒介的时候,并不把它看成外在的、无足轻重的质料。文字、色彩、线条、空间形式和图案,音响等等对他来说都不仅是再造的技术手段,而是必要条件,是进行创造艺术过程本身的本质要素。"在上述批判基础上,他从自己哲学人类学即符号形式哲学亦称文化哲学的理论引申出他的艺术定义:"从某种意义上可以说一切艺术都是语言,但它们又只是特定意义上的语言。它们不是文字符号的语言,而是直觉符号的语言。"①

苏珊·朗格则进一步发展了卡西尔的学说,在《情感与形式》一书中,明确地把艺术定义为:"艺术,是人类情感的符号形式的创造。"②在《艺术问题》一书中,她还进而探讨了艺术符号所表现的情感的性质:"一个艺术家表现的是情感,但并不是像一个大发牢骚的政治家或是像一个正在大哭或大笑的儿童所表现出来的情感。……艺术家表现的绝不是他自己的真实情感,而是他认识到的人类情感。"③

从卡西尔和苏珊·朗格的"艺术符号"论,可以看出他们的艺术本质观有这样两个特点:第一,这种符号说试图在传统的模仿说与表现说之外另寻他途,开拓一条探索艺术本质的新路,从艺术的符号性上规定艺术的本质,阐释艺术的特性。第二,这种符号论力图摆脱摹仿说与表现说的影响,但最终又对它们有所保留,承认了艺术模仿与表现的因素。这两个特点也反映了这一学说的弱点,即它主要仍是从艺术的符

---

① 引自〔德〕卡西尔:《语言与神话》,于晓译,北京:三联书店1988年版,第141页,第145页,第137页,第145页。
② 〔美〕苏珊·朗格:《情感与形式》,刘大基等译,北京:中国社会科学出版社1986年版,第51页。
③ 〔美〕苏珊·朗格:《艺术问题》,滕守尧译,北京:中国社会科学出版社1983年版,第25页。

号形式方面来规定艺术本质的,这就与贝尔"有意味的形式"说以及其他形式学派的艺术本质说殊途同归了。我们从他们对模仿说和表现说的部分认可的态度中,可以看出他们对这两种理论传统的选择态度仍较含糊,并未能解决这二者之间的矛盾。其中,苏珊·朗格的情感符号说,主张艺术符号不是个人情感的表现而是人类情感的表现,显露出以表现说汲取摹仿说合理内容的意图,但她离自觉而明晰地解决这一矛盾还有很大距离。显然,"符号论"的艺术本质观既做出了独特的贡献,但也有较大的局限性。

(3)"生产美的技术"说

日本美学家竹内敏雄在其晚年出版的总结性美学著作《美学总论》中,系统地提出了他的艺术本质观。他给艺术下的定义颇为简明:"艺术是一种生产美的价值、创造美的技术活动。"[①]这一定义强调了艺术构成中的这样两个基本方面:一是美的价值;一是技术性活动。正因为艺术本质有这样两个基本方面,他认为艺术学或曰艺术理论虽然在本质上与美学有紧密联系,但却不能完全归之于美学的范畴。因此,他在这部完整的著作中,区分出"美学基础论"和续篇"艺术理论"这样两个既有着内在联系又相互独立的部分。前者专门探讨美的存在、美的意识和美的形态等美学基本问题;后者集中探讨艺术的本质及其在类型上的展开。在他看来,艺术本质论乃至整个艺术理论有两个基础:一是美学;一是技术哲学。他说:"以阐明艺术本质为课题的学问不仅要以美学为基础,还要把由一般技术理论构成的技术哲学作为基础理论,从中寻找其根据。从这一观点出发,我们主张从美学的角度区别艺术理论乃至艺术哲学,并且把它和广义的技术哲学作为共同前提,在美学与技术哲学这两种基础上,重新建立跨学科的艺术理论。"[②]

在竹内敏雄看来,首先,艺术在本质上蕴涵着美的价值。它以实现美的价值为固有目的。由此,他否定了艺术与美在本质上没有必然联系的种种学说(自19世纪末德国著名艺术理论家、被人们称之为"艺术学之祖"的K.费德勒主张把研究艺术的学问从美学中独立出来之后,主张艺术与美在本质上相分离的不乏其人)。同时,艺术本质又不

---

① 〔日〕竹内敏雄:《美学总论》,日本弘文堂1979年版,第67页。
② 同上书,第547页。

能仅仅归结为美的价值这一个方面。就是说,美并不仅仅存在于艺术之中,它具有广泛的存在领域。艺术中必然蕴涵着美的价值,但具有美的价值的事物未必都是艺术。另一方面,虽然艺术中含有美,但也并非只有美的价值这一种因素,它还含有其他多种价值因素。不管怎样,艺术在本质上必然含有美的价值,这是他强调的第一个方面。其次,艺术"又有作为技术的本质性"。由此,他否定了那些忽略或否认艺术是一种生产性的技术活动的学说(克罗齐的"艺术即表现""表现即直觉"说,可以视为否认技术因素在艺术中的价值的典型代表)。不过,在他看来,艺术的本质也不能仅仅归结为技术这一单一方面。艺术活动属于广义技术活动系统,但技术活动并不是仅有艺术这一种形式,而是一个远为庞大的系统。艺术必然是一种技术,但并非一切技术都必定是艺术。

这样,一方面,艺术作为一种美的价值的生产,与非审美的价值领域区别开来:"一切文化都以实现一定的精神价值为目的,根据价值领域的区分来区别原理……就艺术而言,作为文化的一种特殊形态若赋予它以本质特征的话,那就是它的本来目的确实在于美的价值的实现。"另一方面,艺术作为一种生产美的价值的技术,与一切非生产性的活动、非人工的事物区别开来。例如,一般的审美观赏活动作为一种感知活动、心理活动,不带生产性因素;自然美虽然含有美的价值,但不含有人工制作、生产的技术因素,就都不能归之于艺术范围。

竹内敏雄的艺术本质说显然既不同于传统的再现说与表现说,也不同于现代的各种形式说的理论。传统的再现说与表现说,往往主要把艺术作为一种意识性活动,在广义认识论或心理学基础上探讨艺术的反映或表现问题,忽略了艺术的制作、技术方面因素对艺术的规定作用。形式说包括符号形式说,主要从艺术的形式或符号形式方面规定艺术,与竹内敏雄的立足点和思考角度也很不同。此外,近现代不少美学家、艺术理论家把艺术的本质归结为美或审美,形成了现当代艺术本质理论中颇有影响的一派即审美本质说,但他们或者对美或艺术的观照与美的创造、美的价值的生产不加区分,看不到它们的质的差异;或者对美的各种存在形态如自然美、艺术美、技术美等不加鉴别,笼统地把艺术本质归结为美,无法辨析艺术美与自然美等的本质不同,陷入"艺术观中的审美主义的片面性"。竹内敏雄的理论则在扬弃这几种理论的片面性方面,做出了自己特殊的贡献,是现代艺术本质理论中一种值得重视的学说。

不过,竹内敏雄的理论也并不能令人满意,甚至在某些方面还留下了明显的缺憾。这就是艺术作为人的一种精神生产,一种带有社会性历史性乃至意识形态性的精神生产,其精神性和意识性的规定层面,在他的艺术本质定义中没有得到应有的体现。另外,他把艺术规定为美的技术,对于现代艺术中某些疑难问题仍然没有做出可信的解答:一是现代艺术中出现的非审美化倾向;一是艺术世界的开放性的问题。所谓非审美化倾向,就是部分现代艺术尤其是后现代艺术不再以创造美的艺术形象、满足人的审美需要为目标,而开始渲染、展露一些奇丑、怪异的事象,用以表达某种观念。如西方现代艺术中出现的《长胡子的蒙娜丽莎》《带抽屉的维纳斯》,杜尚拿到展览馆展出并命名为《泉》的男用小便池,日本画家池田满寿夫的绘画作品《人生七大罪恶》系列中的《吝啬》《嫉妒》等。所谓艺术的开放性问题,就是力图打破传统上视为艺术领域的固有疆界,把以往本来并不认为是艺术的事物作为艺术看待,甚至将一些未经人加工过的事物(如把从海上捡来的一块漂浮木放在艺术展览馆里等等)也作为艺术。像这样的问题,用竹内敏雄"美的技术"说就不能获得令人满意的解释。这同样也是以往其他各种艺术本质理论所难以解决的新课题。

(4) 艺术本质否定论

艺术本质问题自古到今歧义纷呈,难以找到一个为人们普遍接受的共同答案,再加上现代艺术中的一些非审美化倾向和漫无边界的"开放"的实验,使得艺术的界限、规定愈益模糊,更增添了解决这一问题的理论难度。这导致现代艺术理论中一种奇异理论的出现,便是以分析美学为代表的艺术本质否定论。

分析美学是建立在分析哲学基础之上的。分析哲学的信条是放弃对哲学中一系列基本问题的回答,把一切哲学问题归结为语言的语义分析,认为凡是不能用语言来描述的现象,不能下一个明晰、统一的定义的事物都是毫无意义的;凡是不能用逻辑分析手段予以解决的概念,都不过是误用。因此,像什么是善、什么是游戏、什么是美等等,都是无法用语言描述、不能进行逻辑性分析的概念,因而是无意义的概念。在分析美学看来,"艺术"也是一个没有什么统一性、无法下定义的概念,从而走向了艺术本质的取消论。

分析美学的奠基者是英国哲学家维特根斯坦(L. Wittgenstein)。他通过对美、游戏等概念的分析,否定了它们的可定义性和内在统一性。而直接用分析美学方法来探讨艺术本质问题的是分析美学代表人物莫里斯·韦兹。他的"艺术本质否定"论,有这样几层内容:第一,他认为迄今为止的艺术定义是要回答"艺术是什么"这一问题的实在的定义,然而这样做丝毫得不出什么结果,应该将着眼点转移到"艺术的概念是什么样的概念""这一概念的用法究竟如何"这样的问题上来。第二,他通过对艺术这一概念的分析,认为它属于"开放性概念",因而,艺术不可能有一个实在的定义。第三,他认为艺术的定义不仅是描述性的,而且是评价性的,经常混杂着价值性的问题。第四,应积极地而不是否定地把握这种与价值相关的定义的存在状态。①

就第一点而言,韦兹认为不应该提出所谓艺术的必要和充分的条件。因为在他看来,这种必要而充分的条件并不存在。即便能够找到,也会因艺术世界的扩大、新的艺术事例的出现而变得不必要、不充分。正像维特根斯坦在分析游戏时指出的那样,我们不能从对游戏的观察中提取游戏的共同性质。我们之所以把某类事物通称为游戏,不是发现了它们的共同特性,而仅仅是看到了"家族相似性"。由此,韦兹认为,艺术理论不应寻找艺术的"客观存在性定义",而应去探讨"功能性定义",即从意义论转移到语用论,由回答"艺术是什么",转移到回答"艺术是一个什么样的概念"。

其二,韦兹认为,如果积极地给艺术下一个定义(功能性定义)的话,就可以说艺术是一个"开放性的结构";艺术概念是一个"开放性的概念"。所谓"开放性的结构",是指在必要程度上构成艺术的各种要素再加上若干新的要素重新编成的网络结构。所谓艺术是"开放性的概念",就是说找不到艺术充分而必要的条件。假如能够叙述艺术概念的必要和充分的条件的话,就会使这种概念封闭起来,就会无视艺术家进行艺术创新的努力及艺术理论家再下定义的努力。举个例子来说,艺术作品是件人工制品——这是以往人们大都能够认同的看法,似

---

① 参阅〔日〕户泽义夫:《分析美学》,见今道友信主编《美学的方法》,北京:文化艺术出版社1990年版,第141页。

乎可以成为艺术的一个实在的定义,指出了艺术的一个虽不充分但却是必要的条件。但是有人却把海面上漂浮的、未经人工加工过的漂浮木放进展览馆,称为艺术品,称赞它是件"可爱的雕塑品",并且得到了一些理论家、艺术家、观众的"认可"。这似乎表明"艺术作品是件人工制品"的命题已失去意义。韦兹把艺术视为一个开放性的概念,就是希望为解释这些现象提供理论依据。

其三,韦兹认为,艺术的定义有两种,一种是描述性的,一种是评价性的。描述性的定义是实在的定义,评价性的定义则是"尊称性的""推荐性的",即把艺术的某一方面强调、评价为艺术的本质属性,或把某些活动"尊称""推荐"为艺术。这种评价性定义与价值问题相关,包含着主观的评价标准。

其四,韦兹认为,理论的作用,不在于下定义,而是在于推荐,即用定义的形式使我们注意到特定的要素,以及迄今为止尚被漠视、误解的特定特征。

以韦兹为代表的"艺术本质否定论"从总体上说是站不住脚的。对这种理论,连西方当代一些学者也给予了尖锐批评。如美国学者曼德尔鲍姆(Mandelbaum)就认为:"对有关艺术的概括的激烈抨击……可能包含了严重的错误,并不是什么了不起的进步。"他甚至对分析美学赖以形成的基础——维特根斯坦的"家族相似性"概念也给予了批评,认为这一概念本身是自相矛盾、难以成立的。他认为,"家族相似性"概念是为了说明某种事物(如游戏)内部的各个类别之间没有什么相同性,但"那些有家族相似的人都有一种共同属性,即它们都有共同的祖先。当然,这种关系并不是具有家族相似的那些人的外部特征之一,但是它却把这些人与不属他们家族的其他人区别开来"。另外,维特根斯坦的所谓"家族相似性"似乎只有外部的、显性的特征,而在曼德尔鲍姆看来,"我们不能假设:如果一切艺术品都有某种共同点,那么这一共同点必定是一种明确的、表面的特征"。他说,"我不否认,在我们对共同名称的使用中,表面相似常常有一定的作用。……然而,本源的相似,用途上的相似以及意图上的相似也可能有一定的作用"①。

---

① 〔美〕曼德尔鲍姆:《家族相似及有关艺术的概括》,见李普曼主编《当代美学》,北京:光明日报出版社1986年版,第225页。

应该说,曼德尔鲍姆对于包括韦兹在内的分析美学的批评是有道理的。艺术和其他事物一样,是有其共同性质的,这种共同性质也是可以用理论来概括的。

不过,从一些具体细节上看,韦兹等人的分析美学的艺术本质否定论也有一些可供思考之处。首先,他们提出要对艺术概念的用法(是日常用法还是专门用法?是描述性的还是评价性的?是开放的还是封闭的?等等)进行具体分析,这对以往艺术本质理论中概念使用上的内涵、外延的混乱、语义上的模糊是个有力的反拨。其次,他们指出了艺术定义除了具有描述性的一面,还具有评价性的一面,艺术定义总与一定的价值态度、"推荐"意图相联系。这触及艺术本质不是永恒不变的,而是必然带有一定的社会的、历史的规定性,不失为一种深入的见解。再次,他们指出了艺术具有开放性的一面,提出了一个值得思索的问题。尽管他们对于艺术向非人工制品和一些达达主义者所"推荐"的"现成物品"如衣帽钩、便壶等的"开放"未必能让我们认同,但艺术世界的不断扩大,并不存在一定的凝固不变、封闭的艺术领域,却是个实际存在的问题,需要理论上给予令人信服的回答。

总而言之,现当代的形式说以及符号说、美的技术说和种种艺术本质否定论,形成了艺术本质论上多元并存的局面,开阔了人们的视野,拓展了思维空间,促进了人们对"艺术是什么"的问题的思考。不过,这一系列理论学说并未能就艺术本质问题给我们提供比较令人满意的解答,也未能避免各自的片面性。因此,对于艺术本质问题,还需要自觉地超越传统艺术理论中的再现与表现的对立,批判地吸收包括现当代各种艺术理论在内的人类全部艺术理论学说中有益的、合理的成分,以先进的世界观、艺术观和方法论为指导,给予科学的、系统的理论解释。

3. 艺术是一种社会的意识形式和审美的精神生产

马克思主义不仅带来了整个社会历史科学的根本变革,而且给美学研究奠定了科学的世界观和方法论基础。马克思、恩格斯在他们卷轶浩繁的著作中提出了许多内涵深刻、具有内在逻辑联系的美学观点和命题,建构了马克思主义美学理论基本框架。经过后来世界各国马克思主义理论家们的继承和发展,极大地丰富了马克思主义美学学说。就艺术本质问题而言,马克思主义就曾对其属性,做过各种各样的界说。其中，最为人们关注也最富理论意义的命题，主要有这样一些：一是认为艺术是一种上层建筑的社会意识形式。这一命题是马克思在《〈政治经济学批判〉序言》等著作中反复阐明过的。二是认为艺术是生产的一种特殊形态，是一种"精神生产"。这一观点是马克思在《1844年经济学哲学手稿》《资本论》《剩余价值理论》等一系列著作中反复论述过的。毛泽东在《实践论》等著作中也曾把艺术视为一种实践形式。三是认为艺术是社会生活的本质的反映或曰能动的反映。这一命题主要是根据唯物主义认识论原理特别是列宁所系统地阐明的能动的、革命的反映论概括出来的。实际上，列宁在评论托尔斯泰的一组文章中，已经明确地阐明了这一原理，毛泽东《在延安文艺座谈会上的讲话》等著作中，对这一原理也有进一步的阐发。四是认为艺术是不同于理论的、宗教的、实践精神的掌握方式的一种特殊的掌握世界——艺术掌握世界——的方式。这一命题是马克思在《〈政治经济学批判〉导言》中提出来的。除此之外，马克思主义艺术理论还广泛地涉及艺术的想象的、形象的、情感的特性等等。显然，上面谈到的艺术的各种属性，是在不同理论层面上、不同抽象程度上对艺术性质的理论概括，它们相互之间具有内在的逻辑关系，需要我们遵循辩证思维方法予以阐明。

然而，在马克思主义诞生以来一个多世纪的历史进程中，国际和国内一些马克思主义理论研究者、探索者，由于对马克思主义艺术观的内容和构成的理解不同，对马克思主义关于艺术性质的种种规定的侧重点不同，各自的理论准备、理论前提不同，形成了对于艺术本质观的不同理解，产生了各种不同的理论学派。举其要者，主要有：一、认为艺术是一种特殊意识形态形式的"艺术意识形态"说；二、认为艺术是认识生活或反映生活的一种形式的"艺术反映"说；三、认为艺术是一种生产或实践的"艺术生产"说；四、侧重强调艺术的审美特性的"审美本质"说。近年来，还出现了把艺术定义为对世界的一种"掌握方式"的观点，以及将意识形态说与审美本质说予以综合的"审美的意识形态"说等等。

应该说，这些不同的理论观点都抓住了马克思主义艺术观中一些重要的方面，都对马克思主义艺术理论做出了有益的探索。然而，这各种学说，如果分开来分别去看，它们各自的不完善也是显而易见的。如上所述，马克思主义有关艺术属性的各种规定之间，有其内在的逻辑联系。但上述各种艺术本质说却并未能揭示这种内在逻辑联系，而只是抓住了马克思主义艺术观中某些个别方面，因而也会走向片面性。

对于马克思主义关于艺术的各种属性的规定，科学的正确的态度应该是具体地分析、研究各种规定究竟站在什么角度、放在什么层次上看才是合适的，然后，在此基础上，进一步阐明各种属性、规定相互之间究竟有怎样的内在逻辑联系，努力达到一种新的理论综合，从而完整、准确、全面地把握马克思主义的艺术观，完整、科学地概括艺术的本质。在实现这种新的理论综合的过程中，有两个关键的理论环节必须首先解决：一是实现这种综合必须遵循正确的思维方法；二是必须找到合适的逻辑上的"凝结点"，使之足以统摄艺术其他属性和规定。

我们认为，遵循马克思的辩证思维方法，以"艺术生产"概念作为逻辑的凝结点，便可以把艺术的其他种种属性、规定统摄起来，建构起一个严谨的、完整的艺术本质理论。

所谓辩证思维方法，是不同于知性方法的一种理性方法，用马克思的话说，它要由具体上升到抽象、再由抽象上升到思维的具体，从而达到抽象与具体、逻辑与历史的统一。而知性方法只满足于从感性、具体的对象中抽出事物某种个别的、有限的、抽象的规定。以往的艺术本质观，包括再现说、表现说、形式说、符号说、美的技术说，以及马克思主义美学范围内的意识形态说、反映说、实践说、审美说等等，从方法论上看，大都犯了这种知性思维方法的错误，将艺术的某种抽象的、个别的规定性视为艺术的本质。今天，我们在研究艺术本质时，只有运用理性的辩证思维的方法，在全面揭示艺术各种个别的抽象规定的基础上，运用从抽象上升到思维的具体，并把知性分析所获得的艺术的各种抽象规定综合为一个统一的理论整体的方法，才能深刻揭示对象各种规定之间的内在联系，在整体上，在思维的具体中把握艺术的完整本质。"具体之所以具体，因为它是许多规定的综合，因而是多样性的统一。"①就是说，艺术的本质也只能是多种规定的有机统一，是具有多质多层次复杂结构的系统整体。

---

① 马克思：《〈政治经济学批判〉导言》，《马克思恩格斯选集》第2卷，北京：人民出版社1995年版，第18页。

作为将艺术各种规定综合起来的逻辑上的"凝结点",我们在马克思主义艺术理论所提出的各种有关艺术属性的概念和命题中选择了"艺术生产"这一范畴。因为,只有这样一个范畴,才能将艺术的生产的、实践的、精神生产的、意识形态的、认识反映的乃至审美的、想象的、情感的等等各种抽象规定综合在一起,并按一定的逻辑建构于一个有机的、多质多层次的系统整体中,承担起逻辑"凝结点"的作用。因为,从逻辑上看,"艺术生产"范畴,内在地包含着这样三个层次的内容,并指明了它们的逻辑关系:

生产(一般)——精神生产(特殊)——艺术生产(个别)

总之,以"艺术生产"范畴为逻辑"凝结点",必须在艺术生产与一般生产和一般精神生产的逻辑关联中,在艺术生产与物质生产和其他精神生产形式如科学、宗教、道德意识等的同与异的比较中来探讨艺术的本质。这样,研究艺术本质,就应该从这样三个层次加以考察。第一个层次是艺术与一般生产的共同规定;第二个层次是艺术与一般精神生产的共同规定;第三个层次是艺术作为一种特殊精神生产的规定。艺术的本质,就存在于这三个层次的种种规定的内在关系之中。

首先,就艺术与一般生产的共同规定而言,实际上揭示了艺术作为人的一种对象化的活动的实践性。我们在第一章和第二章已经论述过,人的生产(或劳动)之所以与动物的生命活动根本不同,是因为人的生产作为一种对象化活动,其最深刻、最一般的规定就是它的实践性。彻底唯物论的实践范畴本身就是多种规定的统一:它是一种感性的、客观的、有目的、有意识的并且是对象化的活动。而且,这种活动必然是一种具有一定生物学基础但却超越了这一层次的社会的、历史的活动。另外,人的对象化实践活动又是按照美的规律来建造物体的,故而人的实践又具有审美价值属性。人类的艺术创造,作为生产的一种特殊形式,归根结底,也是一种实践,具有一般实践所具有的上述各种规定性。

其次,就艺术是一种精神生产而言,具有一般精神生产的各种规定性。我们已经知道,人的生产主要可分为物质生产与精神生产两大形态。在历史上,精神生产最初与物质生产浑然一体。脱离了物质生产的精神生产形式,是随着社会发展和社会分工在后来才出现的。作为精神生产的艺术生产,只是在物质生产与精神生产的社会分工出现后才逐渐产生的。它作为精神生产系统中的一种形式,具有不同于物质生产的一般精神生产的基本规定。

人的精神生产固然保留了生产的实践性,但它与物质生产实践相比,无论是实践的内容,还是实践的形式以及实践的目的,都发生了本质性的变化。物质生产必须直接地改造对象世界,运用一定的物质手段和工具,实际创造出物质产品。在这一过程中,意识活动、精神活动因素虽然也不可或缺,但却处于从属性的地位,服务于物质生产的全部过程,其目的在于满足人的直接的物质生活的需要。相反,精神生产中的实践性活动,则不是要去直接改造客观的、现实的物质世界,而只是借助于一定的物质材料和手段,将在观念中所反映和改造过了的自然与社会生活以及主观精神世界物化出来,把人的意识和思维成果予以对象化,实际地创造出精神产品。它不是让意识活动从属于实践的过程,而是让生产的、物化的实践过程从属于意识活动的过程,其目的在于满足人们精神生活的需要。艺术生产就是这样的一种精神生产。

人的精神生产作为一种意识活动,主要有两方面的内容:一是认识方面的内容;一是主体情感、意志方面的内容。认识方面内容的对象化,其理论的形态便是真理的表达;其形象的形态便是模仿、再现;情感、意志方面内容的对象化便是表现。因此,可以说,人们的意识活动是由知、情、意构成的,也可以说,它是再现因素与表现因素的结合物。

辩证唯物论把人们的精神活动的本质概括为能动的反映。这种能动的反映,一方面是指它不是对对象表面的、现象的、简单直观的认识,而是对对象深刻的本质的把握;另一方面是指它不仅含有对对象的客观的认识因素,而且也包括了主体的情感、评价、理想、意志乃至创造的因素。因此,能动的反映这一规定实际上已包含了再现与表现双重要素。

人的精神生产除了这种能动的反映性之外,还具有历史具体的社会属性,从而构成各种各样的社会意识形式,如科学、宗教、哲学、语言、艺术等等。其中,在社会意识形式之中,又可区分为社会意识形态的意识形式与非意识形态的社会意识形式两大类型。像自然科学、语言等,就属于非意识形态的社会意识形式,而像哲学、宗教、道德意识、法律意识、政治思想等等,便是属于社会意识形态的形式。一般地说,在马克思主义美学理论中,艺术也是属于社会意识形态的范畴的。但它与政治、道德、法律意识等意识形态相比,相对地说是属于"那些更高地悬浮于空中的意识形态的领域"①,或者说是"远离经济""接近于纯粹抽象的意识形态"②。在这个意义上,也可以说,艺术从总体上说是属于社会意识形态的范畴,但具体地说,各种各样的艺术作品在体现意识形态属性方面有着极大的差异。有些作品的意识形态意味很浓厚,但有些作品的意识形态意味可能很薄弱,甚至可以忽略。就是说,艺术往往是意识形态因素与非意识形态因素的统一。如果更确切地说,把艺术称为社会意识形式更准确些。

再次,艺术作为一种特殊的精神生产,还具有自身独特的规定性。这种特殊规定,一言以蔽之,就是审美特性。就是说,在其他各种精神生产形式中,虽然也可能含有一定的审美价值因素,但却惟有艺术这一种精神生产形式是专门创造审美对象,从而满足人们审美的精神需求这一目的。在这个层次上,以往艺术本质论中的审美本质说含有相当的合理因素。不过,以往的审美本质说,往往把艺术这种审美价值的生产与一般的审美观照、审美意识活动不加区分,从而忽略了这二者之间的一个根本区别,即前者是一种对象化的实践活动、精神生产,而后者仅是一种纯粹意识的、内在的精神活动。因此,我们所说的艺术的审美特性,是在肯定艺术是一种生产、一种精神生产的前提下来谈它的审美属性的,这样便能把艺术这种审美价值的创造活动与一般的审美意识区别开来。

如果将上面关于艺术本质的探讨加以概括,我们可以给艺术下这样一个简明的定义,即艺术是一种社会意识形式,一种创造审美对象的精神生产。具体地说,它作为一种生产,是一种感性的、客观的、有目的的、对象化的实践;作为一种精神生产,它是再现与表现的统一,是一种社会意识形式,具有能动反映性和一定的意识形态性;作为一种特殊的精神生产,它以创造审美对象、满足人们的审美需要作为自己特有的目的。

---

① 恩格斯:《致康·施米特》,《马克思恩格斯选集》第4卷,北京:人民出版社1995年版,第703页。

② 恩格斯:《致瓦·博尔吉乌斯》,《马克思恩格斯选集》第4卷,第733页。

二、艺术类型划分

我们在前面探讨了美和艺术的一般本质。其实,在现实的审美和艺术生活中,并不存在所谓一般的美和一般的艺术,存在的只是具体个别、千变万化的一个个美的与艺术的现象。美和艺术的一般本质只存在于我们的思维之中,是我们理论思维抽象概括的结果。可以说,美和艺术的一般本质与现实中的具体个别的美的、艺术的现象是美与艺术世界的两极,并且,在美与艺术的世界,不仅存在着一般与个别这样的两极,而且在这两极之间,还存在着许许多多中间形态,就像在森林和树木之间存在着许多树木种群一样。美与艺术世界的各种中间形态、中介形态,就是在这一领域起到联系一般与个别的桥梁作用的各种审美类型和艺术类型。关于美的类型即美的形态,我们已在第三章作了专门的探讨,这里只探讨一下艺术类型的问题及其划分的美学原则。

1. 艺术类型——一般与个别的中介

艺术的类型,作为艺术世界中个别与一般这两极之间的中间环节,具有双重性的特点。

首先,相对于艺术的一般本质而言,艺术类型具有特殊性。它是对整个艺术领域中的某一部分的艺术审美特征的归纳概括,而不是对全部艺术的本质特点的概括。在这个意义上,可以说,上一节讨论的艺术中的再现与表现的问题,实质上是艺术世界中的一对基本类型,即再现型艺术是对艺术中一部分艺术审美特点的概括;而表现型艺术是对艺术中另一部分艺术审美特点的抽象。当然,在这两种类型之间,还有一种结合着再现性艺术与表现性艺术各自特点的复合型艺术即再现—表现型艺术。

其次,相对于具体个别的艺术作品、艺术现象而言,艺术类型又具有一般性的属性,它是一定范围内所有个别性存在所形成的"集合",是对这一范围内的所有个体的一般性和共同性的归纳概括。比如,电影作为艺术大家族中的一个基本艺术门类、一种特殊艺术类型,便是对所有个别具体的电影艺术的一种一般性的把握和概括。

总之,艺术类型在艺术世界中既不同于艺术的个别存在,又有别于艺术的统一的一般本质,然而却是艺术个别存在与一般本质之间不可或缺的、形形色色的中介桥梁。诸如艺术的门类、体裁、风格、艺术精神和艺术原则等,都可以视为艺术世界中不同层面上的类型现象。这些艺术类型的概念及其划分,在美学研究中具有重要理论意义和操作价值。无论是对艺术的美学原理的探讨,还是对艺术进行系统的艺术学研究,包括艺术史研究与艺术批评活动,如果不借助于各种艺术类型概念来进行分析说明,都无法展开。因为,无论是对艺术进行美学的理论的研究,还是对它进行历史的或批评的探讨,都不可能只停留在对个别艺术现象的描述的层次而不进行一般的理论阐释和说明,也不可能只对艺术现象进行一般本质论意义上的最高程度的一般性和共性的抽象,却不深入到丰富具体的艺术现象之中。而通过种种类型概念的中介,便可以在关于艺术的一般本质理论与千变万化的个别艺术现象之间架起一道阐释的中介桥梁。

2. 种类与风格——艺术类型的两翼

在艺术的大千世界,艺术类型现象是丰富多样的。不过,从审美创造的主体与客体这一基本矛盾关系角度看,所有艺术类型现象可以根据艺术作品这一审美客体的客观的标志来区分,也可以根据创作主体的主观的标志来区分。相应地,所有艺术类型现象可以划分为两大系列。第一个艺术类型的系列属于艺术种类现象。例如人们常提到的艺术的类别、门类、样式、品种、种类、体裁等,均属于广义上的艺术种类的系列。另一个艺术类型的系列属于艺术风格现象。在艺术理论、艺术史、艺术批评中常见的艺术风尚、艺术精神、艺术原则、艺术思潮以及一些艺术流派、艺术方法等,都可以归之于广义上的艺术风格的系列。这里所谓艺术种类,在西文中写作 Kunstarten, kunstgattungen(德语), Kinds of art(英语), Genres(法语)。而艺术风格则与西文中的 Stil(德语)、Style(英语、法语)相对应(在日语中一般写作"样式")。

一般地说,艺术的种类现象主要是依据艺术作品的客观的因素,诸如艺术品的客观存在方式、艺术传达媒介和材料、艺术再现或表现的内容、题材、主题的特点、容量的大小、艺术品本身的结构方式、形式特点等划分出的类型。如空间艺术与时间艺术的划分,文学与美术、音乐、电影等的区别,文学中抒情文学、叙事文学与戏剧文学的划分等,都属于艺术种类的现象。而艺术的风格,主要是根据艺术创作中的主观因素如创作主体的个性气质、心理类型、主观精神状态、精神类型、主体把握对象的方式等划分出的艺术类型。如艺术中的所谓作品风格、个人风格、时代风格、民族风格、历史风格等,都属于风格的范畴,甚至像席勒所说的素朴的诗与感伤的诗,尼采所说的日神精神与酒神精神,黑格尔所说的象征型、古典型、浪漫型这些艺术基本精神类型,以及古典主义、现实主义、浪漫主义、印象主义这些以往被归之于艺术思潮、艺术流派或创作方法的现象,也都可以归之于风格类型的范畴。

总之,在艺术世界,各种各样的艺术类型现象尽管林林总总、千变万化,但从美学的角度、从审美的主体与客体的关系上看,所有的艺术类型现象都可以概括为艺术种类与艺术风格这两大系列。艺术种类与艺术风格构成了艺术类型现象的两翼。

3. 艺术的基本风格类型

在人们关于艺术类型的探讨中,在以往美学家、艺术理论家划分的艺术类型体系中,我们看到的常常是有关艺术风格类型体系的探讨与划分。例如,西方美术史上关于罗马风格、古典风格、哥特式风格、洛可可风格的探讨;席勒关于诗的素朴风格与感伤风格的划分,尼采关于艺术中的酒神精神与日神精神的研究,等等,都是关于风格类型的有名的学说。

提起艺术中的风格,人们一般很容易想到它作为艺术创作独创性的标志这样一层含义。这层含义确实是艺术风格概念较为常用的一个义项。它主要是评价性、褒奖性的,往往被认为是艺术家独特而鲜明的创作个性的凝结,因而似乎只有那些伟大的艺术家和艺术作品才配戴上艺术风格的桂冠。例如我们常说,只有伟大的作家才有风格;某某艺术家已经具有某种风格,而某某人的作品还没有创造出鲜明的风格等等,用的都是这样一层含义。

然而,风格概念并不是只有作为独创性标志这一层含义。从艺术类型学的视角看,它还有另外一个重要意义,即作为类型学现象之一种的艺术风格类型的意义。例如,把一些作品归入罗马风格,把另一些作品归入哥特式风格;说某些作品具有楚骚风格、魏晋风格或唐宋风格,而说另一些作品具有陶诗风格、李白风格或杜甫风格等等。这种意义上的风格概念,主要是描述性的概念,主观评价的、褒奖性的含义较少。

作为类型现象的艺术风格,具有许多层次。作品风格可以说是风格现象最初的层次、最小的单位。它作为个别的风格现象尚不具有

"类型"的意义。在此之上的层次,是艺术家个人的风格。由此扩而大之,在历时性的坐标轴上,则有时代风格、时期风格、世代风格、思潮风格等。它们都可视为历史的风格。而在共时性的坐标轴上,也可概括出地域的风格、民族的风格、社会的风格、流派的风格等等。一般地说,上述各种风格现象,由于都和一定的个人、集体或某个具体的历史时期、社会集团相联系,因而都可视之为"具体的风格"。但由于它们或多或少地都体现了个别与一般相统一的类型性,所以,也都属于艺术中的风格类型的系统。

在美学理论中,为了研究的需要,人们还常常从各种具体的风格现象中概括出一些"抽象的风格"。这些抽象的风格,超越了艺术的个别存在,并超越了特定的时间与空间的限定,普遍地存在于艺术世界中。如艺术中的再现与表现作为风格类型范畴,便是一对抽象的风格。席勒素朴的诗与感伤的诗、尼采酒神艺术与日神艺术、竹内敏雄在其《美学总论》中概括的客观风格与主观风格、静的风格与动的风格、写实的风格与虚构的风格等等,都属于这种抽象风格。刘勰《文心雕龙》提出的"八体"、皎然的十九种"诗式"、司空图的二十四"诗品"等,也可视为文学或诗中的抽象风格类型。

在这里,我们可以根据艺术创造的实际和艺术审美的需要,将艺术世界的基本风格类型现象概括为如下六对:

(1) 主观表现风格与客观再现风格

这一对艺术基本风格,主要是根据艺术家感受和表达生活的方式来区分的。在艺术基本风格体系中,这一对风格类型是一对核心的概念。在以往关于艺术基本风格体系的各种著名学说中,往往都要给这一对风格以应有的、重要的地位。如席勒关于素朴风格与感伤风格的区别,中心的含义就是客观与主观的区别。竹内敏雄在《美学总论》中建构的三维对立的基本风格体系,第一对基本风格便是"客观的风格与主观的风格"。

应该说,主观表现与客观再现两大风格对立的原型,早在人类艺术产生的黎明时期便已出现,如古希腊艺术中的多立克式与爱奥尼亚式两种形式的艺术(主要表现在建筑中,但在整个艺术与文化中均有体现),便显示了古希腊艺术文化中客观倾向与主观倾向的对比。在后来整个艺术发展的历史中,这两种风格的相互对立、渗透、互补、交替,从未间断,构成艺术史辉煌多彩的二重奏。诸如文艺复兴与巴洛克、现实主义与浪漫主义、自然主义与印象主义、西方风格与东方风格,等等,可以说都不同程度地体现了这种风格的对立。

(2) 阴柔优美风格与阳刚崇高风格

这对风格范畴,可以说是对一般美的范畴中优美与崇高两种表现形态在艺术美中的引申。前一章我们是从审美范畴角度讲的,这里侧重的是风格特性。由于它是艺术中体现的两种风格类型,所以,它与艺术生产主体的个性、气质、把握对象的方式等主体因素密切相关。性格豪放,热情澎湃,喜爱崇高挺拔的对象,关注自然、人生、社会的重大题材,善于用雄健壮美的形式表达思想内容,其作品易呈现阳刚崇高的风格;相反,性格温柔细腻,情感深沉丰富,喜爱自然、人生、社会中秀美平凡的对象,善于用婉约绮丽的艺术形式创造艺术意象,表达思想感情,其作品易呈现阴柔优美的风格。甚至同样是表现重大、崇高的题材或对象的作品,具有阳刚之气的艺术家与具有阴柔细腻气质的艺术家所创造的作品,也往往会体现出不同的风格面貌。阴柔优美与阳刚崇高这对风格范畴,是熔铸西方美学与东方古典美学有关概念而形成的。在西方,一般使用优美与崇高这对概念;在中国古典哲学、美学中,用来表达这种对立的概念主要是刚与柔或阳刚与阴柔。

可以说,阴柔优美风格与阳刚崇高风格在艺术世界也是一对十分重要、普遍存在的风格类型。我们在阅读唐诗中张若虚的《春江花月夜》与李白的《蜀道难》;宋词中的豪放派词与婉约派词;欣赏波提切利的绘画《维纳斯的诞生》、达·芬奇的绘画《蒙娜丽莎》与米开朗基罗的壁画《西斯廷礼拜堂天顶画》《创造亚当》;聆听音乐《月光奏鸣曲》《梁山伯与祝英台》与《英雄交响曲》《黄河大合唱》等,都不难体会到这两种风格类型的明显区别。

一般地讲,阴柔优美的风格与阳刚崇高的风格体现在艺术作品中,其区别主要表现在:前者和谐、完整,后者对立、无限;前者小巧玲珑,后者体量感庞大宏伟;前者使人感到亲切平易,后者令人敬仰崇拜。

(3) 含蓄朦胧风格与明晰晓畅风格

这一对风格范畴是根据主体建构艺术作品时,对意与象的结构关系以及意的分层关系的不同处理方式来划分的。含蓄朦胧风格,其意象关系是意不可由象直接显示出来,而必须隐深曲折,具有象外之象、象外之意、韵外之致、味外之旨。作品意旨的层次结构,也不是单一明确的而是层次丰富、含义复杂的。相反,明晰晓畅风格,其意象关系单纯透明,作者意旨直接通过形象展示出来。作者的意旨,不以曲折多层的结构存在,而是如飞流直下,一泻千里,直抒胸臆,痛快淋漓。

对于含蓄朦胧与明晰晓畅这对风格范畴,中外古典美学和艺术理论都有不少论述。如刘勰《文心雕龙》中的《体性》《隐秀》篇,钟嵘《诗品》、皎然《诗式》、司空图《二十四诗品》等都曾论及这两种风格,且更看重于含蓄朦胧的风格。在西方,古代的演说术理论、诗学理论中也曾论及这一对风格形态,而在现代美术史学家沃尔夫林的代表作《美术史的基本概念》(中译本译为《艺术风格学》)一书所提出的五对造型艺术基本风格概念中,也含有"清晰性与模糊性"这样一对风格概念。应该说,含蓄朦胧与明了晓畅,也是各种艺术中普遍存在的两种风格现象。这只要想起唐诗中李商隐与白居易的对比,我国现代诗中徐志摩与郭沫若的区别等,便不难理解这种相比较而存在的风格形态。在这里,需要着重指出的一点是,在艺术无比丰富浩瀚的海洋里,含蓄朦胧与明晰晓畅这两种风格形态各有优长,各有特点,各自有其充分发挥艺术魅力的适当领域。而艺术创作主体的个性,也是有的宜表现含蓄风格,有的善于表达明了风格。对此,不宜扬此抑彼,以求一律。实际上,含蓄有含蓄的魅力,晓畅也有晓畅的美妙。李商隐的诗重含蓄,耐人寻味,值得推重;白居易的诗重浅白、明了晓畅,也非常令人喜爱。鲁迅的一些格律诗耐人咀嚼,令人沉思默想;郭沫若《女神》中的大部分篇什,如《炉中煤——眷念祖国的情绪》《凤凰涅槃》等则使人读之痛快酣畅,激情澎湃。

(4)舒展沉静风格与奔放流动风格

假如我们把达·芬奇的画《蒙娜丽莎》与鲁本斯的作品《安德罗默达》拿来一起欣赏,或把米罗岛的维纳斯雕像与中国古代的青铜雕塑《马踏飞燕》同时置于目前,假如我们听完门德尔松《平静的海与幸福的旅行》,再去听贝多芬的《英雄交响曲》,假如我们刚刚品味了李白的《静夜思》,再来朗读他的《蜀道难》……,我们一定会产生两种十分不同的感受——很明显,前一类作品将引导我们进入一个沉静、和谐、沉思、幻想的相对平静舒展的心境之中;而后一类作品则会把我们带入一个激情难抑、心旌摇荡、陶醉迷狂的热情奔放的心态之中。这两种艺术效果,产生于作品的两种不同的风格倾向。我们分别称之为舒展沉静风格与奔放流动风格。这两种风格的诞生,源自创作主体不同的气质、性格类型及作品表达情绪和意念的不同的动力结构。

在西方美学中,尼采提出的阿波罗式艺术与狄奥尼索斯式艺术即日神艺术与酒神艺术的对立,以及荣格提出的艺术的感动型风格与直观型风格的区别,其核心内容就是对创作过程中主体的两种不同的精神动力结构的区分。中国古代文论也常常涉及这一对风格现象,如皎然《诗式》以十九字概括的十九种风格和司空图《二十四诗品》所提出的二十四种风格,有些就可以归入舒展沉静风格之中,有些则可以归入奔放流动风格中。

舒展沉静风格与奔放流动风格不只存在于语言艺术中,在其他艺术门类诸如各种造型艺术、音乐、戏剧、电影等领域,都存在着这样两种互相映衬的风格倾向。同时,舒展沉静与奔放流动两种风格倾向,在按艺术作品存在方式划分的空间艺术与时间艺术的区别中,也能够大体体现出来。空间艺术相对地说更是舒展沉静的;时间艺术相对地说更是奔放流动的。古代美学家、艺术理论家反复强调过的画与诗的区别、造型艺术与语言艺术、音乐等"缪斯艺术"的区别,很大程度上指的就是这种区别。但这种区别不是绝对的,就是说,空间艺术也不是不能表现动态之美,如徐悲鸿笔下雄姿焕发跃然纸上的奔马、张旭的狂草书法等。相反,时间艺术也不是不能表现沉静之美、造型之美和空间性的意象、意境,表达舒展沉静的风格。总而言之,这对风格也是艺术世界普遍存在的、重要的风格类型现象。

(5) 简约自然风格与繁富创意风格

在人类艺术史上,历来存在着追求简约自然风格与繁富创意风格这两种倾向。在艺术理论史上,早在古希腊罗马时代的诗学和修辞学以及我国古代的文论、诗论、画论之中,就都曾讨论过这两类风格现象。

这一对风格是根据艺术作品内容与形式的关系以及意象创造与自然和人为的不同关系划分出来的。所谓简约自然,就是运用精炼集中的艺术符号和艺术形象去表达其意蕴内容,它不仅形象生动自然,传神写真,而且表达的感情率真自然,如从天性真情中自然流出,不露任何矫饰痕迹。所谓繁富创意风格,就是运用绚烂多彩、富丽明朗的感性外观把艺术家的情绪、意念表现出来,艺术的意象、意境、结构、语言、布局,都经过了主体刻意的经营追求。举个简单的例子来说,同样是只有二十八字的七言绝句,李白的《望庐山瀑布其二》:"日照香炉生紫烟,遥看瀑布挂前川。飞流直下三千尺,疑是银河落九天。"与杜甫的《绝句四首之三》:"两个黄鹂鸣翠柳,一行白鹭上青天。窗含西岭千秋雪,门泊东吴万里船。"如果从意象的丰约、意境的创造、对偶与韵律的安排布置、形象与感情的天然率真与意匠经营等方面看,很明显,前者体现了简约自然的风格,后者则具有繁富创意的风格。

简约自然与繁富创意两大风格类型,也是普遍存在于各门艺术中的基本风格类型。这两种风格也是各有千秋,不必厚此薄彼。而且,这两种风格存在着相互转化、渗透互补的可能性。简约自然,往往是在经过刻意求工、真正掌握了艺术创造规律基础上达到的一个更高境界的产物。天然有可能是最高的创意;简约也有可能是最大的繁富。另一方面,创意高妙,也往往以天然出之。繁富的意绪,有时不足以用感性具体的具象表达,于是便转而求之于简约的抽象和象征,如此等等。我们所说的简约自然与繁富创意的风格区别,只是就其典型的突出的审美特征而言的。

（6）规范谨严风格与自由疏放风格

任何艺术作品的产生和创造,都有一定的法则、规律。素材的剪裁、题材的选择、体裁的运用、思想感情的表达等,都有一定的规律可寻。而在每种制约着人们的创作的艺术规律面前,主体都面临着传统与创新、必然与自由、规范与突破的矛盾和选择。一般地说,艺术贵在创新,不拘成规。然而,在某些情况下,遵循规范和传统,未必不能产生伟大的作品;一味创新,突破规范,也未必都能获得成功。有的艺术规范,恰好概括了某种艺术形态的本质规律,遵循它,往往能产生真正的艺术;有些创新的尝试,突破了既有的规范,创造了激动人心的创造性的作品,往往又能引申出一种新的传统和规范。艺术世界这种传统与创新、规范与自由的冲突、斗争、转化、互补,使艺术总是保持充沛旺盛的活力,不断向前发展,同时它也给艺术带来两种相对而言相互对立的风格面貌。这就是规范谨严的风格与自由疏放的风格。这一对风格的区别,根源于艺术创造主体对于传统和规范的不同态度。

规范谨严与自由疏放两种风格,在中外美学、文论和艺术理论中也多有涉猎。刘勰"八体"说中的"典雅"与"新奇",陈望道《修辞学发凡》中提出的"谨严"与"疏放",沃尔夫林《美术史的基本概念》中提出的"开放型"与"封闭型"等,都是对这一对风格类型的不同表述。

就艺术史的实际情况看,规范谨严与自由疏放的风格对立,可以说是普遍存在。李白的诗篇具有鲜明突出的自由疏放风格,常常突破传统与规范的樊篱,创造出自由奔放的形式和意境。杜甫的诗章则更明显地带有规范谨严之美,他对律诗格律的掌握和运用可说达到了炉火纯青的境界。在欧洲,如果说罗马式建筑规范谨严,哥特式建筑则自由疏放;如果说文艺复兴风格和古典主义风格规范谨严,巴洛克风格和浪漫主义风格则自由疏放,等等。

以上,我们简略地描述、介绍了艺术世界普遍存在的六对基本的风格类型。需要指出的是,这六对十二种风格类型,仅仅是对艺术风格类型现象中比较常见的几个基本方面的概括和抽象,远远不能概括艺术风格的极其复杂的面貌和无限多样的存在。我们提出这六对基本风格类型,目的是为人们对各种具体的或历史的艺术风格现象进行分析、评价、相互比较提供一个大致的理论框架和参照系统。

4. 艺术分类研究中的两种倾向与艺术的逻辑分类体系

如上所述,艺术类型现象存在着相辅相成的两端。其一端属于艺术风格类型,另一端便是艺术种类类型。现在转到艺术种类类型的讨论上来。

艺术种类的划分,历来存在着两种迥异的研究方向。一种是不过多地考虑各种艺术在现实中实际的存在、分布、地位(即艺术自然而然地形成的体系),而是把整个艺术世界作为一个合乎逻辑的整体,从某种统一的原则、标准、学说出发对艺术世界做出系统的划分,如把艺术划分为空间艺术和时间艺术、视觉艺术与听觉艺术等。另一个方向是不从某种抽象的观念或原则出发,而是从艺术的客观实际出发,把艺术世界看做一个自然而然地形成的体系,探讨艺术世界究竟是由哪些基本门类构成的。相对而言,前一种是"人为的体系",人工划分、设计和建构的成分较多,后者则多用经验的、归纳的方法,总结出艺术世界包括哪些部分,某部分具有什么样的审美特点、艺术特征。

当然,艺术分类研究中的这两种方向的区分,仅有相对意义,不存在绝然对立。艺术的"人为的体系"、逻辑的体系,也是以艺术自然系统为前提和基础的,而艺术的"自然的体系"也不是完全不需要研究者的主观能动作用就能自然而然地产生的。艺术的逻辑体系,从一般入手进行逻辑的划分,但它也往往把艺术自然形成的体系蕴含于自身之中;而艺术的自然体系,最后也要对各种艺术现象做出一般的概括,并力图找出各种艺术的统一性及相互间的内在联系。应该说,艺术的逻辑体系研究与艺术的自然分类研究,各有各的用处,都应予以应有的重视。关于艺术基本门类的自然体系,我们准备在下一节进行专门的探讨。这里先介绍艺术逻辑分类体系的有关基础知识。

众所周知,艺术的逻辑分类研究都是从某种一以贯之的、统一的原则或标准出发对艺术世界进行整体的、系统的、合乎逻辑的划分的。由于分类的原则或标准不同,在美学和艺术理论的发展史上,便出现了种种不同的逻辑分类体系。其中,最为常见的逻辑分类模式有如下几种:

第一种是本体论或叫存在论的分类模式。这一模式以艺术作品在时间和空间中的不同存在方式为艺术分类的美学原则,对艺术世界进行系统划分。这种分类方式,也被国内一些学者称为"艺术形象存在方式分类法"。这种分类方法的理论前提,是基于时间和空间乃是一切物质最基本的存在方式这一哲学观念,将艺术作品视为一种特殊的审美存在形式,根据艺术作品的时空存在方式来划分艺术。这种分类方法有长久的历史,大约在西方18世纪前后初步形成,后来经过各种历史的具体的演变,大致形成了这样一种较为流行的分类方法:

$$\text{艺术} \begin{cases} \text{空间艺术} \\ \text{时间艺术} \\ \text{空间—时间艺术} \end{cases}$$

这三大类艺术,各自究竟包括了哪些具体的艺术类别,却是至今没有统一的结论。一般地说,造型艺术即美术中的绘画、雕塑以及书法、建筑、工艺等属于空间艺术的范围;音乐、文学一般被视为时间艺术的代表;舞蹈、戏剧、曲艺、杂技等舞台表演艺术和电影、电视艺术等一般被视为空间—时间艺术。

第二种常见的逻辑分类模式是心理学分类模式。它是按照艺术接受者对艺术作品的审美感知方式和感知途径(主要通过什么审美感觉器官)的不同,对艺术进行系统的划分。这种方法有时也被称为认识论分类方法,我国一些学者将这一分类方法称之为"艺术形象感知方式分类法"。心理学分类模式是本体论分类方法的派生物,与本体论分类方法有内在的联系。后者着眼于艺术品的存在,前者则着眼于人对艺术品的感知,它们是一枚硬币的两面。心理学分类模式与本体论分类模式具有同样长久和复杂的变化形态,而今天较为流行的分类方法可以概括成这样:

$$
艺术\begin{cases}视觉艺术\\听觉艺术\\视觉—听觉艺术\end{cases}
$$

这里,究竟这三大类艺术包括哪些具体门类,也没有一致的看法,但大体上与本体论分类方法相对应即空间艺术与视觉艺术大体对应,时间艺术与听觉艺术大体对应,时—空综合艺术与视—听综合艺术大体对应,只是在某些艺术的归属上不相一致。如文学按本体论分类模式一般被归之于时间艺术,很少归诸时—空艺术,但是,按照心理学模式,却很少归于听觉艺术。因为,文学既可以听(如诗朗诵,在文字产生之前,"诗"更是听的艺术),也可以看,而且今天它在大多数情况下是供人看(阅读)的艺术。然而,文学作品的阅读又与绘画、雕塑等造型艺术的被看有着本质的区别——人们在文学作品中看到的仅仅是语言文字符号,无法从文学作品中直接"看"到作家所描绘的艺术形象。要欣赏文学作品中的形象,还必须通过语言符号提供的审美空间进行想象,通过想象的补充,间接地欣赏作家描绘的艺术形象。正是在这个意义上,文学往往既不能归于听觉艺术,也不能归于视觉艺术,甚至也不能简单地归于视觉—听觉艺术。所以,在美学史上,也有一些理论家提出了一个"想象艺术"的概念,用以指称文学这种借助于语言符号塑造形象、依赖于想象活动的参与间接地欣赏审美形象的艺术。

关于舞蹈,按本体论模式,一般被认为是空间—时间艺术。而按心理学模式,它却主要是一种视觉艺术(当然,有些舞蹈需要音乐的伴奏,也可视为视觉—听觉艺术。但纯粹的舞蹈可以无须音乐的伴奏而存在。这时它就是完完全全的视觉艺术了)。美术即造型艺术如绘画、雕塑、书法、建筑、工艺等,属于视觉艺术,对此一般没有什么疑义。而音乐则是听觉艺术的典型样式。戏剧、曲艺、电影、电视等,一般可归之于视觉—听觉艺术(不否认其中也有个别的艺术体裁如戏剧中的哑剧、电影中的无声电影只能说是视觉艺术这种特殊的情况)。

第三种常见的分类方式是符号学分类模式。这是按艺术所使用的审美符号的不同类别为划分的美学标准对艺术所做的系统分类。艺术符号的类别究竟应如何划分,在学术史上存在着各种各样的看法。有的把艺术符号分为自然符号与人工符号;有的把它划分为"客观符号"和"主观符号";有的把它划分为"任意符号"与"非任意符号";或者把它划分为"引起明确联想的符号"和"引起不明确联想的符号";还有人把它划分为"静态符号"和"动态符号",只是这种分类方法与本体论方法即艺术存在方式分类法就没办法区别了。

实际上,所谓符号学的分类标准,按前苏联著名美学家 M. 卡冈的解释,它"所指的是艺术同人交谈的能力,或者以人的现实生活印象的语言同人交谈……或者以特殊的'人造的'语言同人交谈,这种语言在我们的知觉面前提出不同于我们现实中所见所闻的某种东西"[1]。可以说,符号学分类方法实质上就是以运用模仿、再现性符号与运用非模仿、非再现性符号(也有人称为表现性符号)来创造艺术意象体系作为美学分类原则对艺术世界所作的划分。我国有学者称之为"艺术形象创造方式分类法"。按符号学分类标准,一般可把艺术世界进行如下划分:

$$
艺术\begin{cases}再现性艺术\\非再现性艺术(表现性艺术)\\再现—表现性艺术\end{cases}
$$

再现性符号艺术,一般以绘画、雕塑为典型;表现性符号艺术,则以音乐、舞蹈、书法、建筑、实用装饰艺术为典型。至于再现—表现性艺术究竟包括哪些成分,就不那么容易确定了。不少学者把文学、戏剧都归入再现性符号艺术,如卡冈、竹内敏雄等。按此原则,电影、电视似乎也可归入其中。如果这样的话,那么,再现—表现性艺术这一类似乎就要落空,成了多余之物。而在17、18世纪,不少学者却倾向于把诗即文学归之于人为的、任意的符号一类中。这样,似乎文学又应该划入非再现性艺术一类了。而实际上,文学所使用的语言符号是一种极为特殊的

---

[1] 〔苏〕卡冈:《艺术形态学》,凌继尧、金亚娜译,北京:三联书店1986年版,第289页。

符号,它既不是再现性符号,也不是单纯的表现性符号,但却既有再现功能,又有表现功能,我们不妨把文学视之为一种特殊的再现—表现性符号艺术。像戏剧、曲艺、电影、电视等艺术,往往既要运用再现性符号,又要用表现性符号。一般地说,它们主要还是运用再现性符号。所以,人们常常把它们划入再现—表现性艺术之中,或者把它们划入再现性艺术之中。

需要说明的是,我们在前面讨论艺术的基本风格类型时,曾谈到主观表现风格与客观再现风格。现在我们在讨论艺术种类问题时又提出再现性符号艺术与表现性符号艺术的区别。实际上,这二者并不是一回事,不应混为一谈。因为前者主要是根据主观方面的标志划分的风格类型,而后者主要是根据艺术的符号这种客观标志划分的艺术种类上的逻辑分类类型。

第四种常见的逻辑分类方法是功能论分类模式。这是以艺术在社会生活和审美生活中所发挥的功能作用的不同为美学原则对艺术进行的划分。这种划分方法也由来已久,尤其是到了18世纪前后,西方开始了艺术更为自觉的时代,美学和艺术理论中的"自律"观念日益深入人心,这种功能论分类方法更加流行。不过,尽管这种分类方法历时长久,却没有多少复杂的变化。其典型的划分方法就是卡冈在其《艺术形态学》中所概括的体系,即把所有艺术划分为两大类:一类是单功用艺术,即主要以审美为目的的艺术,近代称之为"美的艺术",现当代一些学者称之为"纯粹艺术";另一类是复功用艺术,即不仅包含了审美的功能,而且包含了实用的功能。这类艺术往往也被叫作实用艺术或叫"目的艺术""羁绊艺术"等等。这一艺术体系可表示为:

$$艺术\begin{cases}单功用艺术\\复功用艺术\end{cases}$$

在这里,单功用艺术一般指近现代以来获得长足发展的各种审美的、纯粹的艺术样式,像绘画、雕塑、音乐、舞蹈、文学、戏剧、电影艺术等;复功用艺术则有建筑、工艺美术、工业设计、园林艺术、服饰艺术、烹饪艺术、美容、美发、商业广告艺术等丰富多样的形式。我们认为,以艺术的功能为标准把艺术划分为上述两大类型,显得简单化了些。按照"艺术生产"的理论,我们可以对上述功能论分类体系重新加以改造与建构。我们已经知道，"艺术生产"理论认为，人类的生产可分为两大基本形式，一类是物质生产，另一类是精神生产。艺术生产乃是精神生产中的一个特殊部门，它不仅在本质上内含着一般生产和一般精神生产的各种抽象规定于自身之内，而且与它们具有一种发生学上的密切联系。其实，从艺术生产的功能上看，它与物质生产和其他精神生产也具有内在的联系。毫无疑问，自从艺术生产作为一种特殊的、独立的精神生产部门随着社会分工的发展而产生，居于其中心位置的就是专门以审美为其主要目的的"美的艺术"、纯粹艺术，亦即这里所说的"单功用艺术"。但是，无论是在何时，艺术的世界在这一中心区域之外，都存在着一个环绕着它的外围区域，这就是既有审美功能又是为其他功利目的服务的所谓目的艺术即"复功用艺术"。假如我们对这种复功用艺术再做一点具体的分析，就会发现它实际上还可分为两类：一类是主要为人们的物质生产目的服务、满足人们物质生活需要，同时兼有审美功能的"复功用艺术"，我们把它称为"物质性实用目的艺术"；另一类则主要是为人们的其他精神生产目的服务、满足人的其他精神生活需要如认识的需要、宗教信仰需要、道德修养需要等等同时兼有审美功能的"复功用艺术"，我们把它称为"精神性实用目的艺术"。与它们相比，单功用艺术则不妨称之为"审美性非实用目的艺术"。于是，功能论的艺术分类体系便可概括如下：

$$
\text{艺术}\begin{cases}\text{物质性实用目的艺术}\\\text{精神性实用目的艺术}\\\text{审美性非实用目的艺术}\end{cases}
$$

三、艺术的基本种类

这一节，我们着重讨论艺术的自然分类体系，并且准备着重在艺术的基本种类这个层次上讨论它们的审美特征。

一般地说，艺术的自然体系有这样两个特点：一是时代性，一是民族性。时代性是指艺术的自然体系总是随着社会的发展、时代的演变而不断变化，随艺术世界自身的演变、扩大、更新而发展，不存在某种一成不变的艺术体系。就是说，一定时代的艺术自然体系，总是受特定时代艺术实际存在状况和发展水平的制约。譬如，在电影诞生之前，关于艺术体系的概括就不可能有电影艺术的一席之地；在电视艺术未获得充分发展之前，也不可能把它概括到艺术体系之中去，等等。民族性是指艺术自然体系还与一定民族特有的艺术类别的构成密切相关。譬如，书法在中国古代的艺术划分中，无论是先秦的"礼乐射御书数"的"六艺"体系，还是后世人们所谓"琴棋书画"四大艺术的体系中，都占有不可动摇的地位，这与中国古代书法艺术在人们的艺术生活中占有重要地位是分不开的。相反，在西方自古以来的艺术自然分类体系的探讨中，却很少有人把书写视为一种独立的艺术门类。这是因为书写虽然在西方也存在，却远未像其他艺术那样在人们的艺术生活中占有那么重要的地位。关于艺术的种类现象，如果深入到艺术类别更细微的一些层次的话，其民族性就更为明显。比如，在诗中，中国有乐府、七律、五律、绝句、词等，日本有和歌、俳句，英国有十四行诗；在戏剧中，中国有各种各样的戏曲艺术，像京剧、粤剧、越剧、豫剧、黄梅戏等，日本有能乐，西方有话剧、歌剧、舞剧等等。我们在概括有中国特色的艺术自然体系时，应充分考虑到它的时代性和民族性这两个重要特点。

现代有中国特色的艺术基本种类，可以概括为这样十七种：即一、书法，二、绘画，三、雕刻，四、建筑，五、实用—装饰工艺美术，六、音乐，七、舞蹈，八、曲艺，九、戏剧，十、杂技，十一、诗歌，十二、散文，十三、小说，十四、网络文学，十五、摄影，十六、电影，十七、电视艺术，这十七种艺术，按照它们在发生学、艺术的材料和传达媒介、艺术的存在方式以及创造方式等方面的"亲缘性关系"这一原则，还可以概括为四个大的艺术部类或称"艺术族群"。第一大部类是造型艺术，包括书法、绘画、雕塑、建筑和实用—装饰工艺美术五个基本门类；第二大部类是演出艺术（"实演艺术"），包括音乐、舞蹈、曲艺、戏剧、杂技五个基本门类；第三大部类是文学（语言艺术），包括诗歌、散文、小说三个基本门类；第四大部类是映像艺术，包括摄影、电影、电视三个基本门类。网络文学可看做是第三大部类和第四大部类的结合。下面分别叙述一下它们各自的审美特性。

1. 造型艺术

造型艺术亦可称"美术"。"美术"一词在现代汉语中，最初是从日本引进的汉字词汇。它本来是对西方语言中的"美的艺术"（fine art）的翻译，指近代以来形成的、作为近代文化体系中的一个独立的艺术部门。它在今天一般被简称为"艺术"(Art)。而在日本和中国,"美术"一词被保留下来,成为专门指称作为空间艺术、视觉艺术的"造型艺术"的概念。在西方,造型艺术一般只包括绘画、雕刻和建筑三大门类。但在中国及日本等一些东亚国家,现代的美术体系一般包括五种艺术基本门类,即书法、绘画、雕塑、建筑和实用—装饰工艺美术。

(1) 书法

书法艺术是中国以及东亚一些国家一种重要的传统艺术门类。在先秦"礼乐射御书数"的"六艺"体系中提到的、今天仍可称之为艺术的门类,只有"乐"与"书"两种。可以说,书法艺术自古以来便在中华民族的艺术体系中占有一席不可替代的重要地位。而且,它还对其他艺术门类如绘画、篆刻、碑帖乃至诗和舞蹈等产生深远影响。我国现代著名书法家沈尹默甚至认为"中国书法是最高艺术"。

书法艺术作为具有中华民族审美特色的一个美术基本门类,就其审美特征而言,同其他美术样式一样,具有空间艺术的存在方式和视觉艺术的审美感知方式。具体地说,从空间存在形式上看,与绘画一样,是在二维平面上进行创作。由于书法与中国传统绘画是一对"孪生艺术"、同源同根,所以,在物质材料、传达媒介如毛笔、纸、墨等的运用上都很相近。当然,书法与绘画也有明显的不同。中国水墨画必须描绘出具象性的艺术形象来反映审美对象世界,传达艺术创造主体的思想感情。而书法艺术并不要求描摹出具象性的形象。说到底,书法艺术是一种书写艺术。它主要是通过线条的流动,在文字的书写和构形以及文字与文字之间的结构关系的安排布局中,表达创作主体的人格、情感、意绪,创造出体现艺术家独特个性的审美意境。

书法艺术具有多种不同的形式,如篆书、隶书、楷书、行书、草书等。各种书体均有自己独特的审美特性和艺术规律。

(2) 绘画

绘画作为美术中的一个基本门类,主要是运用色彩、线条和形体,在二维平面上塑造艺术形象,表达人的审美情感和审美意识。与雕塑相比,它们二者有一些共同的审美特点。如它们都要通过相对静止的、凝固的物质材料为手段,塑造直接诉诸视觉的艺术形象。不过,存在于二维空间中的绘画与存在于三维空间中的雕塑,在许多方面还是存在着重大的差异。从反映现实的广度上说,绘画所能够取用的题材十分广泛，无论是人物形象、自然景物还是社会生活景象，都可以在画家笔下变成绘形绘影、生动传神的艺术形象。在这方面，雕塑便无法与之相比。有些适合于绘画所反映和描绘的复杂人物关系、宏大社会生活场面、复杂多变的自然风景等，在雕塑特别是圆雕作品中便很难表现出来。在反映现实的物质手段上，绘画与雕塑也有很大不同。如色彩，在绘画中被广泛运用，只有在某些黑白两色的中国水墨画中才不用其他的色彩。而在雕塑中，运用色彩的例子就较少。中国古代雕塑中有彩塑这样一种形态，体现了塑与画的结合，但即使是彩塑，色彩在其中的意义、色彩的丰富性、变化性、层次性等等，仍无法与绘画中的色彩相比。

(3) 雕塑

雕塑艺术的审美特点，是用物质实体性的形体，塑造可视而且可触的艺术形象，反映社会生活，表达创作主体的审美情感与思想观念。与绘画相比，雕塑不适合于描绘特别复杂的对象，除了一些带有情节性的浮雕外，那些人物之间、事物之间、人与环境之间的复杂关系、人物性格、社会事件的发展过程等，均不适于雕塑艺术。由于有这样一些限制，雕塑在艺术形象的创造上，往往要求具有单纯性、高度的集中性和凝练性等美学特点。另外，雕塑所使用的物质材料如木料、石料、金属等，使它具有一定的质感、量感和体积感，从而与人的触觉相联系。

(4) 建筑

建筑艺术是一种实用目的与审美目的相结合的艺术形式。它也是人类创造的最古老的基本艺术门类之一。在人类艺术史上，无论是东方的中国、埃及、印度，还是西方的古希腊、罗马，都有着成就辉煌的建筑艺术，留下了大量杰作。建筑艺术作为造型艺术中的一种，在三维空间中建造立体的、可视可触的形象。就此而言，建筑与雕塑较为接近。但是，雕塑仅只是在三维空间中造型，建筑则不仅在三维空间中造型，而且还用各种物质材料立体地创造三维的空间以满足人们的各种空间需求。在这个意义上，有的学者认为：虽然同样都是空间艺术，以具有空间性为其共性，但是，绘画、雕塑与建筑在实现空间性上具有明显的区别。绘画实际上是"空间的表现"，即对具有一定空间性形式的对象的描写、表现，它是在二维平面上间接地实现空间性的描写的艺术。雕塑则是"空间存在"的艺术，实际地在三维空间中立体地存在。与它们相比,建筑是"空间创造"的艺术,它实际地构筑出一定的空间,形成一定的环绕着我们的空间。① 此外,雕塑的造型,主要是具象的、模仿的,其艺术符号是再现性的;而建筑的造型,主要是抽象的、非模仿的,其艺术符号是表现性的、不能引起确定联想的符号。在这一点上,它与音乐又具有内在精神上的一致性。因此,建筑也被人称为"凝固的音乐"。建筑艺术的基本美学原则是功利目的与审美目的的有机统一。它还要求同环境达到高度和谐,并把绘画、雕塑、装饰艺术等造型艺术因素有机综合在自身之中。建筑艺术从用途上看,可分为宗教建筑和世俗建筑(也叫社会建筑),前者如神殿、教堂、寺庙、佛塔、道观,后者则有宫殿、城垣、桥梁、园林、住宅等等。

(5) 实用—装饰工艺美术

实用—装饰工艺美术是一个庞大的家族。它与建筑一样,具有实用目的与审美目的相统一的特点。它指的是除建筑之外人类所有日常生活领域中生活用品的审美化实践及其作品。因此,在实用—装饰工艺美术中,不仅包括了各种各样的专供装饰、审美之用的陈设工艺品,而且把种种以实用目的为主同时具有审美性和形式感的实用工艺的创造也包括了进来,甚至那些装饰美化人们的生活、环境和自身的行为如美食艺术、服饰艺术等,也可以包括在内。在这类艺术中,有少量的特种工艺品摆脱了实用的目的,成为专供人们观赏的纯粹艺术品,但大量的工艺制作总是以实用目的为主,实现实用目的与审美目的的有机结合。工艺美术品种繁多,难于归类,但从所用材料上,大致可以分出如下一些类别:陶瓷工艺、漆器工艺、金属工艺、牙雕工艺、木材工艺、玻璃工艺、染织工艺、纸制工艺等等。由全部工艺美术和装饰艺术构成的实用装饰工艺美术体现了艺术世界与日常生活世界、艺术生产与物质生产之间的密切联系和过渡性质。由于这类艺术渗透到了人们日常生活中的各个领域,它对人们审美趣味的提高所起的潜移默化的重要作用,因此值得引起重视。

2. 演出艺术

演出艺术,亦可称之为舞台艺术或表演艺术,它指的是通过演员在

---

① 参阅町田甲一编:《美术》,第3章"造型艺术的分类与基本风格",日本有信堂1992年版。

舞台上的现场表演来完成艺术形象创造的艺术样式。演出艺术一般都要经过作曲、作词、编舞、编剧等创作人员的一度创作,然后再经过表演者(演唱者、演奏者、演出者、指挥等)的二度创作,才能最后完成。演出艺术,主要有舞蹈、音乐、戏剧、曲艺、杂技五个基本门类。

(1) 舞蹈

舞蹈艺术是以人自身的形体动作为传达手段,通过形体有节奏有韵律的运动,抒发人的审美感情,反映社会生活,表现人的审美意识和理想。

舞蹈在人类艺术史上是历史最为悠久的艺术形式之一。有些西方学者甚至称舞蹈为一切艺术之母。这种说法虽然无法得到实证的检验,但舞蹈的历史之久远却是可以相信的。甚至可以说,在人类出现语言、文字之前,在人猿相揖别的远古时代,舞蹈艺术的元素便存在于我们祖先的生活之中了。

舞蹈首先与音乐有着密切的联系。一方面,舞蹈常常是与音乐相结合着的,在音乐的伴奏下,伴随着音乐的节奏、快慢、韵律以及情绪的变化而翩翩起舞。另一方面,舞蹈在艺术精神上,在重情绪的表现而不是对客观对象的模拟再现方面,与音乐是相通的。不过,舞蹈与音乐在审美形态上有显著区别,即音乐是时间艺术,听觉艺术,而舞蹈则是时间—空间艺术,主要诉诸视觉的艺术。

舞蹈要在三维空间中塑造立体的、视觉的、直观的形象,这一点,与雕塑艺术特别是塑造人物形象的圆雕作品有共同的一面。但舞蹈的动态性、流转性、节奏感、韵律感与雕塑的静态性、凝固性、恒久性,却形成鲜明的对照。

(2) 音乐

音乐艺术以在时间上流动的音响为物质表现手段,表现人的情绪与心境,创造一定的声音意象。

音乐在各种艺术中是最富于表现性而不适于再现客观对象的一种艺术形式。音乐艺术所使用的符号是典型的"人工的符号"、引起不确定联想的符号、"任意的符号"。

音乐的物质传达手段是音响。这种音响具有节奏、旋律、色调等特性,它遵循一定的规则和秩序进行组合和运动,构成音乐语言。其主要构成要素有声音的高低、强弱、长短、节奏、拍子、和声、旋律等。

音乐艺术中有两种基本形式,即声乐与器乐。器乐是更为纯粹的音乐。按乐器的物质材料的区别,往往可以区分为弦乐、管乐和打击乐等几种形式。声乐用人的嗓音与语词相结合作为表现手段,成为歌唱艺术。它实际上是音乐艺术与诗歌艺术相结合的产物。但声乐中的语词在声韵的运用上必须符合音乐艺术的规律。

(3) 戏剧

戏剧艺术作为演出艺术中的典型代表,以综合性为其突出特征。戏剧艺术往往综合了语言艺术(戏剧文学剧本)、造型艺术以及音乐、舞蹈、灯光照明等各种艺术样式和技术的因素。不过,戏剧艺术的这种综合性,决不是各种艺术样式的要素的简单相加、机械拼凑,而是在戏剧性这一戏剧艺术的灵魂的统领之下,有机地统一为一个艺术整体,形成一种具有高度审美价值的独立的艺术样式。

在"戏剧性"这一戏剧艺术的灵魂中,人物的性格,人物的动作,人物之间的戏剧冲突,是构成它的不可缺少的基本要素。

戏剧艺术作为一个统一的艺术整体,由两个基本方面构成。一是戏剧文学即剧本;一是舞台表演艺术。戏剧剧本作为文学中的一种特殊样式,是可以供人阅读的。但是,如果不经过演员的现场表演,戏剧艺术作为一种完整的艺术就不能最后完成。戏剧的舞台演出,是个再创造的过程。它以戏剧文学剧本所提供的规定性为基础,在特定的空间——戏剧舞台上,用形体动作、语言对白和曲词演唱等表演手段,把剧本的内容通过表演者的感受和理解具体地体现出来。戏剧艺术中的戏剧文学与舞台表演两个方面,互相依存、互相制约、互相促进。

戏剧艺术从审美内容上说,主要有悲剧、喜剧和正剧。从演出形式上说,有话剧、歌剧、舞剧、歌舞剧等。中国戏曲是人类戏剧艺术中的一支奇葩,具有浓郁的民族特色。它是把戏剧的内容与歌舞的形式高度结合起来的一种特殊的戏剧艺术样式。它作为一种特殊的戏剧样式,遵循着戏剧艺术的一般规律,又具有自己鲜明的特点。如比京剧具有更大的综合性,讲究"唱、念、做、打",在演员的表演上,追求假定性、虚拟性等等,这些使中国戏曲在世界戏剧百花园中独树一帜。

(4) 曲艺

曲艺艺术是种具有民族民间特色的说唱艺术。在曲艺中,含有大量文学因素。许多曲艺的脚本,是可以用来阅读的文学乃至韵文。但是,不应把曲艺简单地归入文学的范畴。因为,曲艺作为艺术的存在,还需要演员的实际表演活动才能最终实现。就此而言,曲艺与戏剧特别是中国的戏曲有相近之处,即它们都需要演员的表演。但也不能在曲艺与戏剧特别是戏曲艺术之间画等号。因为曲艺的表演与戏剧、戏曲的表演大不相同:戏剧、戏曲的表演,其角色是基本固定的,而且演员必须用他的语言、动作、表情等模仿一定的人物性格,一般情况下,他不能作为叙述者出现。但曲艺演员却既是叙述者,又是角色的担当者,而且他担当的角色从不固定,可以随心所欲地从某个角色化出化入,自由地从一个角色跳到另一个角色。更为重要的是,曲艺艺术没有戏剧那样分幕分场、结构要求十分严格、戏剧冲突尖锐复杂、具有包括舞台美术在内的更复杂的综合性等特点,而是一种自由轻便得多的艺术样式。总之,它具有无法归入其他艺术种类的独特的审美特性。过去的一些美学原理和艺术概论著作,一般不把曲艺作为一个独立的艺术门类,这是不妥当的。曲艺艺术在我国源远流长,并曾对其他一些艺术形式产生过重要影响。近现代以来,曲艺艺术获得了更为自觉、独立的发展,成为具有广泛群众基础、雅俗共赏、深受人们喜爱的一种民族艺术形式。一般地说,曲艺艺术具有民间性、通俗性、地域性等特点。在曲艺艺术中,有相声、快板、数来宝以及山东快书、东北二人转、苏州评弹等十分丰富的曲种。其中,有些曲艺形式在全国范围内广泛普及流行,如相声艺术等,有些则只在一定地域内流行。

(5) 杂技

杂技作为一种靠演员的表演来完成的表演型艺术,与舞蹈、曲艺等有些接近,但却具有独特的审美特征,是一种独立的基本艺术门类。其区别于其他各门艺术的突出特点,表现在杂技演员对空间、自己的身体、某种工具以及驯化的动物的超乎常人的征服和驾驭,具有惊险或奇异的审美特点。杂技在体能上超乎常人的能力和技能上巨大的难度,使它与体育、竞技较为接近,而它的观赏性和娱乐性又使它接近于游戏活动。杂技在人们的艺术生活中具有特殊的地位,是一种深受人们喜爱的艺术形式。

3. 语言艺术

文学在艺术大家庭中是具有相当大的特殊性的艺术样式。它是唯一的仅仅运用语言符号来创造艺术意象体系、形成艺术作品的艺术,因此,它又被称为语言艺术。与其他各种艺术形式相比,文学在创造艺术意象方面,具有不受视觉形象和听觉形象的限制,反映和表现对象更为广阔自由的特点。这是它在艺术世界中的优势所在。但是,这种优势,从艺术形象创造的直接性和具体可感性方面讲,也正是它的弱点所在。文学的形象创造,具有间接性的特点,需要借助欣赏者的想象才能感受到它创造的形象与意境。

文学(语言艺术)的基本门类,一般包括诗歌、散文、小说、戏剧文学四种样式,有时还可以把电影文学剧本、电视文学剧本以及网络文学作为文学中的新的门类。由于我们在讲戏剧、电影、电视这三种艺术基本门类时,已经把戏剧文学、电影文学、电视文学分别作为戏剧艺术、电影艺术、电视艺术这几种综合艺术中的有机构成部分,网络文学这种新品种,我们想单独谈一谈。所以,我们这里谈论文学中的主要门类,只讨论诗歌、小说、散文三种形式。

(1) 诗歌

诗歌是一种相当集中地反映社会生活、表达作家思想尤其是感情的文学样式。

诗歌艺术具有自己的一些鲜明的审美特点。首先,诗歌在反映生活、表达思想感情方面具有高度的集中性和概括性。一般而言,所有艺术样式,在反映社会生活、表达主体思想情感上都要具有一定的集中性、概括性,以一当十,以小见大,以有限体现无限。而诗歌更是要求以极少的诗句、极凝练的意象来表达尽可能丰富蕴藉的意味与内容。像中国古典诗词往往篇幅都不大,有些诗歌形式如五绝、七绝仅有四句二十个字或二十八个字,但它所表达的意味、所创造的意象和意境却往往相当丰富蕴藉。其次,诗歌往往饱含着强烈的感情和丰富的想象。再次,诗歌要语言洗练,节奏鲜明,韵律和谐,具有音乐的美,甚至要求具有建筑的形式美。

诗歌从内容上可分为抒情诗、叙事诗和戏剧诗;从形式上则可分为格律诗与自由诗。

(2) 小说

小说是通过人物、情节和环境的具体描写来反映社会生活,表达作家对社会生活的认识、评价和思想感情的叙事性的语言艺术形式。在各种语言艺术形式中,小说艺术以其故事情节曲折复杂、人物性格丰富多样、人物命运跌宕起伏、细节描写具体真切、环境描写如临其境、心理描写细腻深刻等,吸引着广大的读者群。在电影、电视艺术未普及之前,小说艺术在一定历史时期曾是语言艺术中最受人们青睐的一种样式。即使在今天,文学受到新媒体艺术样式的挤压,其在艺术世界中的中心地位受到严重挑战,小说艺术仍有着相当广阔的市场。

小说艺术的审美特点,主要表现在:一是突出的虚构性,二是多方面、多视角地刻画人物,三是表现较完整复杂的故事情节,四是细节描写的细致入微,五是人物性格与环境的完整呈现,等等。

小说艺术按照篇幅容量的大小,一般可分为长篇小说、中篇小说和短篇小说。它在篇幅上的差异有时是极其巨大的。有的长篇巨制达四、五卷以上,超过数百万言;有的短篇不过数千字甚至千把字。有时,人们也使用"小小说""微型小说""手机小说"之类的概念,指称那些篇幅更为短小精悍的小说形式。小说艺术从内容上说,则可区分为社会小说、心理小说、历史小说、侦探小说、推理小说、言情小说,等等。

(3) 散文

散文的概念有广义与狭义之分。广义的散文是与韵文相对而言的一切文章的总称。这种意义上的散文,可以把小说也包括在内。狭义的散文,特指与诗歌、小说等并列的非韵文的、形式上比较灵活自由的一种特殊文体。散文艺术作为语言艺术中的"轻骑兵",可长可短,或庄或谐,可以抒情,可以言志,可以状物,可以叙事,可以歌颂,可以暴露,可以虚构,可以纪实,可以幽默,可以讽刺,可以在书籍中读到,也可以在报纸杂志上求之,甚至可以在电视中欣赏到电视散文。总之,散文艺术在人们的审美艺术生活中拥有极广大的受众,深受人们的喜爱。

散文有这样一些审美特征:第一,主题、题材无限丰富多样,第二,表现手法丰富多彩,第三,篇章结构灵活自由。总之,散文无论是在内容上,还是在形式上,都体现出"散"的特点。然而,"形散神不散",既要能够散得开,又要能够收得拢,"惟能线索在手,则错综变化,惟吾所施"(刘熙载:《艺概·文概》),这才是散文艺术审美规律之要诀。

散文总的来说,可以分为抒情散文、叙事散文和议论文三类。具体地说,则有随笔、散文诗、报告文学、游记、杂文、小品文、寓言、神话、序跋、日记、书信等丰富的形式,以满足人们的审美与求知、娱乐、教益、情感交流等种种不同的精神生活需求。

(4) 网络文学

网络文学是数字化生存时代随着媒体革命产生的一种新型文学样式。它使传统的文学观念遭到前所未有的挑战,视图文化也改变着以纸质形式出现的各种文学样式的功能。信息技术、传媒技术和自动化技术的介入,使网络文学呈现出崭新的面貌。

比起传统文学,网络文学在形式、传播、艺术表现力、内容和体裁上都有了新的尝试和创新。"超文本"(hypertext)的出现,在这些基本层面上决定了网络文学与传统文学的差异,它改变了传统文本的"线性阅读"习惯。"虚拟现实"(virtual reality)也使网络文学越来越多地介入"虚拟"概念,并提供了新的自由空间,丰富了人们的感官享受。

网络文学以其独有的载体的虚拟性和主体的隐私性,使其审美更具有超幻性。网络文学的无等级性、宣泄性、颠覆性和大众性的特征,对应着精神"狂欢"的特质,对应着观念"解构"的理论。网络文学"超文本"的不定性与互动性,为读者和作者带来了双重自由,从而在一定程度上实现了文学自由的民间理想。

但是,网络文学的单向感官传播,过多媒体技术的介入,也使其在拓宽个人体验的同时,使读者陷入一种被动接受状态,文学阅读的意义反而变成了无意义。蒙太奇式的见解也消解了文学的深度,不利于文学品格的提高。网络文学的价值和特征,网络文学能否取代传统文学,网络文学对文学理论、艺术理论和美学基本理论有何影响,目前学界正处在探索和研究之中。

4. 影像艺术

影像艺术是在近现代科学技术基础上催生出来的几种新兴的艺术门类,主要有摄影艺术、电影艺术、电视艺术。就这几种艺术的物质手段和技术构成来说,电影是在摄影基础上发展起来的,电视技术中则扬弃了摄影与电影的技术因素。正因如此,人们把这几种共同遵循现代影像学原理的艺术称为"影像艺术"。

(1) 摄影艺术

摄影艺术是在近代摄影技术基础上形成的一门艺术形式,也可以称为艺术摄影。它在作品的存在方式、展示方式和审美感知方式上与绘画比较相似,都是在二维的平面上构成形象,因而都属于空间艺术或视觉艺术。以往,人们一般都把摄影看做美术(造型艺术)中的一个新的类别,这也是能够成立的。不过,摄影艺术与绘画相比,无论是在物质手段和物质材料的使用上,还是在创作方式、创作过程上,都有很大不同,而与电影、电视具有更密切的亲缘关系。

摄影艺术按照它所反映的内容,可分为风景照、静物照、肖像照、风俗照、新闻图片等。

(2) 电影艺术

电影艺术诞生于19世纪末,在20世纪逐渐确立了作为一种基本艺术门类的地位。电影艺术是摄影技术与其他现代科学技术相结合的产物:"它的出现是光学、化学、电学、摄影技术、视觉生理(眼球视网膜能在十分之一秒中保持一种印象的能力的发现)等科学技术领域取得重大成就的结果。"①电影艺术的一大突出特点,是它具有远比戏剧更为复杂的综合性,能够把以往各种艺术形式综合在自身之内。但是,它却不是其他各种艺术形式简单的集合,而是在其自身发展演化的过程中,逐渐形成了自己独有的审美特征,这就是以蒙太奇作为自己特有的主要艺术表现手段,运用画面的分切与组合,把其他艺术要素有机融合在一起,能动地揭示对象的内在联系和意义,表达艺术家的思想、情感。

(3) 电视艺术

电视艺术的产生比电影的出现要晚几十年。它是在电视这种大众传播媒介的基础上形成的一种新兴艺术样式。其技术构成原理大不同于电影,而更接近于无线电通讯和广播。其原理是:发射台把事物的光学图像用电视摄像机的摄像管转换成电信号形态后再放大调制,用电波从发射天线向远方发送。接收台再把用天线接收到的电波,通过显像管的作用再转换成图像呈现在电视屏幕上,提供给广大电视观众。在这一电视技术基础上形成的电视艺术,具有不同于其他艺术形式的审美特征。其主要表现是,一般地说,电视艺术也是一种具有高度综合性的艺术,融合了包括电影艺术在内的几乎所有艺术的因素,但它在所有艺术形式中,更加接近于电影。所以,也有不少人把电视与电影看做同一类艺术。然而,与电影相比,电视在许多重要方面具有不同的特性:一是电视图像传送的同步性,使之具有更大的现实性,这在各种电视直播节目中表现得尤其明显。二是在电视艺术的接受方面,其场所

---

① 〔苏〕尤·鲍列夫:《美学》,乔修业等译,北京:中国文联出版公司1986年版,第444页。

不同于欣赏戏剧、电影时的非日常性的场所,而主要是日常生活中的家庭、居室,这使它具有小群体的审美经验和缩短了的审美距离的美学特征。三是由于电视屏幕一般都要小于电影屏幕,所以在电视摄影中,更常运用近距离拍摄和特写技法。四是电视的体裁比起电影来远为丰富,除电视剧之外,各种艺术的转播和赏析评介、各种综艺节目的直播以及种种文化专题节目和一些新兴的电视艺术形式,如音乐电视(MTV)、电视小品、电视散文等等体裁。这些特征日益深入到人们的审美活动和日常生活之中,显示出丰富的艺术可能性和强大的生命活力。

思考题

1. 简述关于艺术本质的再现说和表现说。
2. 如何在生产、一般精神生产和艺术生产这三个层次的内在关系中理解艺术的本质?
3. 举例说明艺术可能具有的六对基本风格。
4. 艺术的逻辑分类有哪几种?分别是如何分类的?
5. 造型艺术主要包括哪些艺术门类?简述它们的审美特征。
6. 说说你对语言艺术审美特征的理解。
7. 你如何看待网络文学?

第五章 审 美 论

一、作为接受活动的审美

审美,从广义上说其范围可以涵盖整个美学所涉及的内容,美学也可称为审美学,当初鲍姆加通创建这门学科,命名为"埃斯特惕卡"(Äesthetica),就是"审美感觉"之意,并非希腊文中的"美"字。本章所谈的审美,则是取其狭义,即一种接受者对于"美的对象"或"对象的美"的接受活动,也就是一种接受者对于"美的对象"或"对象的美"的体验、品藻和鉴赏活动,如果用经济学的术语来措辞,那就是对"美的对象"或"对象的美"的"消费"。毫无疑问,作为接受活动的审美是动态的,是一个流淌着的过程,是一次浪漫旖旎的旅行,像在一个长夜之后百合花的宁静安详的绽放,一方面它释放美,一方面它也完成美。

1. 审美活动的意义

如果我们把作为对象的美的创造活动在实质上视为一种"生产"的话,那么审美或美的接受在实质上便是一种"消费",二者之间存在着一种"中介"关系:人通过生产来消费,生产是人进行消费的中介,它创造出消费的材料,没有生产,消费就没有对象;但是,人也通过消费来生产,消费同样也是生产的中介,因为正是消费替产品创造了主体,产品对于这个主体才是产品,产品在消费中才得到最后完成。一条铁路,如果没有通车、不被磨损、不被消费,它只是可能性的铁路,不是现实的铁路。同样,一幅油画,如果没有展示、不被观看、不被鉴赏,那它也只是可能性的油画,不是现实的油画。没有生产,就没有消费;没有消费,也就没有生产,因为如果没有消费,生产就没有目的。① 审美活动或对美的接受活动的意义,也就在于此。

首先,美作为一个展示的过程,只有在接受者的具体的接受实践中才能体现出来。审美活动使潜在的美得以显现,使可能的美变成现实的美,使未完成态的美变成完成态的美,使自在的美变成自觉的美。由此可知,接受者的审美活动对于美的现实存在过程有着重大的意义。

然而,就国外美学的状况而言,接受者及其审美活动却是长期受到忽视的环节。19世纪及其以前的传统艺术批评和理论是侧重于艺术家(或称艺术生产者)的,艺术家是艺术或美学研究的核心对象;20世纪初,出现了"作品中心论"的研究倾向,俄国形式主义、法国结构主义、英国和美国的新批评等,都是这一倾向的代表。直到20世纪60—70年代,随着德国接受美学的兴起②(这主要还局限于文学史、文学理论的研究领域),接受者的重要地位才开始较普遍地受到重视。接受者(或读者)中心论的提出是接受美学的突出贡献,接受美学的代表人物汉斯·罗伯特·姚斯(Hans Robert Jauss)认为,文学并非一种自在之物,而是为它之物,接受活动是将作品从静态的物质符号中解放出来,还原为鲜活的生命的唯一可能的途径。接受活动不仅对于文学的意义是如此,对于其他的审美对象也是如此。

然而,审美并非只是单向度的简单还原活动,审美活动在使美得以实现和完成的过程中充满着主体创造精神,可以说,是接受者与艺术家一起创造了艺术作品。"人们爱说好的山水画有咫尺千里之势;离开了欣赏者,咫尺的山水画,哪里来的千里之势的效果呢?"③这里的"千里之势"就是审美者的创造。西方学者称"有一千个观众就有一千个哈姆雷特",其中每个"哈姆雷特"也都是观众参与创造的结果。其实,接受者的创造活动更多的时候是表现为发现,在对象(作品)的暗示作

---

① 参见马克思:《〈政治经济学批判〉导言》,《马克思恩格斯文集》第8卷,北京:人民出版社2009年版,第15页。
② "接受美学"的创立者是当时联邦德国康士坦茨大学的几名青年学者,即姚斯、伊瑟尔、斯特利德、福尔曼和普莱森丹茨等,这个非正式的学术团体后来被称为"康士坦茨学派"。其中最重要的代表人物是姚斯和伊瑟尔,姚斯的《文学史作为向文学理论的挑战》(1967)、伊瑟尔的《本文的召唤结构》(1970)的发表是接受美学登上历史舞台的标志。
③ 王朝闻:《欣赏:"再创造"》,龙协涛编《鉴赏文存》,北京:人民文学出版社1984年版,第121页。

用下,发现其完整性。比如,看到画面中溪边的和尚,就想到林中的庙宇;看到林梢的酒旗,想到路边的酒店;看见待渡的小舟,想到赶路的行人……这都是接受活动创造性的体现。可见,审美接受过程或者说美的实现过程,也就是一个再度创造的过程。

其次,审美活动的意义还在于它为美创造主体,审美的对象只有对于这个主体来说才是美的。

人们常说艺术对人具有"熏陶"(熏染陶冶)作用,"熏陶"其实就是指长期的审美活动对于接受者的精神素质的影响与改造,审美主体也正是由这种影响与改造逐渐地培养出来的。"艺术对象创造出懂得艺术和具有审美能力的大众"[①],不仅较高级状态的审美主体是如此,而且较低级、较粗浅程度的审美主体也是如此。就今天的状况来看,审美主体的培养是自觉的,是通过自觉的审美活动(如到各类艺术学校去学习)来实现的;而就原始时代或民间的状况来看,审美主体的形成则往往是非自觉的,是通过非自觉的审美活动来实现的。譬如古希腊神话不是直接作为艺术,而是作为一种不自觉的艺术方式加工过的自然和社会形式本身而出现的。这是因为在原始人的生活中,还远没有确立起人与对象之间的独立的或基本独立的审美关系;神话的目的在于实践,在于现实地征服自然力,支配自然力,把自然力加以形象化。这是原始时代的社会生产条件决定的,那种条件要求或迫使人们对待自然的态度一定或必然是"神话的"。在原始人的神话思维中,今天人们看来具有艺术成分的那种形式,其实就是他们的日常思维形式,是非自觉的艺术思维状态。那时人们对美的接受处于一种自在、自然或日常的状态,人的最初的审美能力和素质也就是这样由原始时代的"不自觉的"艺术潜移默化地形成的。在民间,人们审美能力的养成大致也是如此。

作为创造美的主体的一个重要方面,审美活动的意义也在于它使接受者发现自己——真正的、精神的自己。日常生活常常遮蔽人们的某些精神的本质方面,审美活动则有去蔽效果,使人们的这些精神本质得以显现。法国作家马赛尔·普鲁斯特(Marcel Proust)说:"事实上,

---

[①] 马克思:《〈政治经济学批判〉导言》,《马克思恩格斯文集》第8卷,北京:人民出版社2009年版,第16页。

每位读者读到的,只是他心里已经具有的东西。书只是作者献给读者的一种视觉启迪工具,以使读者能够在自己身上发现一些东西。没有这种工具的帮助,这些东西就不能被发现。"早期日本美学家厨川白村对此作了一个精辟的比喻,他认为审美实际上是审美者在"艺术家所挂的镜中",观看"自己灵魂的姿态"。费尔巴哈则进一步地指出:"感情的对象就是对象化的感情……那么,当音调抓住了你的时候……你在音调里听到了什么呢?难道听到的不是你自己心的声音吗?"①"发现"自己,观看到自己"灵魂的姿态",听到"自己心的声音",都是审美活动对于接受者的激发和启迪。这样的过程,为接受者成为美的真正的主体提供了极大的可能性。

再次,审美活动也影响着美的创造。消费不仅生产出消费者(即接受者)的素质,也同样生产出生产者(即创造者)的素质,因为它在生产者身上引起追求一定目的的需要。我们常说,一个时代有一个时代的文艺,一个时代有一个时代的美,这主要还是时代的社会审美风尚不同所导致的。一般的情况是,群体的审美消费取向是导向,消费取向规定着接受者的审美需要,并从而规定着创造者的审美取向。盛唐的审美风尚是崇尚"丰腴",以"丰腴"为美,所以,当时的仕女画也大都"体态丰盈",这就表明了接受者主导的审美接受风气或习惯与美的创造的密切关系。因此,从另一个角度来看,艺术创造也直接体现着一个民族或群体的艺术接受倾向。我国古典戏剧多以"大团圆"为结局,或者可以称之为"圆满"结束,这就是与我国人民的接受习惯相适应的,而与悲剧艺术发达的西方的审美习惯有着迥然的差异。

别林斯基指出过:"读者群和他的作家是有生动的关联的,后者是生产者,前者是消费者;后者是演员,前者是以自己的共鸣和热情奖励演员的观众。文学是他们的珍宝、财富:他们评判着文学作品,赋予它们以价值,既不把渺小平庸的作品提高,也不使真正的才能淹没无闻","读者是文学的最高法庭,最高裁判。"②因此,无论是自觉的还是不自觉的,意识到的还是没有意识到的,对读者口味的适应都是作家的一种创作倾向。不仅文学的读者对作家的创作的作用和影响是如此,

---

① 引自赵子清:《鉴赏心理的奥秘》,桂林:广西师范大学出版社1993年版,第5页。
② 《别林斯基论文学》,北京:新文艺出版社1958年版,第250页。

其他审美对象的接受者对美的创造的意义也是这样。

当然,"适应"接受者口味,并非要艺术去"设法俯就"大众。"若文艺设法俯就,就很容易流为迎合大众,媚悦大众。迎合和媚悦,是不会于大众有益的。"①接受者的接受或欣赏水平的提高也有赖于审美创造在质上的提高。接受者与审美对象的创造之间,有一种相互推动的关系——对象与接受者是相互缔造的。

最后,我们着重谈一下审美的人道主义特性或审美的人道主义功能,这也是审美活动的重要的意义维度或价值取向。在这方面,乔治·卢卡契(又译卢卡奇,Györsy Lukacs,1885—1971)有着很深刻的见地,这里主要介绍一下他的基本观点和看法。在卢卡契看来,审美确乎如黑格尔所指出的那样带有"令人解放的性质",审美是通往艺术的人道主义之途。他对这一观念的论述主要有如下两个重要命题,值得注意:

其一,是"艺术形式把人提高到人的高度"。在其著作《审美特性》中写道:

> 艺术形式把人提高到人的高度。艺术的自身世界,不论在主观意义上还是在客观意义上,都不是什么空想,不是什么超越人及其世界的超验的存在。它就是人的自身世界,正如我们所指出的,不论在主观意义上还是在客观意义上,在他面前的、他为之奋斗的是处于感性直接现实中人和世界的最具体的可能性。在艺术中——不论是在诗歌或音乐中——与人相对立的是一个理想的世界,在艺术中它也是表现为一种完满的存在形式。体验到作品第二直接性的人与这一世界的交往就像与他自身世界的交往一样。只是在作用的"后果"中,这种理想的特性才再次出现。但伟大的艺术作品往往都接近于这一点。不论它的内容是否反映一种理想,即使最朴实的民歌或最简单的静物写生,在一定意义上,也可以表达一种理想,它对日常的人提出的要求是,达到在作品中所表现的那种统一性和高度。

---

① 鲁迅:《文艺的大众化》,《鲁迅全集》第7卷,北京:人民文学出版社2005年版,第367页。

>这是每一种充实的、生活的理想。①

这里,卢卡契把对艺术的审美视为"把人提高到人的高度"、把"现实的人"提高到"理想的人"的重要途径。他认为通过审美可以使人"认识自己",并从而能够支配自身的命运,这表现出了他深刻的人道主义思想:人在自己的劳动实践中创造出另一个可以直观的自我,在第二个"自我"身上打有自己的一切烙印,从而通过这种直观,提高自己的人性程度,推动人性向更高形态发展,这就是"人自己创造自己"的深刻内涵。这种对人的价值的肯定性活动,当然也就具有了人道主义的性质,而且可以说,越是充分体现人的本质力量整体地对象化的过程,其人道主义性质也就越充分,而审美活动和艺术创造活动恰恰符合这一要求。

其二,是审美与艺术具有"反拜物化使命"。卢卡契指出:"拜物化意味着——由于社会—历史的不同原因——在一般观念中独立形成的对象性,这种对象性既非自在的又不依据于人的实际状况。"② "反拜物化"即是指将某些物的性质转化回到它本身的自在存在:转化为人们之间的关系,它所完成的是真实事实向它的自身权利的返回运动。这一运动一方面揭露了导致谬误的假象,即对现实的真实本质的歪曲,另一方面也摆正了同时拯救人这一目的在历史上的作用。后一方面在审美反映中尤其具有决定意义,这是因为:

>对人和人类事物的把握、在社会以及自然中恢复人的权利的要求构成了在反映现实中再现运动的中心。这一运动可以局限在现实的单纯反映活动上,即使在这种情况下,反映的内容和形式也构成了这一方向的表态,当然这种表态可以转化为一种公开的参与,并且这一点往往正是表现在最杰出的艺术作品中。因此,阿诺尔德认为诗基本上是一种"生活的批评",这是完全有道理的。这种批评根据艺术品种、时代、民族和阶级而有不同的内容和不同的表现方式。但是如果人们要概括出其最一般的特点,那么就涉及

---

① 〔匈〕卢卡契:《审美特性》(一),徐恒醇译,北京:中国社会科学出版社1986年版,第443页。

② 〔匈〕卢卡契:《审美特性》(二),中国社会科学出版社1991年版,第169页。

上述恢复人的权利的要求。①

审美反映揭露歪曲人的假象的倾向和摆正并拯救人在历史上作用的倾向,都会使在人类发展过程中出现的、不论在生活实践中还是在科学和哲学中都起作用的偶像崇拜或"拜物化综合体"瓦解,使实际的对象性关系在人的世界图像中恢复它相应的地位,并在世界观上重新获得对由于这种歪曲而被贬低了的人的意义的认识。正是在这个意义上,卢卡契申明:"真正的艺术按其本质说来内在地含有反拜物化的倾向……只要艺术不会自身瓦解,就决不会放弃这一倾向。"②这显然是一种旗帜鲜明的艺术——审美的人道主义立场。

与艺术或审美所具有的"反拜物化"倾向紧密相连的,还有卢卡契的关于"人的整体(der Mensch Ganz, man's totality)"的思想。他认为,艺术的审美可以使人由"整体的人(der Ganz Mensch, the whole man)"转变成"人的整体"。所谓"整体的人"指的是日常生活中人的一种存在方式或知觉方式。这种方式的特点是对任何事物都没有特别的专注,没有哪种感官具有特别的支配性,人是以一种不分化的方式通过其感官对外界事物做出反应。而"人的整体"则是指人的专心或特别专注的存在状态,在这一状态下人的某种感官居于积极支配的状态。这时,一个人就可以说"我就是全部眼睛"或"我就是全部耳朵"。在日常生活中这种经验也很普通,但其持续时间通常都比较短暂,而且往往都有着直接的实用目的。在审美中,人的专注状态就较为强烈了。卢卡契说:"在审美领域,意识是以强烈的集中局限在对一定现象的视觉或听觉观照上。在这一作用中,当事人的一切特性、他的既往的全部知觉和知识都融合在一起而表现出来,以便对出现在他视野中的现象不仅以其实际状况尽可能准确地把握住,同时能够在当事人的经验系统中构成他的秩序。"③这样,通过对不同类型的艺术的审美,人们的感官会变得更加敏锐,更加人性化。

总之,在卢卡契看来,审美虽然很少会对特殊的实用目的有直接的好处或妨碍,但却对于人成为一个较完整或较全面的人有益——艺术

---

① 〔匈〕卢卡契:《审美特性》(二),中国社会科学出版社1991年版,第166页。
② 同上书,第169页。
③ 同上书,第132—133页。

的使命就是帮助创造、保护与实现人的丰富性、完整性和全面性。这样,他就赋予了审美人道主义的价值取向:审美是人道主义精神的重要体现,人道主义也是审美的不可或缺的精神品质。

2. 审美方式或美的接受方式

审美活动或美的接受活动,有着多种的可能方式。从具体的审美实践来看,审美活动的方式大致有三种类型。

其一,日常式审美。这种方式极类似于常人欣赏艺术的形式。据宗白华的说明,"所谓'常人',是指那天真朴素,没有受过艺术教育与理论,却也没有文艺上任何主义及学说的成见的普通人"。"在艺术欣赏的过程中,常人在形式方面是'不反省地'、'无批评地',这就是说他在欣赏时不了解、不注意一件艺术品之为艺术的特殊性。他偏向于艺术所表现的内容、境界与故事、生命的事迹,而不甚了解那创造的表现的'形式'。"他引用歌德的话说:

> 内容人人看得见,
> 涵义只有有心人得之,
> 形式对于大多数人是一秘密。①

日常式审美是一种自在而非自觉的审美。它一方面是为消遣或消闲的审美活动,而且其本身就是一种消遣或消闲。对这类审美方式来说,梵·高的《向日葵》跟野生的喇叭花没有什么区别,读文学作品与读报纸杂志上的花边新闻、趣闻轶事也没有什么区别。这类接受者所关注的只是表层感性意义上的趣味性体验或感受。另一方面它则是为日常生活的审美活动,并且其本身也就是一种日常生活。这种审美方式关注的是与日常生活相关的实用目的或伦理说教,即便面对的是超越性极强的审美对象,在他们那里也会被日常生活化。鲁迅说焦大不爱林妹妹,就是因为焦大这一类人对人物的品评、观察会带有实用化、日常化倾向。林黛玉体弱多病,走走路就累得"娇喘微微",怎么能参加体力劳动,过好农家的生活呢?而贾宝玉对林黛玉的爱则显然是超越了日常化层面的。在日常式审美中,美的超越本性被忽视是一个重

---

① 宗白华:《常人欣赏文艺的形式》,见《艺境》,北京:北京大学出版社 1987 年版,第 166—169 页。

要的特征。

匈牙利文化社会学家 И. 维坦依（И. ВИТАНЪИ）举过这样一个例子：在一个知识分子家庭里，每个星期天，父亲总要在他所喜爱的报纸上看一小篇文章或短篇小说，然后在吃饭时向坐在桌子旁的七个孩子复述它们的内容，并同时伴随相应的训导。后来成为作家的最小孩子那时已经能读很多文章了，有一次，孩子问父亲，你最喜欢的短篇小说的作者是谁，父亲回答："我对作家不感兴趣。"接着维坦依对此做出分析说："使他感兴趣的首先是问题的道德方面和用它来进行训导的可能性。"①这里的父亲的审美方式也是日常式的，除了日常实用性目的之外，他几乎不再关注别的——不仅仅是作家，还包括形式、超越日常实用的深度精神内涵，等等。

在日常化审美过程中，接受者基本上处于被动状态，他们只为感性趣味或日常实用目的所牵动，完全依赖于审美对象，在很大程度上丧失了审美主体的独立性。与此紧密相连的，是审美对象在这一审美过程中始终处于一种浅层次的独白状态，接受者则缺乏积极主动的参与，并因而成为顺从的"看者"或"听众"。他们不能也不愿意劳神考虑深度意义或形式问题，因而，他们从对象中获取的仅仅是感官的愉快。在这里，审美对象实现的只是其娱乐价值，或者说是消闲价值，比如人们在日常生活中常常评价花瓶"中看不中用"，称文学作品是"闲书"，就是如此，这显然很有些"外行看热闹"的味道。审美对象在这种境况下，也显然是一种被消闲的存在状态。由于采用这一类审美方式的接受者之众，又由于在这一类方式中审美对象实现的层次之浅，我们将之定位为审美活动的基本方式。

其二，鉴赏式审美。这是一种自觉的审美方式，即接受者知道自己接受的是对象的美，了解美之为美的特性，并且能够以对象的美的存在方式去采取接受的审美方式。它不仅是对含义方面的接受，而且也同样地关注对象的形式方面。

鉴赏式审美中，接受者与审美对象均处于一种积极参与的状态。接受者的主动性激活了对象的主动性，接受者既体验又回味，对象既引

---

① 〔匈〕И. 维坦依：《文化学与价值学导论》，北京：中国人民大学出版社1992年版，第244页。

导又呈现。一方面接受者得到美的享受或肯定,精神上得到愉悦和提升,实现了接受主体的审美性;另一方面,对象的美的本质也得以显现和张扬,实现了接受客体的审美性。可见,审美接受对象在鉴赏式接受方式中,实现的主要是其审美价值。

不言而喻,不同的肯定方式构成人们享受的特有方式。作为审美对象,应该是以审美的方式对人的感觉、激情等而存在的,那么审美的方式即是人享受审美对象的特有方式。从这个意义上说,鉴赏式接受是审美接受的最本质性的范式,也可以说,这一范式是审美本性对审美接受的本质规定。可见,鉴赏式审美是审美接受活动的根本方式。以此种方式去接受审美对象的人,才会成为审美对象的真正的知音。在这里,对象也无疑是一种审美性的或作为艺术的存在。当然,与日常性接受方式相比,鉴赏式审美的主体是要有较高一点的条件的。拿对文学作品的接受为例,日常式阅读只需识字即可,而鉴赏式阅读却要求读者具备关于文学的"大体的知识"以及"思想和感情"方面的相当的水平。

显而易见,只有鉴赏式审美才是真正意义上的审美,才是真正意义上的对于美的接受。因为只有在这种方式下,人才真正能够做到通过美而非其他来肯定人自身。以这种方式存在的审美的过程和特征,是审美过程和特征的真正代表。关于这一过程和特征的具体论述,我们在下面一节里会专门加以论述。

其三,研究式审美。研究式审美是以理性分析为手段,以获取知识性结论为目的的审美接受方式。其接受主体往往是美学家、理论家、批评家、科学家或者其他各类专家学者,他们往往能够在自己的知识领域,以自己深厚的理论功力或独特理论视角去剖析、阐释对象,并进而得出各种认知性论断。毋庸置疑,研究式审美是审美接受的重要方式。

在这一方式导引下的接受过程中,接受者始终处于主动状态,审美对象则处于被动状态。接受者(在这里亦可称之为研究者)根据自己的需要对具有揭示生活、意义指向的多种可能性的审美对象进行切割、译解。审美对象对于他们而言只是方便的材料或达到某种目的的工具。他们接受审美对象时,或者根本不考虑对象的美的特质,或者对对象的美的特质只做理念上的探求,对象之为美的审美特性并未得以实现。从这个意义上说,研究式审美是一种应用性接受,这类接受者对于对象取舍的原则就是"有用",他们的接受带有很强的目的性。在研究式接受过程中,接受者本身主要是非审美的,他们所接受的对象的审美性也在其主要是非审美性的接受活动中"迷失"了。

　　研究式审美还是一种纯理性的接受,是抽象的概括、判断与推理,是一种科学的认知活动。因此,接受过程中始终缺乏主体感情的参与,对对象而言,读者也始终是一种他者(或异己)的眼光。譬如,"诗歌不能凭仗了哲学和智力来认识,所以感情已经冰结的思想家,即对于诗人往往有谬误的判断和隔膜的揶揄"①,指的就是这种局限。"柳荫下听黄鹂鸣,我们感得天地间春气横溢,见流萤明灭于丛草里,使人顿怀秋心",这是欣赏的眼光。如果用生物学的眼光,则"鹂歌萤照"都是"希图觅得配偶"。"至于一切花",若以生物学的眼光来看,"则简直是植物的生殖器官了","虽然有许多披着美丽的外衣,而目的则专在受精"。② 显然,以这样的审美方式来观照对象,无疑会大大削弱对象带给人的美感享受。

　　然而,即使如此,毫无疑问的是,研究式审美还有其对对象解读深刻的一面,虽然这种深刻常常是片面的。也正是接受者的纵向深入地追问与考辨,才使人们对审美对象有了全方位、多层面的体认,并从审美对象看到人的、自然的、社会的许多更为本质的方面。这也正如郑振铎所比方的:鉴赏者是一个"赏花评草"的"游园的游人","研究者却是一个植物学家";鉴赏者是一个在山中"避暑的旅客","研究者却是一个地质学家"。③ 审美对象在研究式接受方式中实现的是其多维的认识价值,并且是以一种工具性的状态而存在的。

　　总之,上述三种审美类型,共同存在于美的接受活动之中,它们从各自不同的维度满足着不同类型的接受者的需求:不仅不同的接受者对同一审美对象的接受方式会有不同,即便是同一位接受者,在不同的时间、不同的心境下,也会对同一个对象有不同的接受方式。同一位植物学家,他既可能为研究而在实验室栽培花草,也可能在闲暇时为美而

---

　　① 鲁迅:《诗歌之敌》,《鲁迅全集》第 7 卷,北京:人民文学出版社 2005 年版,第 246 页。
　　② 同上书,第 248 页。
　　③ 郑振铎:《鉴赏与研究》。见龙协涛主编《鉴赏文存》,北京:人民文学出版社 1984 年版,第 109—110 页。

在庭院里栽培花儿。另外，上述的三种类型，也绝对不是纯粹地存在的，日常审美方式主导的审美中也常常会夹杂一点鉴赏式的审美情趣，反之亦然。这种以某种方式为主导的混杂式方式，比起纯粹的某种接受方式来说，往往是更加常态、更加现实的。

二、审美过程和特征

上面我们提到，鉴赏式审美是一种自觉的审美方式，是审美接受的最本质性的范式，也可以说，这是对象的审美本性对审美接受的最为本质的规定。一句话，鉴赏式审美是审美接受活动的根本方式，以此种方式去接受审美对象的人，才会成为审美对象的真正的知音。在这里，对象才获得了其审美性的或作为艺术的存在方式。与其他两种审美方式相比较，鉴赏式审美是最有代表性的、也是最充分的审美，所以，分析审美过程及特征，就主要是分析鉴赏式审美的过程和特征。

1. 审美过程

审美的过程如同燃烧的过程，最初是点燃，接下来开始燃烧（不完全燃烧），然后烧成大火（完全燃烧），再到火焰渐趋微弱，最后是熄灭。按照这样的进程，我们可以把审美过程分成如下几个阶段：即审美注意→体验→品味→领悟→净化。

首先，是审美注意阶段。审美注意就是审美主体在初次面对审美对象时，由于对象的美的特质而被吸引，也可以说是对象的可以引发美感发生的特质对于主体的审美意识的点燃。

我们有很多时候可以见到虾，在海边、在湖畔、在水产市场，甚至是在餐桌上，然而引发我们审美注意的却是游弋在齐白石的画里的虾；我们也常常见到靴子，各种各样的、质地不同的靴子，可是让我们一看到便陷入沉思的却是梵·高那双破旧且沾满泥浆的《靴子》。审美是人的天性，面对美，审美注意是不可控制地被引发出来的。审美注意就是在一瞬间的接触中，接受者的心灵无可逃避地被对象的美突然攫住、占领，除了对象的美，接受者感觉不到世界上还有别的事物存在。这是在瞬间所完成的凝神专注，像那位想游园却因为花园的柴扉紧闭而在园墙外久久徘徊的诗人，突然发现了那枝"出墙来"的"红杏"。审美注意是审美的最初阶段，是审美的开始，它引导着接受者渐进审美的佳境。

其次，是审美体验阶段。审美体验就是在审美注意之后主体对于对象的美的特性的体会，或者说是指对象的美带给接受者的一种切身的感受。

审美体验是审美者对美的一次感性的经历。当美被注意时，美就成了焦点与核心，美及其所生发的情境的吸力也就形成了一种力之场，接受者的体验其实也就是这个力场对他的作用和影响。在体验过程中，一方面是审美对象的展开，另一方面则是接受者对这一展开的经验和理解。理解对于审美体验具有关键性的意义，只有理解了的对象，人们才能更好地经验它。可以说，没有理解，就不会有恰当的经验，也不会有恰当的审美体验。很多西方人欣赏不了中国传统的文人画（多是对象征品性高洁的梅、兰、竹、菊等的写意），跟许多中国人欣赏不了西方的宗教艺术画一样，都是因文化上的隔膜而造成的理解上的障碍所致。但审美体验中的理解不是抽象的或理论化的理解，而是一种感性的、意象性的理解。在戏剧表演艺术中，演员对剧本的接受的体验性是格外明显而有代表性的，演员们的进入角色其实就是对剧本中艺术形象的一种切身经历。

按照发生认识论的看法，人的认识的发生，一方面是由于对象的刺激，激发起个体原来认知结构来同化对象，把对象能够接受的部分或适于主体框架的那些因素，纳入原有的格局之内；另一方面，接受对象中存在的那些不适于主体框架、与原有框架不相容的因素，常常迫使主体认知结构发生根本性的变化，对主体认知结构进行重新建构，从而使之适应对象中那些不相容于原有格局的因素，这就是顺应。在审美体验过程中，主客——体验者与被体验者的关系实质上也就是一种顺应与同化的关系，或者说就是一种"对话"关系。

审美体验的一个重要特性就是"联系到我"，体验是"我"的体验，没有"我"的体验就没有审美对象的丰富与完成。甚或可以说，审美对象是存在于审美体验之中的，审美对象是由于审美体验才得以实际存在的。在这里，无论对主观作用做如何的夸大都是不过分的。"没有主观就没有客观"这一命题，在认识论上具有纯粹唯心主义的意义，而在美学中对于主—客观关系却是成立的。当然，每一审美对象本身是不依赖于主观的存在物，但当这样理解时，它就只是一种物质的存在，而非审美的存在了。① 这种主观性(或者说"我"性)在审美体验中表现的尤其明显。每一滴露水在太阳的照耀下都闪耀着无穷无尽的色彩,同样,每一个审美对象在审美主体的照耀下也都闪耀着无穷无尽的色彩。

审美体验是渐进的,由对象的一个局部到另一个局部最后到整体的观照。这对于文学作品来说比较容易理解,德国美学家伊瑟尔(W. Iser)就认为读者在文学接受活动中存在着"游移视点"②现象,对以时间形态存在的音乐艺术来说,审美体验的渐进性也是显而易见的。那么,对空间艺术形式,比如绘画、建筑、雕塑而言是否也是如此呢？在审美注意阶段,可以说接受者对空间艺术形式是做整体把握的,这毫无疑问。不可能是美女面孔上单项的或眼睛、或鼻子、或耳朵、或嘴巴吸引了你,而应是她全部五官的和谐的总体呈现才使你觉得好看。然而审美注意之后的体验环节,却是需要从一个视点到另一个视点的渐进的,这样之后获取的整体是得到理解的整体,是与第一印象中的整体相比更丰富的整体。

再次,是审美品味阶段。审美品味,其实也就是对美的回味,即一种对美的整体意味和内蕴的审视、把玩和反思。"品味"一词在这里是做偏义复词来用的。"品",本来是指细腻的品咂与意会,也就是上面我们所述及的审美体验之意,在这里它不在具有实际的意义,其内涵被虚化了;从而使该词只保留了"味"的含义,"味"即指在"品"之后的回味与反思或反省。如果说体验还是局限、附着于具体的对象的话,那么,品味就是对作为实体存在的具体对象的脱离,是对作为意蕴存在的对象的整体把握。

品味发生于细腻的体验之后,倾听一支曲子是体验,然而曲终之后,听者却依然沉浸于曲子所营造的那种氛围或情境就是品味了;阅读一部悲剧小说是体验,然而终卷之后,读者却还是为整部作品带给他的震撼所感喟而陷于久久不能释然的沉思默想之中,这就是品味了。再

---

① 卢卡契:《审美特性》(二),第27—28页。
② "游移视点"是指读者随着时间的进程观照文本中的各个对象,并以对象的视角来逐步地体验文本所显现或展开的诸情境。伊瑟尔指出:"文学阅读中存在着一个必不可少的理解的游移视点在其内部不断运动。"参见伊瑟尔:《阅读活动》,北京:中国社会科学出版社1991年版,第130页。

譬如饮酒,酒尚在口端舌际谓之"品",即体验;若酒已饮下,过喉入腹,口中剩下对余味的感受,则是品味了。这里我们需要注意的是"余味"并非残余不全,"余味"只是脱离了作为实体存在的对象之后的更加纯粹的感觉,其中包含了作为实体存在的对象给人以审美感触的全部可能性。

第四,是审美领悟阶段。"凡体验有得处,皆是悟"。审美领悟就是在对对象的体验与品味之后而对人生之理豁然通达、洞明的审美阶段。如果说体验对应的是接受对象的具体形象,品味对应的是对象的潜在意蕴的话,那么审美领悟对应的则是由意蕴所生发出来的形而上的理趣。

我国雕塑家熊秉明曾这样谈到他对罗丹的雕塑作品《行走着的人》①的"领悟":

> 大迈步的动态!走在风云激荡日夜流转的大气里。残破的躯体;然而每一局部都是壮实的、金属性的,肌肉在拉紧、鼓张,决无屈服与妥协。
>
> 它似乎并不忧虑走向何处,而它带有沉着和信心前去。
>
> 我们不知道它的表情,它是微笑的,忧戚的?睥睨一切,踌躇满志?泰然岸然?悲天悯人?都无,都有。准备尝一切苦,享一切乐,看一切相,听一切音,爱一切爱,集一切烦恼……而同时并无恐怖,亦无障碍……直走到末日,他自己的,或世界的。
>
> 且有一半已经毁灭,已经消逝,已经属于大空间,属于无有,属于不可知,属于神秘。人的行走已跃级到宇宙规律的运行。
>
> 天行健。
>
> 悲壮的,浩瀚的如"贝多芬第五交响曲"的雕像。②

"行走的人"所表现的正是这一种精神状态,人超越自然力而岸然前行,任何自然的阻力都抵挡不住的主体精神力量的显现。"行走的人"迈着大步,毫无犹豫,勇往直前,好像有一个确定

---

① 罗丹创作的这尊塑像没有头颅,没有双臂,只剩下结实的躯干和跨开的大步,形如汉语中的"人"字。

② 熊秉明:《关于罗丹——日记择抄》,长沙:湖南美术出版社1987年版,第219—220页。

的目的,人果真有一个目的吗?怕并没有,不息地向前去即是目的。……雨果说:"我前去,我前去,我并不知道要到哪里,但是我前去。"①

领悟就是这样,由对审美对象的体验转到对普遍人生的体验。领悟体现出来的是人生哲理和人生态度,也可以说是充满睿智与哲思的人生境界,是"韵外之致,味外之旨"。这时,接受者捕捉到的才是审美对象的真正的灵魂与生命,对象所展示的也才真正是其深刻性和普遍性。从这个意义上说,领悟阶段也可以说是审美对象得以深度实现的阶段。刘勰在《文心雕龙·知音》中说:"夫惟深识鉴奥,必欢然内怿,譬春台之熙众人,乐饵之止过客。""深识鉴奥"是只有在领悟阶段才能获致的,也只有到了这个阶段,对象的灵魂才会得以显现,接受者也才可以成为对象的真正知音。

最后,是审美净化阶段。审美净化②是指接受者通过对审美对象的体验、品味和领悟,从而受到激励与鼓舞,使情操得到陶冶,思想得到提高,精神境界得以升华的一种接受效果。高尔基所说的"悲剧完全排除严重污染生活的低级小市民剧所必然固有的那种庸俗性"③。就是指真正的审美对象所具有的"净化"功能,这一功能始终伴随着审美者的接受过程,并在审美者的接受过程中最终得以实现。审美注意、体验、品味、领悟大体都是以接受者的接受心理为主动的,而审美净化则是转向了对象对主体的功能与影响的,接受心理在此成为以被动为主要倾向的方面。

从车尔尼雪夫斯基的《怎么办?》中汲取强烈的道德力量是净化;

---

① 熊秉明:《关于罗丹——日记择抄》,长沙:湖南美术出版社1987年版,第10—11页。

② 净化,希腊文是 καθαρsις,原意主要有三种:作为宗教术语,基本意思是"洗净罪过",有"赎罪"之意;作为医学术语,有"宣泄"之意;作为伦理学术语,则有"陶冶"之意。亚里士多德在《诗学》中把这个词引入悲剧。悲剧以悲剧英雄的"自我惩罚"或"自愿受罚"来"赎"自己所"做"之"过失",而不问自身的主观动机如何。悲剧中的"净化"或"赎罪",其实是悲剧英雄的自身肯定与褒扬,是逆境中自我人格的发扬。因此这种"净化"或"赎罪"可以理解为一种"升华"的境界,观众所受到的激励和鼓舞,正是这一"升华"状态的结果。我国学者对"净化"含义的理解不尽相同,读者可参看朱光潜在《西方美学史》第三章和罗念生在《诗学·译后记》中对"净化"概念的理解与解释。

③ 转引自〔苏〕奥夫相尼克夫主编:《大学美学教程》,北京:北京大学出版社1989年版,第126—127页。

从维纳斯塑像看到生命和灵魂、看到人的本质,并从而在心头"飘荡着一种沉醉的神往"(罗丹语)是净化;"鸢飞唳天者,望峰息心;经纶事务者,窥谷忘返"(吴钧语),也是净化。审美净化在本质上是通过审美带给人的教益和享受二者的结合,是美"润物细无声"特性的重要体现。美对于人的意义也正在于此:美以其完整、自由、自然,点燃人的向往完整、自由、自然的火炬——美,不仅培养人的道德感,也给人以战胜异化的智慧和希望。

2. 审美欣赏的特点

第二章美感论中我们谈到过美感的特征。这里,我们从审美接受的角度再讨论审美欣赏的特点。

审美欣赏作为人的一种特殊的精神性接受活动,有着多方面的特点。既然是特点,显然就是侧重于与人的其他接受活动的相异处而言的,而相异性一般都有自己的相对局限的范围,超出这个范围,相异性就可能会成为一致性。比如我们谈审美欣赏的无功利性,是相对于其他接受方式的以具体实用为目的功利性的,如果从较普遍的层面看,审美欣赏是一种享受,虽然不求具体实用,但也不是绝对的超越功利之外的,它的功利是精神层面的。我们在考察审美欣赏的特点时,都应该有这样的意识,如此才不至于陷于理解上的某种偏执。总体来看,具体的审美欣赏活动大致具有如下一些重要的特点:

第一,审美欣赏是超越性的。其超越性有三个层面,一是指对利害关系的超越,主要是对外在于对象的道德伦理、利害关系的超越。虽然审美欣赏可以培养人的道德感,但如果从外在于对象的人的道德态度去对待对象的话,那还不是审美欣赏。比如欣赏宫殿的美,就要抛开或超越对国王的奢侈浮靡的生活及其对百姓的盘剥和压榨的道德判断,只有这样,审美才能够真正与对象的形式相联系,从而进行真正的审美接受。二是指对实用目的的超越,美的事物被感知时,接受者必须不想到任何具体实用的目的,欣赏花的美,不需要弄清花的性质——对花做科学性的考察,也不需要考虑花的用途——可以入药或者泡茶。如果没有这样的超越,真正的审美欣赏就不会发生。三是指对"物我"的超越,即"物我两忘",这是审美欣赏达到较高阶段的必经层面。在审美欣赏过程中一方面需要对具体物象的超越,这样接受者才能够做到"离形得神";另一方面还要有对接受者自身的超越,对自身的超越主要是指超越个体的欲念、忧虑、得失、伦理等,从而使接受者能够在审美感悟中达至最高的人格理想和心灵境界。

审美欣赏超越性还体现为一种距离感,即在审美欣赏过程中审美主体与对象之间保持一种适当的心理距离。譬如,"小说乃是写的人生,非真的人生。故看小说第一不应该把自己跑入小说里面。……看小说犹如看铁槛中的狮虎,有槛才可以细细地看,由细看推知其在山中生活情况。故文艺者,乃借小说——槛——以理会人生也。槛中的狮虎,非其全部状貌,但乃狮虎状貌之一片段。小说中的人生,亦一片段,故看小说看人生都应站在槛外地位,切不可钻入,一钻入就要生病了"①。其中,"站在槛外地位"即是指保持适当的心理距离。鲁迅说过,感情正烈的时候不宜做诗,否则会将诗美杀掉;长歌当哭,是须在痛定之后的。审美欣赏与文艺创作一样需要与对象保持一定的距离才会有对美的感受,这对于审美对象而言,显然也是一种超越。

第二,审美欣赏是想象性的。审美欣赏离不开联想和想象,审美欣赏中的想象就是接受者根据审美对象提供的意象的暗示,调动和选择自己所经验的意象素材进行补充、丰富和组合,从而达到原意象的形式、意蕴等方面的创造性活化、建构与完成的心理活动。即便是最单纯的审美对象,如不借助于相应的想象,也不会进入欣赏的佳境。艺术的一个重要特性就是其虚构性,"艺术并不要求把它的作品当作现实"②。对虚构性对象的接受本身就应该带有一种想象性。接受者应当由精神的角度而不是由直接现实的角度,应当从艺术的角度而非从生活本身的角度来看待艺术、看待美。这样的态度就需要是一种想象性的态度。

想象性作为审美欣赏活动的重要特点,其基本功能有三个方面,一是活化审美对象,正像美的作品的创造需要物化一样,美的接受需要活化。把静态的、凝定的对象活化为富有生气的生命存在,这只有经过联想和想象才能完成。二是揭示审美欣赏对象,审美对象往往含蓄、蕴藉、留有余地,追求言外之意、弦外之音、味外之旨,这些潜在于对象的内容也只有倚赖于联想和想象才能被揭示出来,使之由潜在变为显在。三是补充、丰富审美欣赏对象,审美对象都有很多"空白"点,有待接受

---

① 许广平:《鲁迅回忆录》,北京:作家出版社1962年版,第32页。
② 《列宁论文学与艺术》,北京:人民文学出版社1983年版,第41页。

者的填充与丰富。比如我国的国画山水,虽然只着笔墨点染了片石孤木,但是在接受者看来,现实中的千峦万嶂也超不过它,靠的就是联想和想象;齐白石画虾不画水,靠的也是接受者的想象;《红楼梦》第二十二回《西厢记》妙词通戏语,《牡丹亭》艳曲警芳心"里,写林黛玉听到"如花美眷,似水流年",便想起"水流花谢两无情""流水落花春去也""花落水流红,闲愁万种",这些都是联想,都是对对象的积极补充,从而使其审美欣赏意蕴变得更加丰富而深厚。

第三,审美欣赏是情感性的。在审美欣赏接受过程中,因为审美欣赏对象的存在唤起了审美主体的情感反应,审美主体以充满着情感和激情的眼睛去看待对象,这时,接受过程也就是一种情感历程了。审美的情感性就是指在审美欣赏过程中,无时无刻不伴随着感情。我们常常说,美是有感染力的。可感染力并非对象本身所固有,它发生于审美接受流程之中,是接受者情感被激动起来的体现,没有接受者在接受过程中的情感存在,也就没有对象的感染力存在。

审美欣赏活动是以接受者的情感为驱动力的,审美欣赏对象只有能够引起接受者的情感共鸣,接受者对它的接受活动才能够得以顺畅地进行下去。反之,接受活动就会受到阻滞。可以说,艺术创作是"情动而辞发",而艺术接受则是"披文以入情"。王夫之《姜斋诗话》中讲:"作者用一致之思,读者各以其情而自得。"这种以情取舍或赋予的情形,在审美接受中是很普遍的现象,也是审美接受情感性的重要体现。比如同样是对花的审美,把喜悦之情赋予它,就是"寺多红药烧人眼""红杏枝头春意闹";而把悲切之情赋予它,就成了"宫花寂寞红""乱红飞过秋千去"。

第四,审美欣赏是个人性的。审美接受主要是鉴赏式审美接受,是一种极富个人性的接受,因为这种接受最需要接受主体生命情感的真实而自由的介入,所以,其个人化或者说个体性体现得也最为明显。再因为审美接受效果——美的意蕴的捕捉的"只可意会,不可言传"性,更增大了其个体性存在的空间。况且,在整个审美欣赏活动中,无论是直觉、体验,还是品味、情趣,无不是接受者私我性、个体性自由驰骋的领地。与此不同,比如前面提及的日常性接受,因为没有生命情感的积极投入,在接受过程中情感钝化,也因为其接受效果局限了其个人化的余地,从而形成了一种板滞单一的群体化模式。当然,上述的接受者的个人性、私我性仅是与群体性、公共性相对而言的,它并不排斥社会性,社会性作为背景或决定性制约因素,潜隐于个人性或私我性之中。

审美欣赏接受的个人性特点就决定了审美欣赏接受的差异性、多样性和不确定性,我国古代学者所说的"诗无达诂",说的就是这样的情形。审美差异性、多样性和不确定性,包括欣赏态度、动机、趣味、心理、能力、阅历等方面的差异性、多样性和不确定性,也正是这些方面的差异、多样和不确定,导致了审美接受的个人性特征。审美欣赏的个人性,不仅丰富了美的接受向度,开拓了审美的可能性空间;而且由于个人感受的私密性而使审美欣赏本身笼罩上了浓郁的神秘、诱人的色彩。

当然,在以上的分析中,我们还是比较侧重于考察或依据专门的欣赏家(比如艺术家等)的欣赏状况的,并且是以探讨具体的或微观的欣赏接受情形为主的。这可以凸显某些层面(比如欣赏主体的某些心理层面),当然也会使某些方面成为潜在的或未被揭示出来的方面,比如审美欣赏社会化的方面、民间或大众审美的方面等。这些潜在的方面,如社会环境等对于大众审美欣赏活动的影响常常是决定性的。普列汉诺夫在《没有地址的信》中援引丹纳《比利牛斯山游记》书中的一个例子说:对于17世纪的人们,再没有什么比真正的山更不美的了。它在他们心里唤起了许多不愉快的观念。刚刚经历了内战和半野蛮状态的时代的人们,只要一看见这种风景,就想起挨饿,想起在雨中或雪地上骑着马作长途的跋涉,想起在满是寄生虫的肮脏的客店里给他们吃的那些掺着一半糠皮的难以下咽的黑面包。丹纳继续分析道:而现在,荒野的景色由于同我们所厌倦的城市风光相反,而使我们喜欢。……这些山使我们能够摆脱我们的人行道、办公桌、小商店而得到休息。我们喜欢荒野的景色,仅仅是由于这个原因。同理,正是因为城市风光和经过修饰的园林同荒野相反,所以使17世纪的人们喜欢。其实,不仅仅是像这里的审美欣赏态度那样,而且就连审美欣赏的方式都是潜在地由社会方面的因素所决定着的。可以说,对于意识的活动来讲,在某种意义上,如果不是自欺欺人的话,那么,社会作为现实是具有不可超越性的。也正因为它具有这种制约的普遍性,所以它常常隐藏起来,并且这也常常是合情合理的:正像骨骼支撑起肉体,却被肉体包裹;树根供养了枝干,却被泥土深埋一样。

三、审美批评

审美批评是艺术和公众之间的桥梁,是审美主体在审美欣赏和审美创造活动基础上进一步的理性思考。就批评艺术品而言,审美批评意味着主体对其满怀好奇并主动地考察研究,意味着探寻作品的价值、对公众的启迪和对个人的意义。审美批评具有某种培养公众感受美的能力,具有合理评判艺术质量和价值,提供正确理解艺术品的知识等功能。

1. 审美接受的高级形态

自然景物是人们审美批评的对象之一,人们可以对自然景物的美进行审美评判。著名画家刘海粟就曾写道:黄山为天下绝秀,千峰万嶂,千云直上,不赘不附,如矢如林。幽深怪险,诡奇百出。晴岚烟雨,仪态万方。其一泉一石,一松一壑,不仅触发你的诗思,惠你画稿,提供无限美景,或使你心旷神怡,或使你无言对坐,寝食皆废,终日忘饥,以至阔别数十年后,仍然保持极深印象,一朝念及,回忆便如飞流倾泻,纵然白发耳,心情也贴近生命的春天!

但是,我们在这里要论及的审美批评,主要是以艺术作品为对象,因为艺术是美的集中表现。艺术总是在自身之外有其重心,它不是一种独立的和自给自足的活动,而是我们人类整体精神生活的一部分。按照反思的观点来看,它被视为在自我超越中有其真正的存在,有其从艺术生活到另一种生活和更充实的生活的转变。人们重视艺术所表达的东西,是因为它所表达的东西是美的;人们重视它所指的东西,是因为它所指的不一定是它所表达的。诚如毕加索所言:"艺术不是真理。艺术是一种能使我们认识真理的虚构。"

人们享受和赞美伟大的艺术品,但是,这只能是一种批评性的赞美,而不是一种不假思索的盲目赞美。这种态度或许可以看做是鉴赏的态度。我们欣赏一幅油画,一部小说,就是要认识它的审美性质,感受它的美。每一件艺术作品都有它的美,审美批评或鉴赏,就是要在每一个艺术品中发现、分析和理解这种美。

审美批评努力维护艺术的审美价值,但也不排斥其他的方面。艺术在其本质上具有一种直接的和独立的价值,它确实是一个世界,别有洞天。人类如果没有艺术就会显得乏味,它是任何东西都取代不了的。

我们通常称之为批评的东西,主要是对艺术作品的审美性质发表意见。审美批评的真正任务并不是简单地说喜欢这个喜欢那个,而更重要的是要解释和评判艺术作品。这就是说,应该让包括批评主体自己在内的人都知道那些将使他们能够理智欣赏的信息。严格说来,艺术作品本身不可能被解释,它是无须解释的。能被解释的东西是艺术过程,艺术家通过这个过程达到某种特殊的观点和主题意识。艺术作品依照这种观点来解释它自己,批评家的职责就是要扩大这个东西。因此,审美批评是一个思维的活动,它既能够使人们的审美意识进展成为可能,又能使审美意识的进展成为可理解的。

审美批评利用审美概念如优美、丑、和谐等来解释、评判某些艺术品,乃至分析和评价某些特定的艺术家和流派。它的目的是描述、解释或评价某些特定的艺术题材,因而使用的术语也就比较特殊,如批评家可能认为某首诗是"文辞精妙的、文雅的、简练的",某首钢琴曲是对大师的"拙劣模仿"。这些评判确实是相当具体和容易理解的。

审美批评主要是对某个或某些艺术作品的意义和价值批评性解释和评价。而批评家的解释是根据他们已经描述、解释过的作品之诸种特征而做出的。批评家为了进行描述而挑选出来的那些特征,支持他即将做出的解释,而且解释本身并不仅仅在一个层次上出现。描述、解释和评价是审美批评活动中的三个不同环节,在审美批评活动中三者互相交织在一起,相辅相成。批评家必须借助于描述和解释来为其评价服务。

如果一种解释不考虑艺术家的意向,那是不妥当的。审美批评在对艺术作品加以解释时,需要根据其意义进行谈论。在审美批评活动中,应该运用一些与审美评价有关的、被大多数人所同意的标准来评判艺术品。人类已有的审美经验表明,对一个艺术品的任何一种解释都不可能完全准确,各种错误的解释也都有可能存在。人们期望存在着某种与批评程序有关的标准。

我们看到雕塑作品《掷铁饼者》是优美的,广东民乐《金蛇狂舞》听起来是欢乐和富有想象力的,我们感觉到小说《简·爱》是纯情而极具感染力的。这些都是我们对这些艺术品经过审美感知之后,才认识到上述审美性质的。审美批评实际上影响着我们对艺术作品的感知过程,因为批评不仅解释、评判艺术品,而且提供欣赏作品的方法和视角。在我们接受一位批评家对一幅画的解释之前,必须再看一次这幅画,看能否在其中看到这位批评家所看出的东西。批评家要做的不仅仅是介绍艺术品的情况,而且是要努力修正或者说改变人们对艺术作品的态度,从而提高人们对艺术的感知能力。

另外,艺术家在进行艺术创作时,通过选择其所要突出表现的那些特征,也能在某种程度上控制人们观看或倾听这个艺术作品的方式,并且影响人们对它做出反应的方式。然而,审美批评不是盲目地接受艺术家所告诉我们的东西,而是靠我们特有的能力。没有审美批评,会使我们轻信任何人告诉我们的每一种信息,并报之以同样盲目的认识,这样我们就会缺乏审美辨别力。审美批评是有创造力的和能动性的,它创造出那种使自己认识到优秀的、美的作品和艺术现象的标准。

在审美批评活动中,如果一位批评家试图向我们表明一个艺术品从审美的角度看是有价值的,那么他就实际在我们表明,这个艺术品中存在可以解释的内容,对这一艺术品进行审美批评是会有所收获的。一般说来,一件具有多种解释可能性的艺术品,就是一件被我们认为从审美角度来看有价值的作品。

总之,审美批评需要有对艺术品或自然景物的感受、欣赏作为前提条件。只有在反复的观察、倾听或阅读艺术品之后,接受者才能进行审美鉴赏,才能做出审美判断和审美评价。也就是说,审美认识对于审美批评而言是不可或缺的,正是在这个意义上,我们说审美批评是高级形态的接受活动。

2. 审美批评的特征和种类

审美批评是在审美欣赏的基础上进行的理性的思考活动。它既是一种审美享受,又是一种审美评判。没有欣赏,审美批评活动会变成纯粹的科学认知;如果没有判断,这一活动又会停留在欣赏阶段。因此,审美批评是欣赏和判断的有机融合,是合目的性与合规律性的统一。欣赏和判断是组成审美批评的两个相辅相成的方面。审美欣赏有助于发现对象事物中的生命体验和生活体验,而判断则有助于用清晰的理性思维将这些体验、经验系统化、条理化并凝固下来,使那些审美经验得以保存,从而得到审美交流。

一般说来,欣赏是以情感活动和体验为主,而审美判断活动中理解和反思占主导成分。审美批评正是以这两种心理活动为基础,它既需要心与物游,在情感体验中荡漾,也需要在畅游后驻足于理性的高度,对其过程和结果进行反思。审美批评不追求科学的合理,而追求欣赏的合情。审美批评虽是个人的,却有普遍性;虽是理性的,却必须以情感共鸣为基础。因此,在审美批评活动中,人的知觉和感情融合,冲动和逻辑融合,其中包括着直接的感知、表达情感反应和价值判断等。

仔细研究种种的审美批评,我们会发现它大致可分为三类:第一类是感官式、印象式的审美批评;第二类是形式主义的审美批评;第三类是背景主义的审美批评。①

(1) 印象式审美批评

这种审美批评是批评家对艺术作品的主观感受和个人印象的描述。该批评方式是较为普遍又不甚正规的一种审美批评,它强调个人的直觉能力和感觉能力的重要性。随意性的评论、敏锐的观察、恰当的联想和丰富的想象力是印象式批评的特点。有些印象批评能够富有真知灼见,它可以引导人们去认识审美批评更深层、更有意义的目标,能够产生一种亲切感和感同身受的激动。其主要的不足是它把对艺术作品的注意力引向了批评家,批评家的评论取代了艺术作品而成为了欣赏者注意的焦点;它放弃了解释和评价的原则和审美标准,主观随意性强。

(2) 形式主义审美批评

这种批评的焦点对准艺术作品的纯审美特性和纯形式结构。形式主义批评家认为,一件艺术作品中最重要的是作品的形式和结构,它们决定着作品的艺术价值和意义。这种批评认为形式分析是批评家了解艺术家创作意图的本质和深度,了解艺术家在艺术品中要表达的感情、想象、经验的最重要手段。对形式的分析往往能促使人们对极其多样化的组织艺术材料的方式更加富有洞察力,并且能采取一种较开放的态度。在文学方面,它更强调语言的感性效果和深刻的暗示意义。在造型艺术方面,它促使人们更加强调构图和题材之间的关系,强调对构图的直接感知,而不仅仅重视这些东西所表达的意蕴。热衷于形式分析的批

---

① 〔美〕沃尔夫、吉伊根:《艺术批评与艺术教育》,滑明达译,成都:四川人民出版社1998年版,第33页。

评家坚持认为,艺术的形式不仅仅是一种技巧,也不仅仅是表达故事情节的手段,而是一种本身就有一定意义的东西,这种东西事实上决定着一个作品有无审美价值。虽然形式主义批评在对艺术作品的结构特征方面的分析有独到之处,但由于忽视艺术作品的社会文化背景和它的思想内容,也未能充分考虑到结构、形式、主题之间的张力能赋予艺术作品更深刻的内涵和表现力,所以也是存在较大局限的。

(3) 背景主义审美批评

背景主义审美批评范围很大,包括艺术史批评、社会历史批评和心理分析批评等。这里简略介绍一下社会历史审美批评和心理分析批评。一般来说,社会历史批评更多是把艺术作品与其产生的社会、思想、文化背景联系起来进行分析研究。它主要对艺术作品中所表达出来的思想观念、价值观念或社会历史问题做出评价。这种批评并不否定艺术作品的审美价值,但认为批评不能仅仅停留在对审美价值的分析评判上。

当审美批评把注意力从艺术作品转到艺术家自己和其他人对艺术作品所产生的感情时,或者转到艺术家创造艺术作品的动机、特征和方法时,审美批评就会向着心理学方面发展。这种批评主要是基于心理分析的理论,它在解释每一件艺术作品时,都尽可能使用最新的心理学术语,但有时却使作品中那些特殊的内容、形式以及价值得不到应有的欣赏、解释和评判。这种方法在解释艺术创造活动和欣赏活动方面以及在解释事物好坏方面,是有丰富的成果的。

3. 审美批评的过程

由于审美批评是在审美欣赏基础上所作的理性判断,它不像一般审美欣赏那样与物同化,而更强调对欣赏的过程和成果进行审美鉴定,所以,审美批评虽然是一种合情性的评判,然而,却都可以用语言形式表达出来。审美批评大致有三个环节:描述、理解分析和评价。在审美批评实践中,这三个环节是交织在一起的,界限也不是太清晰,比如描述中就带有解释的成分,分析解释时就暗含评价,但它们之间存在一定的区别也是事实。

(1) 描述

描述,又称为"还原填充"。在审美批评活动中,批评家通过对某一艺术品可观察到的细节的反应来解释自己对该艺术品的感受时,对艺术品的审美描述就开始了。在审美批评中，不仅有对某件艺术品的特征的描述，而且还有对它的感情反应的描述，甚至包括联想活动的描述，同时它会把这些反应和联想与艺术品中那些可以从整体上直接把握的审美特性联系起来。

批评家在描述时，将使人们注意到艺术品的主要形式特点及其组成的感性材料(如色彩、线条、质料、声音等)，注意到再现的自然景物及表达的思想和情感(如房舍、灿烂绚丽的晚霞、花草、欢乐或悲伤的氛围等)。描述是在试图对作品的审美价值进行评判之前展开的，它首先要弄清楚的是特定情况下的事实真相。

另外，在描述某件艺术品的特性时，批评肯定会有意无意地将它与其他艺术品进行比较。因为对于任何一件艺术品来说，可描述的东西是非常多的。通过比较，描述就不会变得杂乱无章，就不会失去启发性。通过形式媒介甚至主题等方面的特性比较，我们可以更好地、更容易地识别一件艺术品的显著审美特征，从而做出评判。

下面这段批评文字是对油画《维纳斯，丘比特，放荡与时间》的鉴赏：

> 现在欣赏一幅出自非常有经验的6世纪的画家布隆齐诺的大手笔的油画。他描绘了非基督教的美神维纳斯被她的儿子、带翼的少年丘比特用一种完全含有性爱意味的方式拥抱的场面。在主要人物的右边，我们看到一个欢快的小男孩，根据一位学者的说法，这个小男孩代表快乐。在小男孩的后面是一个身着绿色衣服的奇怪的女孩，出乎我们意料之外的是，从她的衣服下面露出来的她的身子竟是一条盘绕着的毒蛇的形状。她也许代表欺骗，这是一种令人不快的品质——表面看上去美丽温柔，实质上却丑陋可憎——这种品质经常与爱情为伴。在主要人物的左边，我们看到一个愤怒的老丑妇正在撕扯她的头发。她是妒忌，即羡慕与绝望的结合，这种品质也常常伴随着爱情。在画面上部，我们看到一男一女正拉开一块显然遮掩过上述场面的布帘。那男的是时间之父，他长有双翼并在肩上放着他的标志物——记时的沙漏。揭露着许多缠绕着这种贪色的爱情的复杂情况的正是时间之父。左边的那个与时间之父相对的女人被认为是真实之母；她撕下与维纳斯的赠礼不可分的恐惧与高兴的尴尬的结合的假面具。

这幅画因此传达了一条道德上的格言:快乐和幸福常与爱情为伴,妒忌和欺骗同样与爱情相随。但这种格言不像"拉撒路的复活"的故事那样简单地和直截了当地被传达出来,而是采用一种难懂的比喻手法包括所谓"拟人法"传达出来的。这幅画的目的不是给那些没有受过教育的人明白无误地讲述一个故事,而是引起受过教育的人的兴趣,并在某种程度上取悦高文化的和博学的观众。①

　　在其中,既有描述、解释,也有评价。描述性的、解释性的文字居多,它们为评价提供一种支持性的依据。在介绍画作时,作者用描述性的文字来再现画面中的基本构图和事件,以及再现审美欣赏过程中那些虽已经历但又容易消失的审美体验,并把它们用语言表述出来。在一般情况下,有的审美经验可能一去不复返,有些则只可意会而难以言传,但是,在审美批评活动中,这些经验却要尽量追忆,尽量求其多,这样才可能有更多的选择余地,才能做出精审的分辨。而且要尽量力求其准确,以便将鉴赏过程中那些精微奇妙的感觉体验传达出来。这其实就是将审美欣赏主体在艺术体验过程中情感意念的空白点、未定点以及艺术品的形式意味等,用审美概念表述出来的过程。

　　(2) 解释

　　解释又称理解分析。一般说来,如果一件艺术品缺乏解释的可能,那么,它就会缺乏审美价值。因此,解释是审美批评过程中一种主要的活动。这一活动在很大程度上就是批评家通过指出什么因素对艺术品的审美特性产生了影响,告诉人们在这一艺术品中审美效果是如何实现、怎样达至的。这种解释活动往往能满足人们对事物审美特性的兴趣和好奇心,也能帮助人们展开和深化审美鉴赏,支持人们最初获得的审美体验和认识。解释,是批评家对艺术品的感知、对生活的理解,同时也是其对艺术品审美特性反复思考后所做出的分析和判断。比如,对于康斯泰勃尔的名画《干草车》,批评家分析画家如何利用间生色彩使人们看到了全新的风景画效果。当批评家的解释使人们认识到康斯泰勃尔在实现这种全新的艺术效果时技术高超、手法简洁准确、整个作

---

① 〔英〕唐纳德·雷诺兹等:《剑桥艺术史》,钱乘旦等译,北京:中国青年出版社1994年版,第349—350页。

品构图匀称和谐时,人们对《干草车》的审美体验就会随之深化、丰富,从而变得更加清晰。

审美批评是怎样使人们发现艺术品中他们原先看不见的那些审美特征的呢？这就要依靠批评家的解释。如上所述,解释的功能就是通过对艺术品中那些审美特性(如优美、艳丽、动人等)进行再现、介绍,特别是对造成某种艺术效果的那些特性之间的各种联系给以揭示,让人们可以更好地观察理解艺术品的形式和意蕴。

我们从下面引自迈克尔·利维对波提切利的名画《维纳斯的诞生》所作的评论为例,来进行分析：

> 通过这位女神那轻松自如的姿势和平静安详的姿态而以象征形式表现出来的完美和谐,支配着这幅画构图的所有方面,它确实可以在由不断推进的波涛构成的节奏中使她能够轻而易举地保持平衡。

从分析中可以看到,利维认为波提切利的维纳斯的姿态是轻松自如和轻而易举的,而这种构图正是使之得以完美和谐的重要原因,可是,批评家温德却在其对这幅画所作的具有寓言色彩的解释中指出：

> 这位女神自身的姿态,亦即古典的《羞怯的维纳斯》的姿态,表达了爱的双重本性——既具有感官享受的一面,也具有纯真圣洁的一面……

每个批评家都为我们提供了一个思考艺术的环境。通过比较不同批评家对同一作品所做的解释,可以开阔我们的审美视野,使我们从不同的角度来分析、理解艺术品的意义和审美特性。批评家为了使自己的审美判断有说服力,在观看、倾听和阅读作品时必须全神贯注,必须努力注意到使该艺术品或优美或粗劣的那些特性,他的判断显然是这种努力的结果。

由此可见,解释可以分为两类：一是对审美效果的解释,二是对审美判断的证明。

值得一提的是,有的艺术作品标题往往就是一种解释,比如挪威画家蒙克的《呼喊》。一件艺术品与工艺品不同,它常常有一个只属于自己的标题。艺术品是自身包含着一种独特价值的创造物,它需要一个名称来解释它。标题或名称能够将人们的注意力引向这个具有若干审美特征和价值的作品。这标题可能意味着作者对艺术品的态度和注意力的性质提出的要求。如德彪西的《雨中的花园》这首乐曲,可能会给欣赏者暗示一种视觉形象或情感氛围。标题的作用在于给人们一种独特的指称,它们把某件独特的作品或作品的风格作为独一无二的东西加以确定。

(3) 评价

评价又称审美评判。它是指批评家从一个公认的审美标准对批评对象所具有的价值和意义做出评估,或做出褒贬判定。此前的描述和解释都是这种审美评价的基础和理由。从审美批评所特有的功能和承担的使命来看,审美评价是审美批评的完成过程和必然结果。一般说来,审美批评中的评价活动有五个阶段:确定审美立场和批评标准;探究作品对现实的审美关系的价值;指明艺术作品审美形式的价值;探讨艺术构思的价值;最后在总体上给予评价。

评价活动可以评价审美对象(主要是艺术作品)的质量,鉴赏艺术作品的各种不同价值。它还可以帮助人们评价现实和艺术现象,并按价值等级来确定某一件艺术作品在同类艺术作品中和艺术史中的位置,培养人们根据这一评价系列来确定审美活动取向的能力。

评价活动在提高公众的审美能力和推动艺术的发展等方面具有重要意义。批评家既可以通过充实的共同审美经验指明艺术作品的价值高下和质量优劣,帮助和引导公众进行完美的审美鉴赏,又能通过个人体验和调查研究来探讨审美创造的秘密和洞察作品的意义,给艺术家的创作活动以有益的建议和指导。

那么,评价活动有没有标准呢?应该说,虽然很不一致,但还是有的。批评家对某件艺术品的评价不仅要有对作品的审美特性的充分感受和研究,而且也要以一种公认的批评标准作为基础。否则,评判就会出现"公说公有理,婆说婆有理"的现象,而被人视为主观随意的判断。我们知道,由于艺术作品的复杂性和多样性以及批评家本身所具有的审美趣味、知识水平、审美能力各不相同,因此,对同一件作品的评价可能差异很大。如果一个批评家希望对某一艺术品做出较为客观公允的评价,那么他在做出自己的评判时,肯定要依据一定的审美标准。

在大多数批评家看来,最优秀的诗歌就是具有高度的严肃性和绝对的真诚,能使人获得安慰和勇气,能使人对生活做出解释的作品。因此,这两个特点成为优秀的诗歌的标准。有的批评家则认为,那些能使我们更成熟、自觉以及精神健康的文学作品才是价值高的作品。审美评价标准的这种多样性和相对性,不能成为那些持"评价都是主观的,所以不存在任何标准"观点的相对主义者的根据。

如果一件艺术品能使我们去较全面地感受、较深刻地认识生活中的美好和意义,赋予现实生活中那些触动我们最深的、使我们能获得最大快乐的东西以某种形式和秩序,我们就不难判断它是对生活较完整、彻底和深刻的表现,就是一部优秀的作品。艺术品确实是有高下之分,优劣之别,也就是说,确实存在某种判断、评价的标准。因为艺术家的易感性、感情的共通性以及文化的相似性和艺术形式相对独立的审美特性,使得人们能够在诸如"什么是艺术""什么是具有审美价值的艺术品"或"什么样的艺术作品才是优秀的"这些问题上取得共识,能够有一些基本的和公认的评判标准,比如艺术形式的完美,表现属人的美好的健康向上的感情和愿望,作品的审美丰富性和完满性程度等等,在审美评价上就有共同性。

批评活动的另一个特殊价值在于确认新的艺术,使之能被公众所理解并得到正确的评价。现代派小说刚出现时,很多人都感到困惑和不解,认为它是颓废艺术,应该给以批评。但是,布莱希特却对乔伊斯等人的小说进行了辩护,并给予了很高评价。艺术批评家罗杰·弗莱对被誉为"现代美术之父"的法国画家塞尚的艺术发现,也能说明这个问题。在中国也有不少类似情形,如对《西厢记》的评价,历代许多人都极力贬低甚至批判它,认为它是诲淫之书,在读书人中就曾流传着这样一句话:男不读《红楼》,女不读《西厢》。而李贽、金圣叹两人却给予了它极高的评价,认为是"才子书",具有很高的审美价值。

思考题

1. 审美活动的意义有哪些?试给以简要说明。
2. 试述卢卡契对审美的人道主义意义的论述。
3. 审美活动有哪些方式?
4. 为什么说"鉴赏式审美"是审美最本质的方式?

5. 审美活动过程可分为哪几个阶段？试举例加以说明。
6. 审美活动的特征是怎样的？
7. 为什么说审美批评是审美接受的高级形态？
8. 略论审美批评有哪些功能。

第六章 美 育 论

上面几章我们分别从哲学、心理学、社会学角度研究了有关美、美感、艺术和审美的理论,本章试图从审美教育学的角度来探讨怎样将人塑造成为自由的人、全面发展的人和符合美的规律要求的人的问题。我们认为,对美和美感的认识、对艺术的理解最终都要落实到对人的审美教育上来。因此,无论是就理论而言,还是从实践角度来看,审美教育都是美学研究的归宿和重要目的。

一、何谓美育

1. 美育的由来

在你的生活经验中或许会有这样一些场景:某个闷热的下午,你坐在一架藤萝花荫里听外婆讲故事,于是,甜蜜的花香和那个快乐的下午一起走进了你的心田;或者,一个冷雨敲窗的冬夜,你钻在被筒里看《简·爱》,有一种难以名状的感动,泪水突然夺眶而出;或者,你和朋友一起到美术馆看画展,无意之中在一幅画前驻足观赏,想走却怎么也挪不动脚步……这些美好的记忆经常让你感到由衷的欢喜和无限神往。可是,你是否意识到那些场景其实都是一种美育活动呢?

美育作为一种审美实践,在古代早已存在,它伴随着教育的产生而被纳入教育之中,形成了有关审美教育的思想。"美育"作为一个概念,大多认为是德国戏剧家兼诗人席勒第一个提出来的。1795年他发表了一部重要的美学著作《美育书简》,在书中首次明确、系统地阐述了有关美育的性质、特征、作用等理论,该书被公认为"一部审美教育宣言书"。此后,美育问题引起了人们的高度重视,并且获得了长足的发展。不同的时代给"美育"注入了新的内容和丰富的营养。

这里,我们简要地梳理一下古今中外美育思想发展的轨迹。

(1) 中国古代美育思想

早在三千多年前的商周时期,就有了指向心性修养的"礼乐"活动,人们就注意到了美育在培养人方面的重要性。在《周礼》中出现的"六艺",是周代培养士大夫作为基础教养必须掌握的科目。那时,贵族子弟都要学习"六艺",包括"礼、乐、射、御、书、数"六个科目,其中"礼"是仪式、行为方式,"乐"是指音乐、舞蹈,"书"指书法。可见,"礼乐"教育是中国历史上较早的美育实践活动。

礼乐教育,主要包括两个方面:"礼"是指道德伦理教育活动,"乐"是指具有审美性质的艺术教育活动。强调礼法、技艺的结合,使得这种教育有着浓厚的实用色彩,也使中国古代美育形成了一个鲜明的特点,即道德美育比较发达。这一特点对中国的教育思想产生了深远影响。在中国古代美学史上主要有以孔子为代表的儒家美育思想传统和以老子、庄子为代表的道家美育思想传统,而且有"儒道互补"之说。但儒家的影响较之要大,所以,在此主要介绍孔子的美育思想。

"诗教""乐教"的美育思想。春秋战国时期,中国学术思想异常活跃、繁荣,诸子百家站在各自的立场上,提出了自己一系列的主张。孔子根据自己的政治立场,在"仁学"的基础上充分发挥了周代的"礼乐"思想,提出了以"仁"为核心、以"礼"为内容、以"艺"为手段的美育思想体系。

孔子主张"兴于诗,立于礼,成于乐"。《诗经》在当时具有百科全书的性质,学"诗"的目的在于掌握各方面的知识。在孔子看来,知识既是审美修养的内容,又是审美教育的途径。一个人要具备美德,必须学习,因为知识是美德的组成部分,它可以引导人通过美而走向善。没有知识再好的愿望也会落空,人要有必要的理性,否则就会误入歧途。学习知识,既要有执著的精神和正确的态度,又要掌握有效的方法。只有让知识的追求伴随生命的历程,一个人才能成为内心丰富、修养高深的人。

孔子认为,礼乐活动的目的在于人格修养,在于提升人的精神境界。它能激发人投身到国家的建设和国家的治理中去,又是实现政治完美化的重要手段。这种思想,就是要把人培养成为符合"礼"的要求的人。而"诗教""乐教"就是达到这一目的的途径。"诗教"包含有情感的、道德的、认知的功能;"乐教"则是以情感的功能为主,直接导向道德的完善。因此,这种思想也是他的"仁"学在教育上的具体体现,也就是说,要从情感上和理性上把人培养为符合社会道德规范的人。《诗》可以兴,可以观,可以群,可以怨,人在这种诗教中受到熏陶成为"仁人志士",其外在表现也就符合了"礼"的要求,这就是"立于礼"。

"成于乐"包含着孔子重要的美育思想内容。孔子本人在艺术上有很高的造诣,所以深知艺术的妙用。"乐"可以说是集诗、乐、舞于一体的艺术的总称,它能对人产生潜移默化的感化作用,是培养人所不可或缺的手段。"致乐以治心"的观点,真实地道出了孔子重视"乐"的用意:艺术可以陶冶人的情性,培养人高尚的审美趣味和审美能力。当然,这些艺术也要具有鲜明的道德伦理内容和价值,像"郑声淫"就是他对那些不合格的艺术的批评。孔子认为,只有合乎道德规范的音乐才能达到教化的目的。孔子的美育思想奠定了中国古代美育的思想基础,一直是传统美育的核心和主导观念。虽然有很多人对其进行了不断的发挥和完善,但直到近代王国维、梁启超和蔡元培等人的出现,才在理论方面产生了重大的突破。

(2) 中国近代美育思想

a. "美育是情感教育"的思想。梁启超是近代著名的改良主义思想家、政治家,也是著名的文化名人、学者。他作为中国近代腐败政治和灾难深重社会的见证人,作为一个文化变革的先驱和民族思想的启蒙者,有感于国土沦丧、列强横行的现状,激奋于民族义愤,立志开启民智、宣扬维新思想,以救国新民。他长期游学国外,深受西方先进思想的影响和启发,形成了自己的美育思想。

梁启超认为,社会不能没有美,人的生活也不能离开美。美是人生中"最要者",趣味是生活的原动力,一个民族也像一个人一样,不能没有趣味,否则就将是一个麻木不仁、愚昧无知的民族。一个民族需要来自审美艺术和来自情感教育的营养,才能自强自重、精神振奋,才有前途和新的生活。他继承和发挥了前人的"宥情""尊情"思想,强调感情是神圣的,是对人最有吸引力的东西。但感情的本质又不全是好的,还存在恶的、丑的、盲目的,正因为如此,才要陶冶情感,使那些不善不美的感情得到净化,而要实现这一目的就需要进行情感教育。他说:"所以古来大宗教家、大教育家,都最注意情感的陶冶,老实说,是把情感放在第一位。情感教育的目的不外将情感善的、美的方面尽量发挥,把那恶的、丑的方面渐渐压伏淘汰下去。这种工夫做得一分,便是人类一分的进步。"①梁启超的这一观点与后面要谈到的王国维、蔡元培的类似看法互为呼应。他认识到了情感教育对人的审美培育的重要性,情感教育的目的是去恶扬善而至于美,并指出情感教育是社会生活和人的审美教育活动的主要途径。

梁启超还提出"情感教育最大的利器,就是艺术",因为"艺术是情感的表现"的观点。他在《小说与群治之关系》一文中,通过分析小说艺术的功能和特征,具体指出了艺术在审美教育活动中的作用:"一曰熏,二曰浸,三曰刺,四曰提。"艺术通过情感来打动人心,来对人产生影响,通过情感形象使欣赏者产生共鸣,这样可以在人心里产生持久的作用力,以至移人性情,陶冶感情,从而教育了人。正是认识到艺术能产生重要的社会影响,对人有巨大的感发作用,他才把艺术与社会改良运动联系起来,并得出结论:"故今日欲改良群治,必自小说界革命始,欲新民,必自小说界始。"这种说法虽然不当地夸大了艺术和审美教育的作用,但他对审美教育的强调,对我们有不小的启发。

b. 纯艺术教育的美育思想。王国维是清末民初的著名学者和美学家,也是第一个将西方近代美学思想介绍到中国并应用于文艺和美学研究的人。他深受康德、席勒、叔本华和尼采等人哲学美学思想的影响,在中国近代首次正式倡导"美育"。早在1906年,他发表了《论教育之宗旨》一文,其中明确提出了教育的真正目的就是造就"身体之能力"和"精神之能力"相统一的"完全之人物"。而为了达到这一目的,就必须实行"完全之教育"。"体育"和"心育"是这种教育的核心内容,但作为精神教育的后者,在他心目中具有重要地位,而美育则是心育的重要内容。

他受康德等人影响把人的精神分为三个部分:知力、情感和意志。此三者又有对应的三种理想即真、美、善。而他所推许的"完全之人物"就应当具备真善美,教育则是实现这种目的的手段,所以,教育又有了相应的三方面内容即智育、德育和美育。他认为,美育即情感教

---

① 梁启超:《中国韵文里所表现的情感》,见《中国美学史资料选编》下册,第417页。

育。和康德一样,王国维也强调美在形式,认为"一切之美,皆形式之美也"①。因此在他看来,人从形式的美中能感受到无限的快乐,这种快乐是一种不能掺杂其他东西的纯美的艺术享受。审美是非功利性的,人如果有私欲就不能享受到这份乐趣。审美是"意兴所至",是自娱娱人。

他还提倡"为文学而文学",认为文学艺术具有巨大的魅力,是因为人们可以从中获得安慰,能够帮助人们挣脱现实生活的束缚,人活在世界上是痛苦的和厌烦的,艺术能使人获得解脱和安静。要真正得到解脱和消遣,只能彻底忘却一切俗务和现实,这样才能进入审美的境界。人只有在审美活动中,才能逐渐培养和发展自己的审美能力。这些观点虽然有很大的片面性,但是对我们理解艺术审美活动和美育的特征和性质很有意义。

c."以美育代宗教"的美育思想。蔡元培是我国近代著名的教育家、思想家,曾执掌北京大学多年,一生身体力行提倡美育。蔡元培在美育理论方面的最大贡献是将美育纳入教育方针之中,并明确提出"以美育代宗教"的主张。他一生从教育救国的基本思想出发,改革旧学制,创办新教育,在吸取西方先进的教育思想的基础上,结合自己治学心得,提出了一系列的教育新思路和新方针。他利用自己长期执掌教育部门的条件,突出科学知识和审美教育在教育中的地位。他强调普通教育的宗旨就是培养健全的人格和发展共和之精神,而审美教育正是培养健全人格的重要途径。他在我国美育史上开创了一个新时期。

蔡元培认为,培养健全的人格要通过德育、智育、体育、美育相结合的途径才能实现。他说:"人人都有感情。而并非都有伟大而高尚的行为,这由于感情推动力的薄弱,要转弱为强,转薄为厚,有待于陶养,陶养的工具,为美的对象,陶养的作用,叫做美育。"②因此,他在对艺术和审美活动的性质、特点和功能深刻认识的基础上,提出了"以美学代宗教"的著名主张。这一主张在当时是具有明显的时代色彩、鲜明的

---

① 王国维:《古雅之在美学上之位置》,《静安先生文集续编》,北京:商务印书馆1940年版,第124页。
② 蔡元培:《美育与人生》,《蔡元培美学文选》,北京:北京大学出版社1983年版,第220页。

反封建含义的。人要成为一个人格健全的人,就必须拥有健康而丰富的情感,而艺术审美活动和美育的实施正能潜移默化地陶冶人的情感。美育是培养人格健全、全面发展的人的重要手段,能够使人更好地建设和享受生活。可是,宗教却压抑人对生活的感情,要人放弃人间的正当享受,培养对宗教的忠诚。宗教为了达到这一目的,往往采用艺术的手段。为了让人性得到充分自由的发展,就应该将艺术从宗教中解放出来,这样才能完全发挥艺术审美的作用,发挥它的陶冶人的情感的功能,也只有这样,才能使人的感情摆脱宗教的控制,从而获得健康和谐的发展。

蔡元培还提出了美育实施的具体途径和方法,如认为美育的实施有三种主要的途径:家庭美育、学校美育和社会美育,并据此规划出一系列详备而完整的方案。这些宝贵的思想为我们今天实施美育活动提供了很好的参考。

(3) 西方古、近代美育思想

a. 柏拉图的美育思想。古希腊时期,由于悲剧、史诗和雕塑等艺术比较发达,西方美育思想在该时期得到了较充分的发展。在雅典,自由民子弟在成长的过程中要接受各种不同层次的教育,教育又分为体育和缪斯教育。其中缪斯教育就有很多的美育内容。缪斯是希腊神话中掌管诗歌、美术、音乐、戏剧的女神。在雅典的体育教育中,也融入了很多美育的成分,如重视身体的健与美,动作的优美,从遗留下来的一些雕塑也可以看出上述这种审美取向。古希腊在艺术上的卓越成就,恐怕也多少要归功于这种审美教育。古希腊的美育思想对西方美学思想的发展有巨大影响。这里主要介绍这一时期思想家、哲学家柏拉图的美育思想。

柏拉图出身于雅典的一个贵族家庭。他年轻时受过很好的系统教育,师从著名哲学家苏格拉底。他的美育思想主要体现在《理想国》中。他主张对身体进行体育教育,对精神和灵魂进行音乐教育。他是文艺为政治服务的首倡者,他从不讳言自己的美育思想是为贵族服务的。

他认为,艺术教育是"培养城邦保卫者的不可或缺的手段"。雅典城邦理想的公民应该保持"心灵的优美和身体的优美的和谐一致",而要达到这种理想非美育不行。

他认为,"理式"世界中才有最高的美,美感教育的最高目的就是达到这种最高的美。人生的最终目的在于实现最高理想的善,因此,学校教育应该以体育和文艺为核心内容。他特别看重音乐的作用,认为"音乐教育比起其他的教育来是一种更为强有力的工具,因为节奏和声音有一种渗入人的灵魂深处的特殊方法,在音乐中人们的注意力已被强烈地吸引住了,它给人以强烈的魅力……而受到过那种真正音乐教育的人,就可以锐利地去分辨出艺术和自然中的疏忽和缺陷,并能以一种真正的鉴别力去赞美或喜欢那些善的东西,吸收到自己的灵魂中去,从而使自己更善更高尚"①。这里可以发现,柏拉图十分重视美育,他反对那种在他看来是对人的道德养成有害的艺术。柏拉图把诗人从理想国中驱逐出去,也是认为诗的力量会蛊惑人,扰乱人的心志,不利于人的知性发展和道德完善。从这里也可以看出,他认识到了艺术的感染力和能对人的情感产生深刻的影响。在美育中,他还特别强调好的艺术作品和美的自然对人的心灵的滋润和熏陶。艺术美和自然美同样都可以培养人们热爱美和"融美于心灵"的好习惯。

柏拉图的这些思想是西方美育思想的一个重要传统,如他的弟子亚里士多德就深受其影响,提出了音乐具有教育、净化和精神享受等方面的功能。柏拉图以后,除了亚里士多德之外,文艺复兴时期,美从天上拉回到了人间,美育也获得了巨大的发展动力,并在艺术美和自然美对人的人格境界的提升、人性的自由伸展等论述方面有较大进展。到了卢梭、狄德罗,更强调文学艺术的启蒙作用及其审美教育的作用。卢梭强调人只有回到自然中去,通过自然美对人重塑,人已丧失了的天性和曾拥有的美好情怀才能得以复归。狄德罗则认识到文艺能以特有的艺术形象,采用迂回曲折的方式来熏陶人,所以艺术教育能更准确更有力地抵达人的内心深处,触及人的灵魂。

b. 席勒的美育思想。18 世纪末,受法国大革命的影响,德国掀起了一场"狂飙突进"的文艺革新运动,歌德和席勒是其中的主要代表人物。他们提倡个性的解放,重视人的全面发展,并以古希腊文化为圭臬,形成了一次新的人文主义运动高潮。

席勒不仅创造了"美育"一词,而且有着深刻的美学思想。席勒受

---

① 〔古希腊〕柏拉图:《理想国》,吴献书译,北京:商务印书馆1959年版,第401—402页。

欧洲启蒙运动的影响很深,其美育思想由于与政治主张密切相联,故有很强的现实针对性。这在他那部由二十七封致丹麦国王的美育信函构成的《美育书简》中是清晰可见的。他在前十封信特别是在第五封信中深刻认识到,在他所处的那个时代里社会对人性的压抑、人性分裂的痛苦和尖锐的现实矛盾。他说:"国家与教会、法律与习俗都分裂开来,享受与劳动脱节、手段与目的脱节、努力与报酬脱节。永远束缚在整体中一片孤零零的断片上,人也就把自己变成了一个断片了……人就无法发展他生存的和谐,他不是把人性印刻到他的自然(本性)中去,而是把自己仅仅变成他的职务和科学知识的一种标志。"①席勒反对用暴力来解决这种现状,极力主张通过更高雅的审美教育方式来愈合人性的创伤,来抚平分裂的人性。而且,他认为审美教育是人通向全面自由发展之途的桥梁。

在这部著作中,席勒用了很大的篇幅来阐述美和艺术如何能够使人性恢复到正常的自然状态。他对康德的美学思想加以自己的改造和发挥,并在此基础上建立了自己的美育思想体系。他认为,人性之所以出现分裂,是因为受制于两种冲动,一是感性冲动,一是理性冲动。如果这两种冲动能协调结合,就形成了游戏冲动,使其成为感性和理性相统一的审美活动。席勒强调:"只有人在充分意义上是人的时候,他才游戏;只有当人游戏的时候,他才是完整的人。"②只有在审美活动中,人才不受单纯的感性和片面的理性的制约,才处于一种游戏的状态和审美观照中,感性与理性得到重新的统一,人性的分裂才在这种游戏中被克服,人就能进入一种自由的境界。

席勒继承了古希腊和康德的美育思想传统,给以美育与德育、智育、体育同样重要的地位。他强调美育的宗旨在于"培养我们感性的精神力量的整体尽可能和谐"。他试图通过倡导美育而建造他心目中那个"审美王国",从而得到政治自由;他想通过美育来促进异化的扬弃,来拯救社会。席勒这些美育思想上承康德,下启马克思,在美育史上具有重要影响。在席勒之后,西方近现代还有很多美学家、教育家对美育的发展做出了贡献。如19世纪德国教育家福洛倍尔,英国艺术教

---

① 〔德〕席勒:《美育书简》,徐恒醇译,北京:中国文联出版公司1984年版,第51页。
② 同上书,第20页。

育家罗斯金、莫里斯,20世纪的德国美学家K.朗格,美国哲学家杜威、美学家托马斯·门罗等。

2. 何谓美育

对此问题,人们的见解不一,归纳起来大致有四种代表观点:一是认为美育就是完人教育;二是以为美育就是关于美的价值的教育和艺术教育;三是认为美育就是美学理论的教育;四是认为美育即美感教育。

第一种美育观,显然是源于近现代以来的人性论。这种美育观的代表是法国的卢梭和德国的席勒。他们认为人的自然本性(天性)是完美的,但是人所处的社会是一个大染缸,于其中人会受到那些邪恶、丑陋、肮脏和嫉恨等不良社会现象的负面影响,再加上工业化的过程中的社会分工对完整人性的切割分拆,导致了人性的扭曲和畸形。为了避免这种后果和恢复人性的完美就需要依赖美育。卢梭大举倡导"回归自然,返回自然"的思想。他在《爱弥儿》中就寄寓了一种理想:在美丽的大自然的怀抱里,爱弥儿身上那种丧失已久的天性得以复归。在卢梭看来,对人进行自然美的教育是人类达致人性完美的重要手段。其后,席勒在批判地继承了康德美学思想的基础上,强调可以通过游戏活动(也就是审美活动)将人性中已经处于分裂的感性与理性重新协调统一起来,使人一方面克服感性欲求的内在强制、保留感性的实在性和形象性,另一方面又克服理性规定的外在强制而保留理性的自由创造性,从而使人成为精神得到充分解放和审美的人,具有完美人格的人。

第二种艺术教育即美育,至今还是一种很有影响力的美育观念,获得不少人的赞同。这种观点认为,艺术是美的集中表现,审美教育就是或主要是进行艺术教育。古今中外遗留下来了数不胜数的艺术珍宝和艺术作品,人们可以从中得到无穷的审美愉悦和乐趣,通过艺术作品来对人进行审美教育具有很强的现实针对性和可操作性。因此,他们主张审美教育就是开设诸如绘画、音乐、文学、舞蹈等艺术课程,以此来对人进行关于美的价值和艺术的教育。西安的兵马俑,苏州的园林,李白的诗和莫扎特的奏鸣曲,它们虽不是面包,却能让人心胸开阔、灵魂充实。它们刺激、调动我们的各种感官,让我们的想象力自由驰骋,从中可以获取许多的乐趣和欢娱。人们在艺术作品中不只是发现表达思想感情的激动瞬间,有时还能发现艺术中存在着感情的细微差别和思想的微妙之处。所以,在许多情况下,艺术也能澄清、强化和解释生活,艺术不仅仅给人带来美的宁静,也能表达火一般的热情和崇高的精神。艺术可以"动天地、泣鬼神",能使人得到教益。艺术之所以有如此巨大的魅力,是因为它本身具有能让人立即感受到美,是因为它能实现感官和想象方面的满足。

第三种美育观(美育即美学理论的教育)认为,美育就是美的基本知识、美的理论的教育。因为美育是美学的一个组成部分,要进行审美教育就离不开美学理论的指导,就必须了解有关美的一些基础知识和理论。这种观点看到了美学理论教学中包含了审美教育的内容,但是它忽视了审美教育的实践性和现实性,用理智取代了情感,这就对审美教育固有特性的认识产生了偏差。

第四种美育观(美育是情感教育)认为,在美学史上,很多重要美学家、思想家都强调了情感教育在审美教育中的中心地位,重视审美教育可以陶冶人的感性、情感,可以净化人的灵魂,强调审美教育的社会功能和对人生的提升作用。蔡元培指出:"美育者,应用美学之理论于教育,以陶冶感情为目的者也。"[①]朱光潜也认为:"美感教育是一种情感教育","美感教育的功用在怡情养性,所以是德育的基础工夫"。[②]

我们认为,美育即审美教育,又称美感教育或情感教育。它是借助于自然美、社会美和艺术美的手段,以培养人的正确审美观和高尚的道德情操,提高人的审美能力,使人得到自由全面的发展为目标的一种特殊的教育活动。美育的宗旨是培养全面发展的自由人。美育的这种本质决定了它在方式上的特点是形象直观、自由愉悦和潜移默化的。

二、美育的任务和功能

1. 美育的任务

美育的任务就是培养人的审美能力,并从而丰富人的审美情趣,发

[①] 蔡元培:《美育》,见沈善洪主编《蔡元培美学选集》(上卷),杭州:浙江教育出版社1993年版,第305页。

[②] 朱光潜:《谈美感教育》,见《朱光潜美学文集》第2卷,上海:上海文艺出版社1982年版,第505—506页。

展人的审美理想和美的创造力,使人最终能自觉乃至自然地按照美的规律来改造客观世界和重新塑造主观世界,使每个人都以努力成为全面发展的自由的人为目标。综而言之,美育的任务包括三个方面,即审美感受力的培养,审美鉴赏力的培养,审美创造力的培养。

(1) 审美感受力的培养

美育的基本任务是培养和提升人的审美能力。审美能力是以审美情趣为核心的对审美对象形式整体的一种直观感悟能力。它是多种心理功能如感知、想象、情感和理解等协调活动的结果,也是人类长期社会实践的产物。如果一个人不具备一定的审美修养,就难有健康而深广的审美情趣,就难以得到美的享受,也品味不到审美的愉悦。

从"美感"一章中我们已经知道,审美实践活动是以审美感受为基础的,而且后者贯串于整个审美活动过程。所以,审美感受力的培养,主要是对审美感知能力的培养。审美感知是对审美对象具体性特征的反映,它通常要涉及审美主体的情感判断。其中视觉和听觉是两种最重要的审美感官,触觉、味觉和嗅觉又总是围绕着视觉、听觉参与到审美活动中来。在很大程度上,这种感知力就是指感受音乐的耳朵,欣赏色彩和线条的眼睛,以及通过语言媒介重构、再造形象的诸感官协调活动的能力。因此,人只有在不断接触艺术作品的过程中,经过不断学习和努力,才能培养和训练能够有音乐感的耳朵、能够欣赏形式美的眼睛,从而提高审美感知能力。

由于艺术是集中体现美的领域,因之它在培养人们的审美情趣和提高人们的审美感知能力方面有着不可替代的作用。有意识的开阔自己的艺术视野,遍品多尝优秀的艺术作品,对提高艺术素养极为重要。例如在艺术欣赏中,我们会注意到绘画的线条和色彩,注意到乐器和歌唱家发出的各种美妙声响,这些都能带给我们无穷的欢欣和喜悦。线条和色彩是画家的特殊材料,节奏和音调的变化是音乐家的特殊材料,但在实际生活中,这些色彩、线条和声音可能是不起眼的。我们的视觉和听觉只有在欣赏艺术品的审美活动中才重新敏锐和充满活力起来。总之,艺术可以给我们以感官的享受。

无疑,我们从艺术作品中所得到的东西,能使生活更加丰富多彩、更有生气。如果一个人的感官对任何东西都失去了反应,那他就无异于一具行尸走肉。"也许从感官敏锐、充满活力的人身上比那些对世界呈现的五光十色从精神到肉体都麻木不仁的人身上,更能实现精神的飞跃。"①看来这句话不单单是愤激之辞。

艺术首先要净化人的感官。这一观点可以上溯到亚里士多德,他认为悲剧对人有净化作用。精神分析在该方面也有很多论述。我们观看一出戏剧,欣赏一支圆舞曲,阅读一部小说,往往能使我们的感情和思想得到暂时的发泄和伸张,从而净化了感官和情感,我们的感知力也在这个过程中得到了很好的培养和训练。另外,艺术不仅仅能锻炼人的感知力,而且能使人具有丰富的想象力和巨大的道德力量,因为艺术打动人心的是形象而不是说理。要想教会人们去做那些枯燥无味的理论永远无法说服他们去承担或忍耐的事情,就要靠文学所提供的形象去打动他,指导他如何行动,就要靠艺术的声音去充当道德的使者。

美术、音乐、舞蹈、文学使我们沐浴在感知的阳光下,既直接又沁人心脾。正是在这一点上,作为以艺术为核心内容和施教手段的美育,在培养人的审美感受力方面大有可为。

高尔基说过:"人都是艺术家。他无论到什么地方,总是希望把'美'带到他的生活中去。"②艺术家对大自然和社会生活中的美,应当具有敏锐的感受能力和细微的观察能力,能够随时随地从日常平凡的生活中去捕捉美和发掘美。审美感知力带有一定的先天性,这可以用来解释为什么有的人能够在别人熟视无睹的事物上发现美。如一架枯藤,一池春水,山村里袅袅升起的炊烟,西山的落日等,有的人以为美,有的人认为平常。罗丹说过:"美是到处都有的,对于我们的眼睛不是缺少美,而是缺少美的发现。"人们感觉到一件艺术品是否优美、雅致、鲜艳夺目,是否平衡、对称、动人,都需要审美感受的能力。

但是,审美感知力主要还是后天形成的一种能力,审美教育可以培养、磨砺和增进审美感知力。审美教育就是要培养人们对艺术的感知习惯,培养人们对艺术的敏感性和对艺术的热爱,使人们成为艺术世界的反思感知者和旅游穿行者。这些感知习惯让人们更能体会到艺术的魅力,更热爱生活。

---

① 〔美〕欧文·埃德曼:《艺术与人》,北京:中国工人出版社1988年版,第26页。
② 〔苏〕高尔基:《论文学》,北京:人民文学出版社1983年版,第59页。

审美感知能力的培养可以从四个方面来着手:感知审美特性;提高感知的敏锐性,培养一种积极主动的发现感觉,一种看到和触及新事物的感觉;培养艺术历史感;培养对审美对象的统摄力。

如果我们发展了对艺术做出反应的能力,那就可以使自己作为人所具有的潜能更充分发挥出来。①

(2) 审美鉴赏力的培养

茅盾对"什么是审美欣赏"做过这样的描述,他说:"我们都有过这样的经验:看到某些自然物或人造的艺术品,我们往往要发生一种情绪上的激动,也许是愉快兴奋,也许是悲哀激昂,不管是前者,还是后者,总之我们的心是被打动了。这样的感情上的激动(对艺术品或自然物)叫做欣赏,也就是,我们对看到的事物起了美感。"②

一切艺术的最根本和最大限度的魅力是激发人的美感,可以说我们被事物亲切的、充满感情的感性形式所深深吸引。但是,一个人在贝多芬的《第九交响曲》中聆听到的显然不仅仅是声音的铺排,而是一个伟人对他所生活的这个世界中的各种美好感情的礼赞。在齐白石的画中,人们所看见的绝不仅仅是画幅上的虾,它是画家深情的语言。话剧《雷雨》阐明并深化了我们所熟悉的情形下出现的那些激动人心的事件。有时候我们会有这样一种体验:是文学和艺术而不是生活本身促使我们懂得了我们自身拥有的那种朴素感情。在艺术作品中,艺术家运用明确的深思熟虑的形式,使人类的感情获得更丰富、更细致、更深刻的表达。因而,这些感情能延续下去,也能发展,并在艺术作品中被固定了下来。我们从古希腊戏剧家索福克勒斯的悲剧《俄狄浦斯王》中看到了一种人类的感情:盲目的骄傲;我们从莎士比亚的剧作《奥赛罗》中发现了一种致命的爱的占有欲。这些审美实践活动就是审美鉴赏。

人们进行审美鉴赏活动之前,必须首先感知到审美对象的一些审美属性。例如,看到马蹄莲的素雅、玫瑰花的艳丽,听见《二泉映月》的悲怨、凄美和哀伤,感觉小说《黑骏马》里忧伤和奔突的力量。人们可

---

① 〔英〕谢泼德:《美学——艺术哲学引论》,艾彦译,沈阳:辽宁教育出版社1998年版,第230页。
② 茅盾:《鼓吹集》,北京:作家出版社1959年版,第5页。

能一下子就被这些审美对象的这些性质吸引住了,也可能要经过反复的观察、倾听或阅读才能发现它们。审美特性是在经验中发挥作用的对象,即作为现象的对象的产物。这些特性从以知觉对象为中心的感情中,或者是通过这种感情获得自己的价值内涵。没有感情,即无评价。评价要求人们决定对一客体表示赞成或反对态度,或两者兼而有之。① 艺术作品能使人们"悦目",也能使人们"赏心";既使人们感情受到感染,又引领人们进行理性思考。

  我国著名京剧表演艺术家梅兰芳强调广泛涉猎艺术品对提高人们审美鉴赏能力的重要性,他说"要善于辨别精粗美恶,就必须努力开展自己的眼界。除了多看多学多谈,还可以在戏曲范围之外,去接触各种艺术品和大自然的美景,来多方面培养自己的艺术水平,才不至因孤陋寡闻而不辨精、粗、美、恶,……"②

  柏拉图在《理想国》中也写道:"我们不是应该寻找一些有本领的艺术家,把自然的优美方面描绘出来,使我们的青年们像住在风和日暖的地带一样,四围一切都对健康有益,天天耳濡目染于优美的作品,像从一种清幽境界呼吸一阵清风,来呼吸它们的好影响,使他们不知不觉地从小就培养起对于美的爱好,并且培养起融美于心灵的习惯吗?"③

  不仅那些正面描写自然美和社会美的艺术作品能够激发人们对生活的热爱和对美的追求,就是那些揭露和鞭挞生活中假丑恶的现象的作品,由于艺术家对那些不良社会现象进行了否定和抨击,因而同样能够引起人们对美的事物和美的理想的追求。前者可以视为表现对象的美,后者可以称作表现目的的美。这两种情形都包含着作家艺术家的审美判断和审美理想,从而使人们在欣赏艺术作品时,心灵受到震动,感情得到陶冶,并产生审美愉悦。在审美鉴赏过程中,可明显看出美感或审美洞察力在起作用。

  审美的直接成果主要表现为个人对美的事物的鉴赏能力,如品鉴某个艺术作品,欣赏某种美的意境,表达某种艺术见解和美学观点等;

---

① 〔美〕李普曼:《当代美学》,邓鹏译,北京:光明日报出版社1986年版,第516页。
② 《梅兰芳文集》,北京:中国戏剧出版社1962年版,第47页。
③ 〔古希腊〕柏拉图:《柏拉图文艺对话集》,朱光潜译,北京:人民文学出版社1963年版,第62页。

而间接成果则主要体现为个人的行为模式、修养和道德品质,它贯穿于人的自我发展的全过程,它不是通过一两次的审美活动就能奏效的,而是一个长期的自我培养和塑造的过程。

(3) 审美创造力的培养

审美感受能力和审美鉴赏能力的培养和发展,都要靠亲身参与审美活动,以获取丰富深刻的审美经验。当我们以某种"游戏"的心态进行审美实践时,就为自己创造了一个可供审美观照的自由的形象。在这种创造活动中所获取的审美体验,不但能成为推动我们去进一步创造的力量,而且会显著提高我们的审美能力。审美创造力是一种对美的自我表现,是个体的人创造美的能力。

培养人的审美能力是美育活动的一个重要任务,因为它直接涉及按照美的规律去设计和创造新生活的实现程度。上面我们已经谈过,审美感受力和审美鉴赏力的培养和提高,已经包含有审美创造力的因子。因为后者最核心的因素是想象力和表现美的技能或美的造形能力,而想象力在审美感受、鉴赏活动中也是不可或缺的因素。同时,在感受和鉴赏活动中,也有对审美对象(主要是艺术作品)的表现技巧的了解,这无疑能促进审美创造力的形成。但是,审美创造力的培养主要不是在静观观照中得到实现的,而是在审美操作中得到锻炼和提高的。也就是说,我们在唱歌时,在弹奏吉他时,在唱越剧时和野外写生等审美操练中,我们的审美创造力才能得到培养和激活。

任何实践活动都是有意识、有目的的活动,而想象力正是其中最重要的因素,它在审美实践中表现得尤为突出。想象必须通过实践的中介才能转化为物态化的成果,才能成为一个可供观赏的对象性存在。而要使想象的东西或创意构思在实践中变成物态化的欣赏对象,就必须具备表现美的技能,这种技能是指恰如其分地表现情感和塑造形象的能力。艺术技巧是决定艺术审美价值高下的一个重要因素。大凡表现出高度艺术技巧的作品,可能就具有较高的审美价值。艺术史上那些不朽杰作,虽然它的内容表现为一种"无法之法"的形式,但归根结底,仍然是在基本技巧基础上的某种创造性的产物。比如康斯泰勃尔的画《干草车》,当这幅画于1824年在巴黎沙龙展出时,引起极大的轰动,给人们带来了全新的审美感受。画中风景的不规则性、独特性、变异性和视觉的现实性,使人神魂颠倒,它将现实中可见的悸动着的景物展现在人们眼前。但画家还是运用了光、影和透视关系来表现景色的丰富层次,只是他不拘泥于这些基本技巧而大胆创新,使画作给人一种"带有露水的新鲜感"。如果没有基本的艺术技能的训练,就不可能培养和发展审美创造力,也只有在艺术技能的训练和审美操作中,才能更好地促进想象力的发展。

可见,美育能使人得到投身于实际的艺术和审美创造活动中的机会,对于培养人的审美想象力和实际操作技巧,并以此来提高他的审美创造力,具有特别重要的意义和价值。

2. 美育的功能

美育使人的审美情感、需求、态度和鉴赏力得到发展,也培养了个体的道德理想与审美理想。在审美教育活动中,随着深度、广度和强度的加大,人对美的直觉感受与理解就会变成对艺术与生活中的美好事物的自觉态度,会成为发展自身创造才能的推动力量。人在审美活动中有了自己的审美体验,形成新的情感、新的人际关系,能最大限度地发展人的精神道德力量和创造力量。

通过美育所培养和提高了的审美能力,可以在与德育、智育、体育的结合中使人成为全面自由发展的人,而且还会渗透到他的情感道德认识和造形活动中,促使他在德智体等方面的进步。总之,美育的功能是多方面的,概括起来,主要表现在下列几个方面,即陶冶情性,开启智力,以美储善,以美塑形。

(1) 陶冶情性

陶冶情感、塑造心灵是美育的基本功能。无论我们说人是"万物之灵","社会的、理性的动物",还是"文化的动物""经济的动物",如此等等,都不能否认人首先是作为一种有血有肉的生命。那么,人作为一种感性存在,追求感性快乐是其本性;人作为有理性的社会化的动物,同时又要追求精神的自由。如果只追求纯粹的感官享乐只会使人动物化,而仅仅满足于纯粹的理性追求也会使人的感性萎缩。

人的审美情感应该是多种心理功能的产物,它既是个体的、感性的、具欲望目的的,又是社会的、理性的、非个体欲望目的的。因此,当审美对象形式唤起人的审美情感时,便把他的感性冲动、情感欲求和意象激活了,并被纳入审美形式之中,通过接受理性的规范、引导、净化,从而得到控制和调节,使人向审美境界迈进。

审美欣赏是能够使人超脱的,尽管它并不是人们通常所说的那种对生活的逃避。欣赏美的事物能让人感到安静、愉快,能洗净人身上的世俗气而获得精神的升华。当你在聆听莎拉·布莱曼的《月光女神》时,你的这种欣赏活动就是摆脱日常生活习惯的一种放松,因为至少那段时光,你的聆听只是为了自己,而不是为了他人的许诺和预言。正如有的艺术家所说,只要你能够体味自身的审美经验,就能使生活充满玫瑰花香和欢乐。通过大理石雕像的永恒的完美,通过精妙的光和线的构图,你就可以进入一个神奇幽美的精神世界。对欣赏者而言,艺术的功能就是使人享受到美的宁静、激动和愉悦。

在这种审美活动中,人通过审美形式、形象的感受,使他的包括审美趣味、审美鉴赏力和审美创造力等内容的审美能力得到了锻炼、发展;通过对审美形式意味的领悟,心灵得到荡涤和净化,从而培养出一种审美的人生态度。由此看来,美育是一种身心陶冶,是人的品味和人格的养成教育,从中人的一生都将受益无穷。美育的功用相当程度上就在于它能把人的感性和理性协调统一起来。它对人的身心陶冶具体表现在两个方面:一方面侧重于把感性的人塑造成理性的人,主要是消除在人的情感中那些粗糙的低级的成分,使之闪烁着理性的光辉。正如黑格尔和席勒所认为的那样,美育的目的就是要把人的欲望、感觉情绪冲动养成本身就是理性的。也就是说,美育通过对审美媒介、形式的感受和鉴赏,使人情感中的功利、个人欲望得到理性的照拂和净化,从而转变为渗透着理性和社会性的审美情感。另一方面侧重于将单向度的人、机械枯燥的人塑造成完整的和充满生活情趣的人,让人能享受到人之为人的乐趣和快意。

美育能让人在得到审美享受和愉悦中受到教育,能让人从现实生活中的痛苦中摆脱出来,也能使人摆脱由于健康、经济和爱情所带来的压力和紧张,也能够为改善那种不利的现实处境创造精神条件。

随着社会的进步,生产自动化的程度日益提高,人们的空闲时间越来越多,如何享受这些时光,对一个人的情感状态和人的精神健康极为重要。一个人在紧张劳动之后,参加一些美育活动,可以大大有益于身心健康,从而使人们可以更好地投入工作,而且可以提高生存质量和延长人的寿命。

再说,美育是一种对人有启发性的活动,它使得人的审美经验和审美能力不断丰富,帮助人用新的知识和审美经验来丰富和装点自己的生活。人们可以根据自己的审美趣味来穿衣打扮,布置工作室,美化家居。比如生活中的插花、烹饪、健身、听戏、吹拉弹唱,都可以使人体会和运用审美经验所带来的好处。美育让人怡情快意,使人的生活丰富多彩、多姿多态。

(2) 开启智力

美育引导人走向对审美对象形式及其意味的整体把握和领悟,培养人的感受力、想象力、理解力。美育发展人的审美能力,开启由抽象思维走向创造发明的路径。美是积淀着理性的感性形式,它的特点是以情动人、潜移默化地渗入到人的思维与个性活动中。因此,人在审美活动中能增强他探索真理的热情,激活科学研究中所需的创造性想象,又能启迪人的智慧,拓展思维空间,引导科学家把对自然规律的探索体现在最合乎目的性的形式中——这就是以美启真。美育能于无形之中提高人们的认识能力,开发思维本领,培养追求真理的热情、想象和信念。

首先,艺术与审美教育对科学研究的启发作用,就在于它可以培养人们在纷纭复杂的现象中把握和领悟隐藏在其中的内在规律性和对人生的无穷意味。艺术能够反映和掌握科学所难以触及的那些方面的生活,它对事物具体而丰富的感受远远超过科学概括的界限。因此,艺术能以自己独特的方式把握这整个丰富多彩的感性世界。艺术向人们表现世界的审美多样性,由于其具体感性的特性,艺术思维能够在已知的事物中发现新的东西。它善于发现世界上神妙莫测的过程,以及在日常的、熟悉的现象中发现不平凡的东西。艺术家把原生的美还给事物。艺术美使人的感觉更加灵敏,教人学会按照人的需要去认识世界。作为以艺术为主要核心内容和重要手段的美育,它无疑可以开启人的观察世界的新角度和新方式,可以开发人的智慧和潜力。

其次,科学研究需要热情和想象,而美育有助于培养人的丰富的想象力。科学研究本身虽然不宜包含任何主观的因素,但在研究过程中,却又需有情感的外在推动。一个毫无热情、缺乏想象力的人,很难能够在科学研究上取得重大成就。科学研究的热情固然主要来自人对真理的追求,但同时往往也有精妙深沉的审美情感的参与。美育培养和激发人们对真理的追求,主要是通过情感的作用与影响。审美具有感性直观性,它能体现生活的本质和理想,生动美妙的艺术形象中所寄寓的情感能打动人的心灵,使人更热爱真理,珍惜生命的价值并追求人生的意义。所以,一个真正懂得美的人,一个真正懂得人生、珍惜生命的人,才会通过不断的学习和对知识的求索,来充实和丰富自己的人生,从而实现自己的人生价值和理想。

高尔基指出:"艺术家也同科学家一样,必须具有想象力和推测——'洞察力'。想象和推测可以补充事实的链条中不足的和还没有发现的环节,使科学家得以创造出能或多或少地正确而又成功地引导理性的探索的各种'假说'的理论……"[1]审美实践活动,对培养人的想象力有重要的作用。美的事物本身含有一种感染力和诱发力,可以激发起人的想象,锻炼其想象力。而想象力在科学研究中非常重要,爱因斯坦说得好:想象力比知识更重要,因为知识是有限的。想象力是科学研究中的实在因素。审美活动就可以使人进入想象世界之中,遨游其间能使人的想象活跃起来,从而调动表象储存,使其重新组合,构成现实中所没有的新的意象,以此培养人的想象力。确实,想象力能够激发和引导科学家在科学上做出新的探索。例如,威尔逊"云室"是研究宇宙射线的关键仪器设施,它的发明就是由于科学家威尔逊在一个山顶上,受眼前变化无穷的美丽的云雾触发的结果。

一个人也正是由于对生活充满着热情和想象,才会有坚韧的毅力与巧妙灵动的思维力。因为情感常常使每一件在它影响之下产生的事物具有特别的、浓厚的兴趣,它甚至使事物具有特别的魅力、特别的美。法国哲学家拉美特利说过:"越是接近真理,便愈加发现真理的迷人。"而如果人没有对真理的热情和献身精神,就永远体会不到真理的迷人。美之所以能激发人的情感和想象,促使人热爱知识、追求真理,就在于美是与真、善的统一,体现着事物发展的趋向与人的理想。

再次,审美情感的非功利性快感特征,还能使人具有为追求真理而舍小我、存大我的高尚心灵。很多科学家为了坚持自己的理想,为了追求真善美而宁愿终身贫困,默默无闻地奉献,不为功名利禄所动心。居里夫人把花费自己大半生精力才提炼出来的新物质——镭,全部无偿

---

[1] 〔苏〕高尔基:《论文学》,满涛、冰夷等译,北京:人民文学出版社1983年版,第158—159页。

献给了社会。爱因斯坦也说过,把人们引向艺术和科学的最强烈动机之一,是要逃避日常生活中令人厌恶的粗俗和使人绝望的沉闷,是要摆脱人们自己反复无常的欲望的桎梏。科学家们这种为探求真理而不计报酬、抛弃利害的高风亮节,在很大程度上是与艺术和审美教育的熏陶密切相关。

最后,美育可以为进入知识经济时代的社会培养新式的人才。知识经济的特点就是创新,需要人们具有开拓精神和足够的智慧。智慧是知识、教养、经验与情感的有机结合,如何将知识内化和转化为直接推动社会发展的力量,这应该成为新的时代人们具备的一种基本素质。席勒赋予审美教育以"情感教育"的内涵,而情感教育在当今知识经济时代里,有了新的发展契机和更为广阔的发展空间。美国行为与脑科学专家丹尼尔·戈尔曼在1995年出版的《情感智商》一书中,提出了"情商"概念和相应的艺术教育理论,凸显了情感教育在当今社会的地位和作用,其研究对于传统的以智商作为评价手段的教育理论与模式有重要的突破和创新。戈尔曼基于当今美国青少年所出现的情感问题急剧增多的社会现象,提出了他的一种解决方案,认为人们只有积极致力于培养自身和下一代的情感智商与社会能力,只有坚持不懈地对孩子们进行情感教育,才会有助于培养出健康的下一代,改善目前的局面。另外,戈尔曼还针对日益加快的全球化趋势和知识经济时代的劳动特点,认为情商和情感教育将在未来的社会里发挥举足轻重的作用。他说:"由于知识性的服务和智力资本对企业来讲更重要了,改进人们在一起工作的方针将对企业的智力资本产生重要影响,对生死攸关的企业竞争力来讲也是极为重要的。"①可见,戈尔曼的"情商"和情感教育理论的提出是为了适应当今经济社会发展新趋势的需要,一方面是从消极的方面干预和防范精神危机的蔓延发展,另一方面又是以一种积极的态度来适应以信息技术为特点的知识经济发展的要求,试图借此进一步发挥智力资本的作用,提高生产力和劳动效益。"情商"到底是指什么呢?在戈尔曼看来,"情商"首先是一种情感力量。这种情感是一种受到理性制约的情感,是用来平衡理性和感性的手段。他为了说明"情商"的特点,引用了心理学家萨洛维对"情商"的概括:

---

① 〔美〕丹尼尔·戈尔曼:《情感智商》,上海:上海科学出版社1997年版,第179页。

了解自我(情商的核心);管理自我;自我激励;识别他人情绪;处理人际关系。

戈尔曼的"情商"和情感教育理论,同审美教育的内涵有很大的差异。但是,它们同属于素质教育的组成部分,况且,戈尔曼强调情感教育应该成为学校教育的主题之一,而美育中也有培养人们合群、互相协作的精神的内容,两者有一定的共同性。因而,审美教育的实施可以从这个理论中得到借鉴和启迪。

美感是感性与理性、逻辑与直觉的桥梁,审美能唤起人对事物的敏感,使他养成热爱生活、追求真理的高尚情操,养成对世界有主见的评价能力,使他敢于怀疑,勇于创新,这种心理品质将必然有助于智力的发展,推动人成为具有开拓性和创新精神的新型人才。美育就是通过完善人的心理结构来促进智力的全面开发和发展的。可以预见,美育将在培养新式人才中发挥更大的作用。

(3)以美储善

前面我们讲过,以艺术品为代表的美的事物具有强烈的情感力量。它能陶冶、净化人的性灵,那是因为它有形象的生动性,因为它有"随风潜入夜,润物细无声"的艺术效果和教化特征。艺术在道德方面的教化作用显然是存在的。因为任何一种艺术门类,都必然会对人的行为和性格特征进行某种道德评价。艺术作品也许不会直接把那些人表现成善人或恶人,但是他们在艺术中却可以展示诸如仁慈、忠诚、高尚或自私卑鄙、欺诈等品质。艺术作品可以传达与人们在其中生活的这个现实世界相关的某种观点。比如我们从雨果的《巴黎圣母院》中的几个人物身上,就可以看到什么是美,什么是丑。丑的形象有可能具有一颗美丽的心灵,美貌下面也说不定就掩藏着卑鄙的灵魂。

一些具有强烈的道德伦理倾向的艺术作品那就更不用说了,它们能够产生巨大的情感冲击力,渗入人的伦理心理深层,使人充满道德的力量和为正义事业而献身的激情。达·芬奇的《最后的晚餐》充溢着对人性的警示;奥斯特洛夫斯基的《钢铁是怎样炼成的》,曾经哺育了整整一代人;聂耳的《义勇军进行曲》,至今仍然鼓舞着我们奋勇前行;雪莱的《西风颂》、郭沫若的《炉中煤》等,都能让人们获得一种巨大的道德力量和领略到一种崇高的精神境界。

审美能增进个人的自我认识和自我省察,在于它是个人融入人类生活的最高形式,是使个人社会化的最高形式。① 正是在这个意义上,我们说"美学是未来的伦理学"(高尔基语)。

美育在潜移默化之中使人的良知良能得到积累和增储,并进而凝聚、积淀为一种自由的道德心理结构和模式,让人变得更加纯真和善良。

人类要进步,社会要发展,就必须实行变革。社会变革不仅仅是经济结构和政治结构的重新调整和改造,同时也伴随着道德和文化价值观念的更新。艺术在这些方面能够发挥自己特殊的作用。如陀思妥耶夫斯基的"美将拯救世界",托尔斯泰的"实现个人道德上的完善",鲁迅的"改造国民性"等,都无一例外试图施以文学艺术的手段来达到改造思想更新文化的目的。美育不仅可以使人适应社会的发展而培养新型的道德观念,而且还能按照美的规律来塑造自身。

美育能发展人的精神道德力量,主要是通过"寓教于乐"的手段。它并不规定、强制人们采用哪种方式来待人接物,而是通过提供一种审美理想和美的典型来感召人们应该如何行事。美育是美感、情感教育,正是在这里显得尤其有感染力和说服力。美感作为自由感受,同时又具有自由意志的成分。人们在自由感受的审美情景中,实现着道德自由即意志选择的自由。而当人们的审美情感与道德认识相契合,进而形成崇高的理念时,就自然会促进心理结构的"内化",审美情感也相应的内化为一种行为动力,驱动道德认识的深化,并推动道德信念和道德理想外在化为道德行为。这种道德行为一旦成为定势,就会推动道德意志的形成,从而提升人们的道德境界。

(4)以美塑形

在生活中,如果驻足定睛一看,我们也许会欣喜地发现,我们正被美的事物所包围着:高大巍峨、造型精致的楼宇,小巧玲珑、色泽雅致的手机,绚丽多彩的服装,包装精美的物品,健康强壮、彬彬有礼的小伙子,青春靓丽、活泼可爱的少女,满头华发、气度非凡的老人……这些美都是人创造出来的,或是人的审美眼光的一种反映。这就是人的创造美的能力——以美塑形的能力——在世界中的体现。

---

① 参见〔苏〕鲍列夫:《美学》,乔修业等译,北京:中国文联出版公司1986年版,"审美活动"一节。

以美塑形是人按照美的规律来塑造、美化人的形体和塑造劳动产品与生活环境的活动。我们前面提到美育的三个功能,主要是事物的美对人们的心灵的影响和塑造,是人们的审美体验在人的心灵中的内化和积淀,人们在这种美感的启发和熏陶下能发展出一种审美能力。这种审美能力必然会促使人们以美的眼光来改造世界、改造自身,使主体与客体都符合美的规律,从而具有美的形式外观。

以美塑形概括起来主要包括两个方面:一是工艺美,二是人的美。人的审美能力的发展,为美化劳动产品的结构和形式外观提供了观念。现代企业所生产的劳动产品做到了技术和艺术的结合,技术的形式和艺术形式的结合。企业在生产劳动产品时,正越来越把注意力集中在技术的人道化和产品的人性化等方面,因为在激烈的竞争中要赢得消费者的青睐,必须考虑到人的爱美之心,必须使企业具有更大的亲和力。人不仅要吃得饱,穿得暖,而且还力求吃得好,穿得美;日用品不仅要实用,而且要使人感到美观,得到美的享受。服装、家具、餐具、住房、机器、汽车、厂房等都要既有实用价值,又要让人在使用和享用时感到心旷神怡。人把美的创造能力应用到生活的建设中,应用到劳动生产中。

人类对人体美的追求和表现一直很自觉。任何时候,健与美都是联系在一起的。健美的人体和人体运动的各种动作是作为特殊的感性形式而进入了审美领域。美学家朱光潜说过,人体以它生动、柔和的线条和美的轮廓,有力的体魄和匀称的形态,滋润、光泽、透明的色彩成为大自然中最完美的一部分,标志着我们这个星球上最高级生命的尊严。我们正是感受到了整齐匀称、和谐节奏的人体结构和人体运动形式的美,才致力于塑造优美的体形。进健身房,去体育场,参加舞蹈班,美容美发,挑选漂亮得体的服饰,都是一种追求美、表现美、创造美的自觉意识和行为。人们应在心灵美的基础上使自己的行为和仪表也符合美的要求,从而使人们的生活从内容到形式外观都变得美和高尚。

美育能够使人在审美活动中培养人的审美意识,发展人的审美能力,而且促使人在实践中自觉的表现美、创造美。不断丰富和增长的物质财富,新技术的采用,正把我们的城市、乡村以及从生产手段到日常生活领域改造得既有实用功能又具美的形式外观,使人们的生活日益美好幸福。

3. 当代社会的美育

我们在这儿再谈谈美育在当代社会中的角色及担当的使命问题。

世界的面貌正日新月异。科学技术的体制化和科技的普遍性,正在获得可观的优势地位。科学技术在物的层次上凝结着,而未能成为一种思想,即使科技产生的东西具有推动世界的效能,但它本身仍只能说还处在物的水平上,仅仅具有作为物的目的。你可以看到大城市具有同一个性格,无论是建筑的风格,还是交通信号或计算机语言,或者时尚潮流,世界正在变得千篇一律。经济全球化的趋势以及技术的进步所带来的一种同质性和划一性,导致生活形态的机械化和思考的模式化,这种趋势正在全球蔓延。文化工业的大规模复制,流行时尚在大众传媒的推波助澜下正逐渐左右人们的生活情趣,锈蚀人们的审美情趣。

诚如美学家今道友信所言,当今正处于一个"技术关联"的时代。高度发达的科学技术与机械一方面给人类的物质生活带来了福音,但另一方面在精神上却造成伤害。由于机械工具的长足发展,在某种程度上人已经不是支配机械与技术的主体存在,当初人所追求的机械的人性化,现在却反而造成了人性的机械化。这种情况下,人成了从属的、机械的而逐渐地非人化。

在这个世界中,艺术包括艺术实践和艺术欣赏正是我们个人可以把握的少数希望之一。尽管有科学技术的强制的划一性,但审美经验仍是人类特有的经验,仍是个人所感受到的自由与喜悦的经验。因此,艺术正在成为拯救片面性的某种手段。只有在面对艺术时,人才会追求自己现在所没有的东西,其中就有美的情趣和美的理想。

在当代,美育正担当起这个重要的使命,以克服科学与技术时代的非人化倾向的危机。美育可以使人们确立美的人物形象,造成美的环境形象,树立美的生活形象,这三个方面旨在恢复正在逐渐失去的人的主体性与尊严性。美的人应该在美的环境中生存,美的生活形象是人按照美的规律去实践美的生活。人只有与美的对象保持一致,并献身于有价值的对象,才能成为一个完美的人。

自改革开放以来,中国社会、文化、经济等方面发生了深刻的变化。东方巨龙开始腾飞,在经济上更是取得了举世瞩目的成就。这一切都给实现中华民族的伟大复兴提供了动力和保障,也给国家与民族带来了无限生机。可是,在市场经济和现代化的进程中,一方面经受着前现代化过程中的种种痛苦,如贪污腐化、唯利是图、愚昧保守、忽视生态环境等问题的困扰,另一方面也受到西方后工业文明中出现的工具理性、技术主义、信仰失落、人性扭曲等因素的影响,人们的精神世界显现出世俗化、功利化趋向。这种状况如果不加以正确引导,将导致社会风气和道德人心的大滑坡,造成人的理想信仰的失落,责任感、正义感的丧失。

美育对于这种现代病,对于那些沉溺在功利世界、物欲世界的当代人,是一剂精神的良药。

(1) 美育对重建当代人的人生价值观的启悟

随着经济的发展、物质的丰富和社会的转型,大众文化的日益勃兴,大众传媒对人的影响比任何时候都要大。当前有些人开始满足于一种形而下的感官愉悦,满足于日常生活层面上的形式享受,存在一种审美庸俗化的倾向。地摊上铺天盖地的性文化读物,趣味低下的碟片光盘,甚至原先一向被视为神圣的文学,也有不少作品充斥着低级庸俗的趣味。像有的诗作大写性爱过程,描写大便,展示性器官,情调庸俗,把人的欲望强调到了极致。有些作品对生活外观的感性直觉压倒了对理性思考的内在判断,把人的审美活动变成了纯粹的感性活动,使人在物质享受的极端满足中抛弃了判断力和思考力。

事实上,审美不排斥人的世俗生活,美育并不是否定人的七情六欲,因为人不是不食人间烟火的天使,关键是如何看待人的物质生活和世俗利益。审美的庸俗化和文化生活的低级趣味,会造成人的精神维度的缺失,以及人生价值观念的沦丧。一个人生命力的价值是由精神价值决定的,人应该有远大的生活理想与追求,应该过一种真正的人的生活。谁都知道,一个人追求的目标远大,其聪明才智和内在的潜力才能得到更好的发挥和开掘。如此,他的生命才会充实、丰富、更有意义。如果任凭欲望的膨胀,跟着感官走,那么,人就可能为了享受而无恶不作,这必将危及社会的进步与人类自身的健康发展。因此,要避免审美的庸俗化,提高人的审美趣味,重建人的人生价值,除了要靠德育智育的作用,更要靠美育的影响。当代美育的实施和推广,不得不承担起人生价值再启蒙的重任,让人们知道,人除了有形的物质幸福以外,还有更高级的精神追求。

美育可以使人们在美的愉悦中唤起人们的高尚情怀,教会他们以一种健康人性的目光来看待人的享受,以高雅的精神品位来支配物质的获取和享用。美育能以其固有的生动形象的感召力,使人们的七情六欲得到理性的滋润和调节,从而将人们的感性欲求变得更美好,引导其上升到社会的、理性的层次,进而提高人的审美品位。

(2) 美育对人格境界的提升

由于市场经济受制于商业利益、适者生存、优胜劣汰的游戏规则,当代社会生存竞争日益加剧,功利主义成为许多人的生活信条,使人的人性和人格出现了萎缩。许多人明知自己的行为有违人格,但因为利欲熏心也就无所顾忌。

在这种社会状况下,人际关系的实用化、个体心灵的自我闭锁和情感交流的匮乏与单调等现象的出现,也就不足为奇了。无疑,这种人与人之间的疏离隔膜不利于人的全面自由的发展,并危及社会的平衡协调。美育则可以引导人通过对各种美的事物的欣赏,在审美活动中打开人们的心扉,促进人的情感能力的发展;通过提高人的审美理解力,使人们学会把他人的感受纳入自己的情感世界,从而增进和完善人与人之间审美交流和情感交流的能力。

人格的建设不仅是自我的完善,也是完善社会的活动。人总是生活在一定的社会情境之中,因此,自我完善与社会完善密切相关。人格境界的一个重要标志是它的超越功能性,超生物性。美育所培养的人格境界与这种超越生物性的境界是相通的。

美育能够使人的人格和人性得到充分发展的空间。健全的人格是充分张扬个性的,美育作为一种对理想人生境界的培养与向往,将个性的发展置于重要的地位。审美教育活动便是以发展个性为前提,通过人对美的感受和欣赏,来培养人的个性,提升审美的人生境界。

另外,在现代商业文化发达的社会里,随着电视电影的普及以及其他新的媒介手段的出现,大众文化借传媒之力产生了极大的社会影响力。大众传媒的受众对这些炮制出来的文化产品没有选择的自由,只有被动接受的自由,那么,广大受众的文化胃口被败坏,审美感知钝化,这样,人的个性势必会被侵蚀,变成一台缺乏个体自主性的接受机器。在此,美育就大有用武之地,它可以激活人的个性和审美创造力,强调个性心理的独特价值,引导人们在艺术的世界里驰骋想象,培养个体的情感,在充分发挥个性的基础上使社会与个人自由达到和谐。承继着传统的当代美育包含有重视人格铸造与境界提升的思想,它在当代中国社会的发展中担当着比以往更艰巨的重要使命。

(3) 美育可以推动达致人与自然的和谐共生

上世纪后半叶以来,由于科学技术的飞速发展,人类的生存环境与以前相比有了截然不同的变异。科学技术是把两刃剑,既给人类改造自然提供了更多更高明的手段,给人类的物质生活带来极大的方便,也给人类的生存造成了巨大的威胁。人类在走向现代化的路途中,运用科学技术提供的巨大威力来改造自然,但由于急功近利的心态,对环境也造成了极严重的破坏。在短短几年中,温室效应造成的厄尔尼诺现象一次又一次带给人类无尽的眼泪和悲伤,它冲毁家园,吞噬生命;"三废"——"废气、废水、废渣"的肆意排放,江河被污染,土地遭毁,臭氧层破漏,导致怪病连连;乱伐森林,过度放牧,毁坏草甸,导致沙化急速扩展,自然灾害频仍。

地球曾是人类美丽的家园,如今满目疮痍,生态环境遭到严重破坏。现在应该到了人类为自己行为负起责任的时候了,应该到了人类警醒起来的时候了。自然不仅是人生活的居所,也是人生命的象征。不管是郁郁葱葱的森林,馥郁美丽的花草,风中摇荡的芦苇,还是逆流而游的鱼群,乘风而翔的鹰隼,威猛迅捷的虎豹,都是人类赖以生存的朋友,业已成为人的生命自由的象征。自然的美,是独一无二的。

我们应该意识到:"我们连同我们的肉、血和头脑都是属于自然界,存在于自然界的",把"精神和物质,人类和自然、灵魂和肉体对立起来"是"荒谬的、反自然的观点"。① 所以,保护自然,与自然为善,与自然为友都是美的。审美教育能够让我们欣赏自然美的同时,教会我们去爱自然,珍视自然,按照美的规律去塑造自然。

因此,协调人与自然的关系,应是美育在当代社会的又一重要使命。美育能帮助当代人找回对自然的亲和力,抚平人与自然之间出现的紧张对立。在审美世界里,自然是作为人的活泼灵动、富有生命情调的对象而存在的,人与自然的关系不再限于功利性,而是合规律性与合目的性的统一。人在对自然万物的审美活动中,才能获得情感的愉悦、

---

① 《马克思恩格斯选集》第4卷,北京:人民出版社1995年版,第384页。

精神的充实和自由的超脱。正是在这种深入自然、渗透自然与自然同化的心灵愉快之中，人们才能深深领悟到日常生活中难以体会到的人生哲理和自然规律，体悟到"仁者以天地万物为一体""大乐与天地同和"的精神超越。人们在对自然的审美中被唤起的美感，对于人与自然和谐具有重要意义。

美育在唤回人对自然的亲和力的同时，也必然会影响到人的心理意识，并且会渗透、积淀在人的心性之中，从而成为人的审美理想的构成要素。美育能培养人们与破坏自然的行为和现象作坚决斗争的生态伦理意识。只有具有这种生态伦理意识，人们才会珍惜和尊重自然界中所有的生命存在，才能够不为个人的和眼前的利益所遮蔽，而发现生命所具有的真正的美，进而激发人们去创造美、去创造美的世界。

三、美育的实施

美就在我们身边。我们的生活环境——家庭、学校、社会，自然界中的日月经天、江河行地、风霜雨雪、花鸟虫鱼都是我们的审美对象。这些美的事物为美育的实施提供了条件。

如前所述，美育的特殊价值在于，它通过提供大量的生动可亲的感性直观形象来体现真善美的内容。在审美活动中，真善美是互相结合的。美育如果片面追求形式的美或庸俗化而不融入善与真的内容，那就不能塑造美好的心灵，难以使人养成高尚的德行。

美育不但表现为真善美的统一，还应该是理论与实践相结合。美育不能只停留在美的知识和理论的学习上，而要具有可操作性。因为美育是通过人的具体审美实践来实现的，它终究要变为人的自觉意识和行为规范。美育要将审美能力的培养和实际审美创造的实践统一起来。

那么，美育实施的具体途径有哪些呢？人可以在饱览自然景观、历史文物、文学艺术、日常生活、生产劳动和社会交往等活动中得到审美教育。一般说来，美育的实施主要有家庭美育、学校美育、社会美育等三个方面。

1. 家庭美育

家庭美育对一个人的印象非常深刻。有什么能比母亲唱出的歌谣更让人感动和永藏心怀呢？那样的生活经验，那样美好的回忆，确实是什么也替代不了的。儿童审美发展的途径首先应该以积极地、仔细地感知周围世界为主，而这主要靠家庭美育来实现。家庭美育如果开展适时，采用的方式得当，能够对人的成长产生深刻的影响。家庭可以培养孩子对自然的热爱之情，培养他对艺术的兴趣，培养他对生活的一种审美态度。

有位诗人曾经说过，孩子们的幼年是一片宽阔的原野，你可以在上面任意栽植世界上所有的花草，你也可以在原野上放一把野火。如果美育开始得早，开始得适时，父母引导得从容，且能以温和与真诚的态度牵着孩子的手，从他起步的阶段，就让他在生活中感受到美的存在，欣赏到美，享受到美，孩子整个人生就都会因此而受益无穷，兴许他终生都能与美同行。家庭的美育——年轻父母的心，父母的怀抱，是下一代人能否与美同行的关键，也是一个民族能否从容前进的一种精神源泉。

自然界本身是一幅迷人的图画。家长可以和孩子一起去野外观四季的交替，看花叶的色泽，赏云霞的变幻，这些都是培养幼儿观察力与感受力的好途径。彼此之间可以交换对于美更多的心得和感动。童心是金贵的，又是敏锐的，当孩子缠着父母问这问那时，便是他向父母敞开心扉之际，父母要用他听得懂的话来回答他，应该尽量向他展示自然界的美好和奇妙。从小就培养孩子对自然的好奇和对自然的一种亲切感，懂得珍视与和他一同生活在地球上的所有其他生物之间的和谐关系。

在自然界里，父母也为孩子提供了一个机会，使他能够认识将艺术同生活加以对比的生动材料，引导他去理解艺术的本质。让他渐渐地明白，他在大自然中所看到的那些美景，可以成为诗歌、绘画、音乐等艺术的表现对象，可以搬上银幕，也可以挪上舞台。

家庭对待艺术的态度，对人的影响也很大。家庭美育要致力于培养孩子的艺术兴趣。从小培养孩子一种兴趣，就是培养了他的一种智慧。在生活中，没有什么修养与能力是可以一蹴而就的，尤其是审美领域和艺术领域，更需要兴趣和时间。许多音乐家的传记都表明，在培养人的音乐兴趣和创作才能等方面，家庭可以起着良好的作用。柴科夫斯基、肖斯塔科维奇、莫扎特、萧邦等人，都把自己最初对音乐的兴趣和感受归功于家庭的熏陶。他们指出,正是家庭中那种对艺术的爱和尊敬的态度和氛围,在他们心中唤起对艺术的极大兴趣,培养了他们对艺术的忠诚。

孩子正是在家庭中开始形成他们最初的艺术情感、审美趣味和审美立场的。家庭美育可以教会孩子初步学会观察、感受并理解艺术中的美,培养他们在日常生活中创造美的愿望和能力。

家庭环境的优美对人的熏陶也不小。家庭日常生活中要注意物品摆放整齐,清洁卫生,注意日常生活中的美观,培养制作手工制品的兴趣,这些不仅能使家庭环境多姿多彩,而且还能培养人爱好美的习惯、对生活的审美态度。在真正具有审美气氛的家庭里,能使人懂得物应是为人服务的,物应能使人的劳动轻松,使人的休息高尚。凡是人成了物的奴隶的地方,那里也就不可能有真正的精神栖息。父母本身的模范作用以及审美艺术趣味,对孩子的心理个性和兴趣的培养也有很大的影响。在家庭中发展起来的心理个性在很大程度上决定着人的精神世界的特点,决定着他对世界、生活和艺术的态度。

2. 学校美育

学校教育是一个人从家庭走向社会的中间环节,也是一个人接受系统教育的时期。学校是人生的重要课堂,是实施美育的重要场所和主要途径。由于国家倡导素质教育,美育在学校里得到越来越多的重视和强调。学校美育对于学生在"德、智、体、美、劳"等方面协调发展,有着特殊的价值与功能。

学校美育的领域是十分广阔的,一般可分为课堂美育和课外美育。课堂美育主要是指学科教学中的美育、教学组织活动的美育等,课外美育主要指校园环境的美育、课外活动的美育等。

学科教学中的美育,主要包括向学生传授各门学科知识中的美,有关美学的基本理论知识以及进行专项艺术技能的训练。爱因斯坦告诉我们:"用专业知识教育人是不够的。通过专业知识他可以成为一种有用的机器,但不能成为和谐发展的人。要使学生对价值有所理解并且产生热烈的情感,才是基本的。他必须获得美和道德上的鲜明辨别力。"[①]这可以看出,学校美育的重要性。也就是说,学校的审美教育是

---

① 转引自《创造心理学》,周忠昌译,北京:中国青年出版社1983年版,第137页。

不能脱离以智育为主要目的的学科教学的,审美教育不是单纯的艺术教育或形式美的教育,它必须与先进的科学思想、科学知识和全面的智力发展紧密相连。有些哲学家、科学家就把数学与美连在一起,像毕达哥拉斯提出"一切立体图形中最美的是球形,一切平面图形中最美的是圆形";控制论之父诺尔贝特认为"数学是一种艺术";科学家格涅坚科说过:"数学理论是研究自然的宝贵工具,它同时具有一种内在的美,而认识它的研究成果,会给人们带来一种特殊的美的快感。"事实上,艺术家也正是根据数学上的"黄金分割律",创造出许多具有很高的美的价值的艺术珍品。物理、化学等科目中的公式、定理、模型和图形等,都具有对称、均衡、和谐和多样统一的形式美的特征,它们往往不是在表面形式上,而是在深层的内容上可以提高学生的审美感受力。

教学组织活动中的美育和教师形象的美育,也是属于课堂美育的题中应有之义。优秀的教师,常能给人一种如沐春风的感觉,最成功的教育应该是一种最不落痕迹、潜移默化的教育。美育正可以在此大有作为。教师的榜样作用也是非常重要的。在学校教育中,教师发挥着"传道、授业、解惑"的主导作用,其言传身教对学生的影响非常大。教师的知识水平,自身的道德、情操、仪态都起着榜样的作用。教师个人的范例,对于学生的心灵是任何东西都不可替代的一束阳光。总之,学校美育要使学生具有崇高的审美理想、健康的审美趣味和完整的人格,就要通过教师与学生的情感和心灵交流来进行。所以,教师的榜样作用对学校美育目标的实现有重要的推动作用。

课外美育旨在造成一种实施美育的校园文化生活气氛,开阔学生的知识视野,丰富学生的精神生活内容,对他们的感情进行感染和熏陶,如举办文艺活动,评选校园歌手的比赛,成立各种演艺团体,艺术展览和知识讲座等,都是好的方式。

3. 社会美育

社会美育比家庭美育、学校美育包括的范围更广,它是人生审美实践的继续和延伸,是属于整个社会、整个民族乃至全人类的共同事业。

社会美育的特点,主要是借用可感的物质媒介来造成一种社会的精神文化气氛,通过感性熏陶的方式渗进人的生活的各个领域。因此,社会美育注重的是对人的间接影响和作用,使主客体之间得到感情的交流,其目的是为了促成一种全社会都来追求美、向往善的发展趋向,使社会和人生更加和谐完美。

社会美育的内容是多方面的,它包括社会的精神生活和物质生活。前者主要包括人伦关系、道德习尚、审美风范和文化遗产等方面的内容,后者包括历史名胜古迹、保护生态环境和文化设施、居住工作环境等等。物质本身也可以作为一种精神载体传达出某种内涵,这主要表现在物质产品渗透了人类的审美理想。社会美育的实施可以从物质文化方面切入,通过精神文化的物质载体来强化社会的审美气氛。此外,社会的发展不仅体现在社会物质载体上,也体现在精神因素方面。一个社会的发展是否符合人类的审美理想和追求,是否使人类的个性发展和完善从根本上摆脱"物役"的束缚,是很重要的。

社会美育的途径,大致可以分为社会文化设施的美育、社会环境的美育和社会日常生活的美育。

首先,社会文化设施的美育。它主要是利用全社会的各种文化设施,如图书馆、影剧院、文化宫、展览馆、博物馆和公园等,以供人欣赏、比赛、游览、娱乐,对参与这些活动的人施行审美教育。在有些国家,社区为孩子们提供制作玩具、手工艺品的活动场所,小孩子在这里可以利用木角料和橡皮泥制作手工艺品。有专门的橱窗展览他们的"作品",也经常组织手工制作比赛,来激励和提高他们的审美创造能力。我国各地的少年宫,也具有这样的职能,孩子们可以在那里学到很多东西,并提高自己的审美能力。

其次,社会生活环境的美育。这主要指城乡居民住宅、建筑的合理安排和布局等。随着生态意识的增强,人们都注重对居住质量和生活理想的追求,都渴望有一个绿化面积大和环境幽雅的家园。人们生活在采光性好、环境幽雅的地方,可以使生活变得更温馨。在一个优美的环境里工作、学习、娱乐、休息,能使人们的胸襟开阔,心旷神怡,激发人们去创造美好的新生活。

再次,社会日常生活的美育。它主要指人与他人、人与集体和人与社会之间关系的美育,是人在社会关系中日常生活的美育。由于当前人们生活方式的改变和社会的发展,社区美育和企业美育得到了重视。

以企业美育为例。随着市场经济的发展特别是知识经济时代的到来,作为现代社会经济细胞的企业对社会的影响日益增大,在经济生活中占有重要地位的企业审美文化异军突起,使企业美育成为社会美育中的一个重要组成部分。

企业美育是一种企业的审美文化素质培养,它着重于启迪企业人的心灵智慧,着重培养企业人的创新思维。企业美育主要的任务是从审美文化方面研究人的精神境界、人际关系、企业活动、企业形象以及企业文化活动等问题。企业美育的目的是为企业建立一种富有现代企业特征的审美文化,而这种审美文化应该具有直接性、形象性和生动性,使企业人热爱企业和生活,按照美的规律来组织和安排企业活动。企业审美文化的这种特性决定了它是沟通企业目标、企业价值理念与企业人思想感情的桥梁,变外在的目标为内心的信念,以指导自己的行动。企业美育是发展现代生产力的重要因素和手段。现代企业发展的一个特征,就是把科学技术、经济效果、企业效益同人的精神生活、自我设计、自我价值密切联系起来。企业的产品设计、企业运作管理和企业生产环境都应该具有"以人为本"的特点。这样既生产出美的商品,赢得市场和消费者的信赖,又可以创造出适合于人的生理与心理需求的工作环境,可以更好地发挥员工的主观能动性和创造性,使企业在整体上显出最佳运行机制,从而提高企业的综合效益。

企业美育在企业人才培养方面之所以有不可替代的作用,就因为企业美育通过对主体审美能力的提高,培养企业人的创新思维,有助于建立开放、敏锐、活跃、和谐的心理结构,使企业人能够在企业实践活动中自觉地将其转化为积极的企业效应,为实现企业的目标提供推动力。

企业美育还能够对转变社会风气,促进精神文明建设发挥积极的影响。企业美育具有辐射面广、影响力大的特点,企业活动包括企业生产和经营活动,它是面向整个社会的。一个企业的审美追求与精神面貌,可以在一定程度上形成某种价值导向。而具有"以人为本"的特点和亲和力的产品,能带给消费者一种美的感受,也能对人产生审美教育。良好的企业服务活动还能树立美的企业形象,这对社会文明程度的提高是会做出贡献的。

思考题

1. 什么是美育？
2. 简述孔子的"诗教"和"乐教"。
3. 美育的任务主要是什么？
4. 美育的基本功能有哪些？
5. 试论述美育在当代的功能与使命。
6. 美育的实施有哪些途径？

余论:美学的未来

　　美学的基本理论,通过以上六章已经大致讲完了。这里,为扩大眼界,我们讲一讲中国美学的历史和未来前景。

　　人类的创造与审美活动,伴随着人的意识觉醒和劳动实践的发生而不断丰富发展着,可谓源远流长。无论东方还是西方,都有着深厚博大、绚烂多姿的历史,也都有着无数先贤圣哲们殚精竭虑、上下求索的思考。这些事实和思想以及人类在改造世界、完善自身的物质与精神活动中顽强求美的美学信念,是美学这门学科存在并不断发扬光大的生长根基与动力源泉。

　　在第一章中,我们已领略了一幅壮阔多彩的西方美学发展的历史画卷。大家知道,在西方,审美意识观念与人类一样古老,发生于远古的原始氏族社会,以理论形态出现的西方美学思想,也可以上溯到古希腊时期。在18世纪50年代,德国的鲍姆嘉通出版了他的《美学》,从此美学作为一门现代意义上的学科,才逐渐确立了自己的地位,走上蓬勃发展的道路。

　　中国美学与西方美学之间有许多共同性和相通之处,体现着人类思维发展和审美艺术发展的一般规律。但它们分属于不同的文化系统,中国古典美学根植于中国古代文化丰厚而独特的土壤之中,有着迥异于西方的民族文化背景、思维模式、生存方式、哲学观念以及认知方法,在美学体系和美学理论形态上有着自己的独特性。因此,它也有着与西方美学不同的发展路径。可以说,中西美学在世界美学思想史上竞放异彩,各有千秋。到了近代,在内忧外患的特殊历史境遇中,在被动接受和主动拥抱的双重动力推动下,中国美学与西方美学发生了轰轰烈烈、刻骨铭心的精神纠葛,中国美学既享受着欧风美雨的滋养,又饱尝他者对自己灵魂进行侵犯、撕裂、咬啮的痛苦。从此,中国美学与西方美学不再是于孤立封闭的文化圈中在各自的轨道上各行其是、各自发展,而是进入了全球化和民族化互动的交合式发展状态,中国美学从此走上了布满荆棘与歧路而又充满魅力与活力的现代化之旅。

让我们一起徜徉于中国先人们充满智慧与情趣的审美世界,畅游于前人鲜活生动的审美历史场景,做一次美学的精神返乡。在享受了美的陶醉、震撼、惊赞之后,以净化的心灵定心反思,在民族历史的最深处,寻找美学的当代意义与未来发展,将是思想者的一件艰苦而又幸福的事情。

一、历史上的中国美学

中国古代美学图景是一片纵横交错、绵延不绝的山脉,决非仅仅几座孤立的雄峰。但在这里,我们只能对其中比较重要的美学家的理论贡献,特别是他们的有重大影响和价值的美学范畴和命题,摘其要者,作一简要的介绍和分析,以点带面,从中大致考察一下中国美学的发展历程。

1. 中国美学的发端

中国美学思想的产生可以上溯至先秦时期。那时还没有充分自觉的审美理论,美学思想是零散的,是寄寓于先秦哲学、伦理学之中的,是以对宇宙人生的一定认识作为前提的。而正是这些尚未系统化、理论化的先秦美学思想,特别是先秦的儒家和道家美学思想,互相对立又互相补充,为中国美学奠定了根基,涂上了底色,成为后世各种美学思想的源头,产生了巨大而深远的影响。

美学思想的发展一般以艺术创造和欣赏过程中形成的艺术感觉和经验为前提,与一定历史时期的艺术的繁荣密不可分。先秦艺术中影响美学最直接、最深刻的当属音乐。音乐被用于祭祀、庆功等典礼活动,在统治者的政治生活中具有非凡的意义,同时音乐的修养又是统治阶级文化教养的一个重要方面。从而,音乐作为一种重要的审美活动广泛地渗入到社会生活中。这既可以从已出土的青铜编钟所达到的高超的音乐水平上见出,也可以从古代思想家如孔子等对音乐的爱好和讨论中见出。这必然促使先秦美学思想家从音乐这种审美活动角度去观察、思考美与艺术,高度重视音乐的作用。音乐注重情感表现而非模拟再现的抒情特性,也直接带来了中国古代美学的关注点和兴奋点。譬如,最初由史伯、晏婴等针对"五味""五色""五声"之美所提出的"和"的哲学美学观念,就与音乐有关。先秦的诗歌,特别是抒情诗取得了举世罕见的辉煌成就,《诗经》《楚辞》两大诗歌文本及其所形成的诗歌潮流,当然地成为了美学思想的发生地。如孔子的"兴观群怨"思想的形成,就来源于对《诗经》所具有的理性成分、再现于诗中的现实因素以及诗歌的愉悦和伦理教化功能的思考。此外,先秦的建筑、绘画、青铜铸造艺术以及当时的审美意识和审美理想,也引起了人们对于技艺劳动所具有的审美特性的重视。庄子关于"道"与"技"的美学思想的产生,就与此有关。

先秦思想家由此提出了"道""气""妙""味""美""大""玄鉴""自然""和""心斋""坐忘""虚静""观物取象""立象以尽意"等一系列范畴和命题,形成了独特的先秦美学。这与古希腊美学的立足点和审美指向有着明显的不同。古希腊美学以荷马史诗、悲喜剧等叙事艺术为审美对象,形成的是以"理念""美本身""灵感""模仿""真实""形式""净化"等为基本概念、范畴的美学体系。

中国先秦美学的历史起点是老子的美学思想。老子美学思想中对后世美学发展贡献最大的主要有三个方面。

其一,是对作为审美客体的"象"的论述。老子认为宇宙万物的本源是"道","道生一,一生二,二生三,三生万物","人法地,地法天,天法道,道法自然";"道"是处于"惟恍惟惚"状态的原始混沌,是看不见、听不到、摸不着、不可名状的本体,是"无状之状""无物之象",它的根本特性是"无为而无不为"。老子据此提出"大音希声,大象无形",这在后来成为重要的美学命题。在他看来,"有声"是指具体的声音,这只能是声音之美的一部分,不可能是全部,因此不是所谓"大音"。"无声"的境界则可以使你去想象全部最美的声音,而不受具体声音的限制。"大象"的道理也是如此。它们成为一切艺术和美的最高境界,没有任何的人为与做作,完全符合自然,即"自然而然"。自然之美是老子所追求的最高审美理想。

其二,是对主体审美心理的描述。老子认为要获得"大音""大象"之美,亦即进入"道"的境界,审美主体必须要有"致虚极,守静笃"的心理状态，使自己忘掉周遭的一切，甚至自身的存在，而与自然同化，完全顺应自然的规律。要做到这一点，老子提出必须"涤除玄览"，就是说，审美主体要排除一切主客观因素的干扰，洗净心灵的尘垢，去掉一切功利私欲的计算，使自己具有婴儿一样纯真自然的天性，才能对自然进行审美观照，领略自然之妙。"虚静""玄览"是道家所倡导的一种审美观照。

其三，是关于"有""无""虚""实"的辩证认识。老子认为"有之以为利，无之以为用"。任何事物都不能只有"实"而没有"虚"，只有"有"而没有"无"，否则，一个事物就失去了它的作用和本质。譬如，房子之所以能住人，正是因为房子的门窗和中间是空的。这个"有无相生""虚实结合"的思想，后来成了中国古典美学的一条重要原则，表现了中国古典艺术不同于西方古典艺术的重要美学特点。

先秦道家美学的集大成者是庄子。庄子的美学与其哲学是浑然一体的，可以说，其哲学即美学，其美学也即哲学，哲学命题往往就是美学命题。

关于美，庄子接受了老子关于"天道自然无为"的思想。"道"是宇宙万物的本源，是自然的内在规律。他提出："无以人灭天，无以故灭命"（《秋水》），强调要尊重自然规律，不要以人的主观意志去任意违背它。这形成了他崇尚天然、反对人为的审美标准和艺术创造原则。他还说："天地有大美而不言"（《知北游》），"大美"即"道"，"天地之美"就在于它体现了"道"的自然无为的根本特性。因此，他强调"天下有常然"（《骈拇》），应该"刻雕众形而不为巧"（《大宗师》），一切顺其自然，不可力求。可以说，很早就关注自然并把自然之美作为最高的美，这是中国美学的一个基本特征。这与西方古典美学一直以艺术美为关注点，直到很晚才探讨自然美，有很大的不同。

关于审美心理，庄子认为，必须"游心于物之初"（《田子方》），观照自然之"道"，才能获得"至美至乐"（《田子方》），获得人生的最大乐趣。具体的方法就是要真正做到"外天下""外物""外生"（《大宗师》），不让对"死生存亡，穷达贫富"（《德充符》）等世事的思虑来扰乱自己内心的安宁，使自己处于"无己""无功""无名"（《逍遥游》）的精神状态，从而使心境如初升的太阳那样清明洞彻。这也就是庄子所说的"心斋"（《人间世》）、"坐忘"（《大宗师》）的精神境界，一种彻底摆脱利害观念,不受束缚,十分自由的境界,可以"逍遥游"的境界。这样"天地与我并生,万物与我为一"(《齐物论》),审美主体就能"独与天地精神往来"(《天下》),与"道"合一,游心于"道",真正体验到"大美"。

关于艺术问题,庄子谈论了"言"与"意""道"与"技"的关系。他认为,"道不可言,言而非也"(《知北游》)。因为"道"是普遍、绝对、无限的,不可能像有形有色的具体东西那样,可以语言加以描述和规定。与之相应,他提出"言者所以在意,得意而忘言"(《外物》)的主张。从艺术创造和欣赏的角度来说,就是要求审美主体不受语言的限制,体验那不可言传的"妙理"。这是审美心理特征的准确描述,突出了其与一般认识的不同。这对后世中国艺术逐渐形成讲求神韵、意境的美学特征,产生了重要影响。

庄子以很多的寓言来说明"道"与"技"的关系,如庖丁解牛、轮扁斫轮、津人操舟、梓庆削木为镰等,强调艺术创造中主体精神应与自然同化,"我与物化",达到"技"与"道"合一的境界,从而摆脱人工造作的痕迹,达到自然天成的程度。后来,艺术和美学上关于艺术创造"有法"还是"无法"的讨论,就是从这里最早提出的。甚至有关技术美学,在此也能找到一些宝贵的思想资源。

先秦美学的另一主要流派是儒家美学。这是与道家美学相对立同时又相补充的美学。孔子是儒家美学的奠基人。

孔子从其整个思想的核心——"仁"出发来探讨美学问题,根本目的是探求审美和艺术在社会生活中的作用,因而其美学有着鲜明的伦理特征。孔子要求实行"仁","仁"的主要意思是"爱人"(《论语·颜渊》),是"泛爱众"(《论语·学而》),是把人作为人来对待。孔子说:"克己复礼,天下归仁焉"(《论语·颜渊》),就是说,"仁"是"礼"的内容,一种天然的道德属性。如何实现"仁"?孔子说:"我欲仁,斯仁至矣,"(《论语·述而》)"为仁由己,而由人乎哉?"(《论语·颜渊》)"仁"不能靠外部强制来实行,而要靠主观的努力,使"仁"成为人们内心情感的自觉要求。因为"知之者不如好之者,好之者不如乐之者"(《论语·雍也》)。因此,孔子特别重视审美与艺术的作用,认为要达到"仁"的思想境界,应该"兴于诗,立于礼,成于乐"(《论语·泰伯》),按照这三个阶段,循序渐进地来进行自我修养。首先,要从感性具体的

《诗经》学起,因为《诗经》提供了人们言谈立身行事的典范,"不学《诗》,无以言"(《论语·季氏》)。然后,把具体的感性体验进一步提高到理性认识,掌握那些贯穿着"仁"的精神的礼仪规范,严格遵循礼的规定。最后,因为"乐以治性,故能成性,成性亦修身也"(刘宝南:《论语正义》)。所以,还必须通过音乐的熏陶,来改造自己的性情和内心世界,使自己能自觉做到"非礼勿视,非礼勿听,非礼勿言,非礼勿动"。

正是从"诗教"和"乐教"的目的出发,孔子提出了他的审美理想与标准。《论语·八佾》中有这样的记载:"子谓《韶》:'尽善矣,又尽美也。'谓《武》:'尽美矣,未尽善也'。"在孔子看来,艺术不仅要符合形式美的要求,还要包含道德内容,符合道德要求,才能引起美感。这里他把美与善相区分,并且要求在艺术中将二者统一起来。"尽善尽美"思想与他的"文质彬彬"的命题是一致的。他说:"质胜文则野,文胜质则史。文质彬彬,然后君子。"(《论语·雍也》)"文"与"质"的统一,就是"美"与"善"的统一,就是形式与内容的统一。具体到艺术的审美标准,就是"乐而不淫,哀而不伤"(《论语·八佾》)。艺术中的感情,是受"礼"节制的、有限度的感情,是审美的感情,超过了限度,就是"淫",不再是审美情感。这种审美理想也就是孔子所说的"和","礼之用,和为贵"(《论语·学而》)。孔子的整个美学都强调"和",这对后世影响极大,"中和"成为中国古典美学尤其是儒家美学的主要审美理想之一。

关于艺术的作用,孔子提出:"诗,可以兴,可以观,可以群,可以怨;迩之事父,远之事君;多识于鸟兽草木之名。"(《论语·阳货》)"兴"是指诗歌的具体艺术形象可以感发情感,引起联想、想象活动,在感情的涌动中获得审美享受。"观"是说通过诗歌可以了解社会政治与道德风尚,以及作者的思想倾向与感情状态。"群"是指诗歌可以使社会人群交流思想情感,统一认识,促进社会的和谐与团结。"怨"是强调诗歌可以表达对社会不合理现象的不满与批判。这四个方面又是紧密相联,不可分割的。这里,孔子看到了艺术欣赏活动内容的多面性和艺术社会作用的多样性,而且将"兴"置于首位,充分注意到了艺术的感发作用。

关于自然美,孔子说:"智者乐水,仁者乐山。智者动,仁者静;智者乐,仁者寿。"(《论语·雍也》)就是说,人们的精神品质、道德观念不同,他们所喜爱的自然山水也就不同,一定的自然山水之所以能引起人们的美感,就在于它和审美主体的精神品质有相似性,自然现象的美是作为人的精神品质的表现与象征而存在的。这直接启发了后世关于自然美的"比德"说。

孟子直接承袭孔子的儒家思想,成为儒家美学重要的代表人物。其美学思想中比较重要的是关于人格美的认识以及对美感普遍性的论述。

关于人格美问题,孟子说:"可欲之谓善,有诸己之谓信,充实之谓美,充实而有光辉之谓大,大而化之之谓圣,圣而不可知之之谓神。"(《孟子·尽心·下》)他把人的道德人格修养划分为六个等级:"善"是"可欲",要求个体追求他所应该追求的东西,亦即符合仁义的东西,而不应该追求那些虽有益于自己但违背仁义的东西。"信"是"有诸己",就是要说到做到,言行一致,履行信守。"美"是"充实",强调不但要遵循"善人""信人"的道德原则,而且要把这些仁义礼智的道德原则扩展贯注于人的容色行为等各个方面,处处都自然而然地符合道德的要求。这里,"美"与"善"内在统一,不但包含着"善",而且超越了"善",是"善"的完满表现。"大"就是"充实而有光辉",就是说人的道德人格光照四方。"圣"是"大而化之",强调人格具有极大的感染化育的力量,能成为百世的楷模,人格美可以影响社会风尚。"神"是"圣而不可知之",就是说,圣人达到了化育天下的境界,却没有人知道是如何达到的。

如何进行人格修养,孟子提出了"我善养吾浩然之气"(《孟子·公孙丑·上》)的说法。这种"浩然之气","其为气也,至大至刚,以直养而无害,则塞于天地之间"(《孟子·公孙丑·上》),是个体情感与其伦理道德目标相统一所产生的一种无所畏惧的奋发的精神状态。养气的方法就是"配义与道"(《孟子·公孙丑·上》),一方面明白仁义之道,一方面努力去实践它,这样,人格精神之美就可以形成,并能在人的外部形体上表现出来。

关于美的共同性问题。孟子说:"口之于味也,有同嗜焉;耳之于声也,有同听焉;目之于色也,有同美焉。"(《孟子·告子·上》)孟子认为美感的共同性来源于人的感官的共同性。而且,孟子还说:"凡同类者,举相似也,何独至于人而疑之。圣人与我同类者。"(《孟子·告子·上》)圣人也是人,"尧舜与人同耳"(《孟子·离娄·下》)。这样,他进一步阐明了美感的共同性正在于人类的共同性,是人作为人所具有的本质能力。这与道家强调美感的差异性、相对性,既构成了对比、对立,又形成互启、互补的关系。

前面我们选择了先秦时期中国美学的源头进行考察,从老庄、孔孟几个美学思想的峰巅来鸟瞰先秦美学。其实,先秦美学思想相当丰富,像其他一些先秦诸子,如荀子、墨子、韩非子等人的思想以及一些重要的先秦典籍中,也都蕴涵着宝贵的美学思想。譬如,《易传》突出强调了"象"这个范畴。一方面提出"言不尽意","立象以尽意"(《系辞传》)的命题,把"象"与"言"区分开来,同时又把"象"与"意"联系起来,突出"象"在表达"意"方面有着"言"所不及的特殊功能。另一方面提出"观物取象",强调"象"是根据对自然和社会现象的观察创造出来的。此命题直接触及艺术的本质与源泉问题。这两个命题构成了中国古典美学发展的重要环节。另外,《易传》中的辩证法思想也对美学发展影响颇大。

再如另一部先秦典籍《乐记》,不仅是探讨音乐本质的音乐理论,而且提出了一些重要的命题:"凡音之起,由人心生也。人心之动,物使之然也。感于物而动,故形于声,声相应,故生变,变成方,谓之音。""凡音者,生人心者也。情动于中,故形于声,声成文,谓之音。"(《乐本》)这里突出强调了音乐是为表达人的情感而产生,而情感的产生是由于受到外界事物的影响,并认为音乐的产生有一个从自然的"声"向作为审美对象的"音"的创化过程。这种认识,超越了单纯的音乐问题,为后世带来了关于美和艺术本质的深层思考。而且,《乐记》就艺术的社会功能提出了"致乐以治心"(《乐化》)、"乐由中出,礼自外作"(《乐论》)的看法,强调艺术的功能不在于强迫教训,而在于引导感染,促使人的感情发生自然而然的变化。

由上可见,先秦美学是中国美学的起源处,许多基本范畴、命题都已提出,并加以深刻阐述,给后世以深刻影响。而且,这一时期本身就是中国美学史的一次美学思想大创造、大繁荣的黄金期。

2. 中国美学的发展与繁荣

汉代美学虽然没有取得它之前和之后美学发展那样的成就,但它承接先秦美学思想,加以发扬光大,并为魏晋南北朝美学作了重要的准备,是中国美学发展的重要环节,表现出明显的过渡性特征。

汉代的美学思想主要有三大潮流:以《淮南子》为代表的接近道家思想的美学;以司马迁为代表的承袭屈原楚骚传统的美学;以董仲舒、扬雄、王充、《毛诗序》为代表的儒家美学。

《淮南子》在美学史上的主要成就是它关于形、神、气关系的探讨以及关于美和美感的论述。

关于形、神关系问题,《淮南子》是从其元气自然论的立场来认识的。它说:"夫形者,生之舍也;气者,生之充也;神者,生之制也。一失位则三者伤也。"(《原道训》)它把人的生命划分为三个方面:"形"是人的身体,"气"是人与动物都有的自然生命力,"神"有时又称之为"心"或"君形者",则是人所独有的知、情、意的总和,是"五藏之主"(《原道训》)。《淮南子》既强调人的感官在审美感觉中的决定意义,又注重"神"对"形"的主宰作用。提出:"故心者,神之舍也;而神者,心之宝也。"(《精神训》)"以神为主者,形从而利;以形为制者,神从而害。"(《原道训》)"神贵于形也,故神制则形从,形胜则神穷。"(《诠言训》)这里提出的"神贵于形",以神制形,就是强调艺术家内在的精神和情感应该作为创作的主宰,艺术家要内心真有所感,其作品才能动人。《淮南子》关于"形""神"关系的思想,对魏晋乃至后代的美学产生了深刻影响。

关于美,《淮南子》肯定了美和美感的相对性、差异性。它说:"嫫母有所美,西施有所丑。"(《说山训》)美和丑都不是纯粹的,没有绝对的美或丑,它们都是相对而言的。而且对不同的审美主体而言,美感又是有差异的,"夫载哀者闻歌声而泣,载乐者见哭者而笑"(《齐俗训》)。它还认为,美的形式是多种多样的,不是单一的。"佳人不同体,美人不同面,而皆悦于目。"(《说林训》)"西施毛嫱,状貌不可同,世称其好美钧也。"(《说林训》)就是说,世界是多种多样的,美也是无限丰富的,应该以开阔的眼光来看待无限广大的世界和世界的美。美虽是相对的、多样的,但美也是客观的,并不能随人们的主观意愿而加以改变,"美之所在,虽污辱,世不能贱;恶之所在,虽高隆,世不能贵。"

(《说山训》)应该说,《淮南子》显示出可贵的思想辩证性。

汉代另一部十分重要的美学著作是东汉王充的《论衡》。王充关于真、善、美的统一思想,在美学史上有很高的地位。先秦美学家以及汉代的扬雄等人多是强调美与善的关系,较少着眼于真,虽业已提出美与真的关系问题,但都没有从理论上着重论证美与真的统一问题。王充美学的中心问题则是美与真的统一问题。这对先秦美学是一个发展。他强调"真美",认为"真"才能"美"。其《论衡》的指导思想就是"疾虚妄,求实诚"。所谓"实诚",就是事要"实",理要"真"。也就是说,艺术作品要如实反映现实生活中的人和事,要真实可靠,不能"增益实事,为美盛之语"(《对作篇》);并且,艺术作品中所包含的道理应该是真理,其情感评判也应该是真诚的、符合事实的,能使"后人观之,以见正邪"(《佚义篇》),而不能是违背事实的"妄记",否则,就会是以讹传讹,颠倒是非。王充理论的不足之处是,他并没有真正了解艺术真实与现实真实的同与异,把艺术之"真"混同于日常感官经验的事实的"真",甚至在否定"虚妄之言"时,把艺术夸张也一起否定了。

王充强调"真"的同时,也特别提出了对文艺作品的"善"的要求,强调文章要"为世用"。他说:"为世用者,百篇无害;不为世用,一章无补。"(《自纪篇》)所谓"为世用",既指文艺"劝善惩恶"的道德教化作用,又指文艺能使人们认识世界,明白事理,而王充侧重于强调后者。

此外,王充关于"文"与"质"统一的思想,以及强调多样化、独创性,反对墨守成规、"尊古卑今"的复古主义,在美学史上也是有重要意义的。

除了传统的诗文美学,汉代还出现了以崔瑗、蔡邕为代表的书法美学这一新的美学分支,美学洪流日益浩大,这在美学史上是具有特殊意义的事情。因为中国古代美学的发展一方面同哲学、伦理学有着直接的关系,另一方面又同各门类艺术及其理论的发展分不开。

经过汉代的蓄势与准备,到了魏晋南北朝时期,中华各民族大融合,胡汉文化相互渗透,同时,玄学产生,佛学兴起,加之先秦以来的儒家和道家学说,各种思想交汇、碰撞、融合,产生了思想文化的多元共生、相互激荡又相互补充的繁荣局面。各种艺术创作:诗、文、书、画、雕刻、建筑等,都出现了新的气象,取得了辉煌的成就。这一时期还出现了独特的人物品藻和清谈、清议之风,人的主体意识、审美意识更加自觉,文士们的生活也更加审美化。

在此背景下,中国美学出现了巨大的勃兴,产生了一批很有美学理论价值的著作。其中比较重要的有:曹丕的《典论·论文》、嵇康的《声无哀乐论》、阮籍的《乐论》、陆机的《文赋》、葛洪的《抱朴子》、顾恺之的《论画》、宗炳的《画山水序》、王微的《叙画》、刘勰的《文心雕龙》、钟嵘的《诗品》、谢赫的《画品》,等等。此外,像王弼、陶渊明、萧统、萧纲、萧绎、姚最、袁昂、王僧虔、萧衍、庾肩吾等人,也都有非常丰富的美学思想。而且,这一时期除了转化前代的一些哲学和美学范畴如"气""形""神""意""象""妙"等之外,许多美学家还在当时艺术和审美经验的基础上,提出了一批影响深远的、新的美学范畴和命题,如"味""神思""风骨""隐秀""直寻""得意忘象""声无哀乐""传神写照""迁想妙得""澄怀味象""气韵生动",等等。可以说,这是中国美学史上的第二个黄金时代,具有非凡的意义。

刘勰的《文心雕龙》是一部极其杰出的美学和文学理论著作。它有着严密的理论体系和丰富的思想内容,"体大而虑周",在中国美学和文学理论发展史上占有重要地位。他提出了许多具有时代特色的美学范畴,如"意象""神思""风骨""隐秀""体性""知音"等,论及了审美意象、审美想象、审美创造和审美鉴赏等诸多方面,影响非常深远。这里,我们着重考察它关于审美想象的论述。

关于审美想象问题。《文心雕龙》首先在《神思》篇中提出了"神思"这一重要的美学范畴。所谓"神思",就是艺术想象活动。刘勰之前,顾恺之、陆机等人对此已有所论述,刘勰是对他们思想的进一步发展。关于"神思"的特点,刘勰归结为以下几个方面:

其一,"神思"具有超越时空限制、任意驰骋的自由性。他说:"古人云:'形在江海之上,心存魏阙之下。'神思之谓也。文之思也,其神远矣。故寂然凝虑,思接千载;悄然动容,视通万里。吟咏之间,吐纳珠玉之声;眉睫之前,卷舒风云之色。其思理之致乎?故思理之妙,神与物游。"(《神思》)这是继承了陆机的思想。陆机在《文赋》中说:"精骛八极,心游万仞","观古今于须臾,抚四海于一瞬"。刘勰强调艺术创造是一种"思接千载","视通万里"的想象活动,它能突破直接经验的局限,超越时空,无远不到,无高不至,并能在这一过程中,创造出未闻未见的新的意象。

其二,"神思"具有情感性特征。刘勰认为,"神思方运"之际,"登山则情满于山,观海则意溢于海"(《神思》),"谈欢则字与笑并,论戚则声共泣偕"(《夸饰》)。审美想象中伴随着强烈的情感活动。

其三,审美想象具有"神与物游"的特点。"人禀七情,应物斯感,感物吟志,莫非自然"(《明诗》),"物以情迁,辞以情发"(《物色》),而"情以物兴,故义必明雅。物以情观,故词必巧丽"(《诠赋》)。可见,审美想象活动是审美主体与客体之间相互交融、心物交感的过程。

其四,强调审美想象的主体需要处于"虚静"的精神状态。刘勰说:"是以陶钧文思,贵在虚静;疏瀹五藏,藻雪精神。"(《神思》)这是对先秦庄子思想的继承和发展。审美主体必须摆脱世俗功利的欲念,保持心气畅达、虚淡空明的心理境界,全神贯注,精力集中,始终处于新鲜、饱满的精神状态,审美想象才能发生并继续下去。

从以上的简单介绍,我们已可以看出刘勰美学思想的精深与系统性,这在中国美学史上是位居翘楚的。鲁迅先生说:"篇章既富,评骘遂深。东则有刘彦和之《文心》,西则有亚里士多德之《诗学》,解析神质,包举洪纤,开源发流,为世楷式。"①这样的评价是不为过的。

魏晋南北朝时期绘画理论的兴起与繁荣,也大大丰富了中国古代美学。谢赫的《画品》,作为中国历史上第一部系统的绘画理论批评著作,既奠定了中国绘画理论的基础,也对美学的发展产生了深广的影响,特别是《画品》第一次提出绘画的"六法"问题,并在其中论述了影响整个中国古典美学体系的最核心的命题之一:"气韵生动。"

谢赫说:"六法为何?一,气韵生动是也;二,骨法用笔是也;三,应物象形是也;四,随类赋彩是也;五,经营位置是也;六,传移模写是也。"作为"六法"之首,"气韵生动"是通贯"六法"的总原则、总要求,是其他五法的依据和归宿。"气韵生动"的命题是承继了先秦老子以来美学思想的发展,特别是与魏晋南北朝时期元气论的哲学美学思潮和人物品藻的时代风尚密切相关。"气"的范畴一直在先秦两汉美学中占据重要地位,是天地万物产生变化的根基,因此,它既是人的肉体的自然根基、生命的力量,又与人的精神、气质、风貌有关。"韵"本来同音乐相关,指音韵、声韵,魏晋时它被应用于人物品藻,指人物形象的

---

① 《鲁迅全集》第八卷,北京:人民文学出版社1981年版,第332页。

个性、情调。"气"和"韵"是不可分的,但二者又不完全等同,"气"是"韵"的本体和生命,是人的生命力、创造力;"韵"是人的风姿神貌,前者偏于"力":"气力";后者偏于"神":"神韵"。因此,在美学上,"气韵"是指人物的生命的活力、才情和精神之美。"生动"则由"气韵"所引起,是与"气韵"相一致的生命表现形式。因此,谢赫的"气韵生动"就是要通过对人物自然形貌的写照,同时超乎"形似",表现出人的生命活力与神情韵致,达到一种有限与无限、实与虚相统一的"神妙"境界,从而使画面形象通向那种作为宇宙和生命本体的"道"。

谢赫的这一命题沟通了一系列的美学范畴与命题,并与中国古典美学的"意境说"有着内在的联系。可以说,不把握"气韵生动",就不可能把握中国古典美学体系。

隋唐时期,各种文化思想的融通进一步加强,并最终完成中华文化的塑形与建构。此时政治昌明,军事强大,经济繁荣,疆域辽阔,民族众多,进入了中国封建社会的鼎盛时期。我国的艺术至唐代已经全面兴起,各种艺术形式交相辉映,全面繁荣,取得空前的成就。意境浑然的诗歌,奇峻明快的散文,气象万千的书法,形神兼备的绘画,恣肆欢腾的乐舞,以及遒劲的雕刻,妍美的工艺,磅礴的建筑,雅致的园林等等,一切都蔚为壮观,有着刚健雄奇、纵横自由、潇洒豪迈的审美境界,体现着旺盛的民族精神,呈现一派"盛唐气象"。

相应于艺术形式的多样化,隋唐五代的美学在哲学美学继续发展的同时,各种部门美学如诗文美学、乐舞美学、书法美学、绘画美学等,都取得了可喜的进步和骄人的成就,为后人开辟了美学研究的新领域,拓展了美学的发展空间,带来了美学的昌盛。此时影响后世的美学思想家也众多,有较高美学价值的论著以及其中提出的范畴、命题也很多。

在书画美学方面,唐五代书画美学家认为,书法、绘画艺术创作应以"意象"为中心,而其"意象"应表现自然造化的本性与生命,这也就是孙过庭在《书谱》中提出的所谓"同自然之妙有"的思想。荆浩在《笔法记》中则进一步提出书画创作要"度物象而取其真",要能表现"自然"的生命力,达到"气韵生动"的境界。张璪提出的"外师造化,中得心源"(《历代名画记》卷十)的主张,精确地概括了审美意象创造中的主客体关系。他在传统文化"天人合一"观念的基础上,要求以"造化"

自然为师,写出自然之"真"、万物性情,同时纳象于胸怀,将其融进自己的情感思想,互动交汇,化合而成胸中的"意象"。此外,像张彦远的《历代名画记》、张怀瓘的《书断》《书议》《文字论》等著作,也都富有非常宝贵的美学思想内容。

在诗歌美学方面,刘知己的《史通》提出"言近旨远"的艺术主张,提倡"用晦之道"(《史通·叙事》),即要求通过高度洗练简约的文辞表达深刻的事理。孔颖达在《五经正义》中对"诗言志"的解释,明确地把情、志统一起来,强调:"在己为情,情动为志,情、志一也。"(《春秋左传正义》卷五十一,昭公二十五年)这集中概括了魏晋南北朝关于诗歌产生的理论。陈子昂继承古典美学传统提出了两个重要的审美标准,即"兴寄"与"风骨",为盛唐诗歌的繁荣开拓了道路,这两个范畴也成为后世美学抑制不良文风的重要理论武器。李白不仅创造了中国古典诗歌的艺术高峰,还以《古风》诗来表达自己的美学见解:"自从建安来,绮丽不足珍。圣代复古元,垂衣贵清真",追求诗歌的"清真"的审美境界。这种"诗贵清真"的美学主张在后来的艺术创作和美学理论方面都有很多人响应。殷璠在《河岳英灵集》的"序""集论""品藻"中提出了他的诗歌见解,尤其他的"兴象"说,强调审美意象是伴随着感物起兴而自然形成的,非思索安排所得。这种"兴象"转化到作品中,"意"与"象"融为一体,就会产生余味无穷的审美感受。他的这一美学观念在后来的美学家那里得到了进一步发展。

中国古典诗歌的另一高峰杜甫,就如何对待文化遗产的问题,提出了影响广深的辩证思想,突出强调应该"别裁伪体亲风雅,转益多师是汝师"(《戏为六绝句》)。大诗人白居易发展了"诗言志"的美学传统,提出关于诗歌本质的美学观点,认为"诗者:根情、苗言、华声、实义"(《与元九书》),"大凡人之感于事,则必动于情,然后兴于嗟叹,发于吟咏,而形于诗歌"(《策林六十九》)。从这种诗歌本质论出发,他提出诗歌的社会功能问题:"文章合为时而著,歌诗合为事而作",诗歌应该能够"救济人病,裨补时阙",或者说,"泄导人情""补察时政"(《与元九书》)。此外,韩愈继承"诗可以怨"的儒家美学传统,吸收先儒桓谭、王逸等人的先进思想,特别是司马迁"发愤著书"的见解,在《送孟东野序》中提出人"有不得已者而后言",即"不平则鸣"的主张,进一步强化了有别于"温柔敦厚"的另一诗歌传统。与韩愈美学思想较为接近的柳宗元则进一步强调了儒家的"文以明道"的思想,并将"道"的内涵加以拓展,突出"道"的社会现实意义。

唐代诗歌艺术的繁盛,推动了中国古典美学的最基本范畴"意境"的诞生。"意境说"的发展构成了中国美学史的一条重要线索。"意境说"思想的根源可以追溯到先秦老庄美学以及唐以前的佛学美学,但明确这一概念,并自觉将其用于分析说明诗文创作的,则是唐代的王昌龄。王昌龄在《诗格》提出"诗有三境":"一曰物境","二曰情境","三曰意境"。"物境"指自然山水的境界;"情境"指人生经历的境界;"意境"指内心意识的境界(它还不同于"意境说"中作为审美意象的表现形态的"意境")。《诗格》进一步分析了诗歌"意境"的产生情况,提出"诗有三格":"一曰生思","二曰感思","三曰取思"。"生思"是说构思良久,却未能产生意象,于是"放安神思",在精神放松的状态中,意象就会自然涌出,这其实就是灵感为"境"所触发而产生的过程。"感思"就是诗人借助前人作品中的意象触发灵感,创造新的意象。"取思"强调诗人主动到现实生活中寻找境象,心物感应交融,创造出意象。这里其实讲的是"意境"创造中由物到心,再由心到意象,由意象到意境的过程。"意境"的产生是主观的情意与审美客体的契合引发艺术想象和艺术灵感的结果。

王昌龄之后,刘禹锡提出"境生于象外"(《董氏武陵集记》),更明确规定"意境"的内涵与特征。"境"与"象"是不同的,"象"是呈现于人们眼前的艺术形象,"境"则是产生于艺术形象之外的审美境界。

皎然则把"境"与"情"联系起来,"缘境不尽曰情"(《诗式》),"诗情缘境发"(《秋日遥知卢使君游何山寺宿扬上人房论涅槃经义》),并在《诗式》中提出"取境"的概念。在他看来,"意境"的表现形式是多种多样的,虚实不同,诗人在创作构思时"取境"的高低决定着整个诗篇的"意境"格调。

晚唐司空图在《二十四诗品》中区分了诗歌意境的不同类型,并对"意境"进行了系统的研究。其一,他进一步阐明了"意境"创造中的主客体关系,提出"长于思与境偕,乃诗家之所尚者"(《与王驾评诗书》)。"思"即"神思",指的是艺术想象和艺术灵感;"境"即"实境"。"思与境偕",就是说诗人的艺术灵感与想象不能脱离客观的"境"而存在,而应达到"思"与"境"的契合互渗。其二,他论述了诗歌"意境"的审美特点,即所谓"象外之象"(《与极浦书》)、"韵外之致""味外之旨"(《与李生论诗书》);强调了诗歌"意境"不仅要鲜明生动,更要含蓄蕴藉,能使人体悟出难以言状的无限意味,也即所谓"不着一字,尽得风流"(《含蓄》)的含蓄之美。

及至宋元时期,美学沿着中唐以后的思想路径继续向前发展,整个民族特别是士大夫的审美观,基本上获得确立与完善。前代所提出的许多美学思想都得以进一步深化,论述得更加充分,提出的范畴命题也更加细密、精致。但是,美学理论上的突破与创造,却稍逊于前代。

宋元诗歌美学主要表现在大量的诗话、词话之中。有一定美学影响的思想家有欧阳修、梅尧臣、苏轼、黄庭坚、吕本中、李清照、朱熹、陆游、杨万里、张戒、姜夔、严羽、王若虚、方回、张炎等。他们继承前人的成果,提出了一大批较有价值的美学范畴和命题:"平澹""涵泳""兴趣""妙悟""穷而后工""诗中有画""画中有诗""功夫在诗外""语贵含蓄",等等。

宋元时期书画美学家中比较重要的是郭熙、苏轼和黄休复等人。

郭熙在《林泉高致》中提出"身即山川而取之"的命题。他说:"看山水亦有体。以林泉之心临之则价高,以骄侈之目临之则价低。""盖身即山川而取之,则山水之意度见矣。"(《山水训》)他强调画家要有审美的心胸,以直接的审美观照去发现自然山水的审美形象。因为不同的审美心胸,会发现不同审美价值的自然山水,没有"林泉之心"这个审美的主观条件,山水难以成其为审美的自然。而且,这种对自然山水的审美观照应该是多角度、全方位和立体的。因为同样的山水,观察的视点、角度不同,所看到的审美形象也就不同。从而"一山而兼数十百山之形状","一山而兼数十百山之意态",远近看不同,正侧背看不同,春夏看不同,秋冬看不同,阴晴看不同,朝暮看不同,所谓"山形步步移","山形面面看","每看每异"(《山水训》)。

为了发现"山水之意度",郭熙进一步强调,"欲夺其造化,则莫神于好,莫精于勤,莫大于饱游饫看"(《山水训》)。就是说,画家既要有对艺术热爱专一和勤奋的精神,更要"饱游饫看",广泛游历,细察多看,使自己胸怀万千气象,心存山山水水,这样审美观照才能达到一定的广度与深度,才能"夺其造化",才能创造出"磊磊落落,杳杳漠漠"(《山水训》)的审美意象。

此外,苏轼关于绘画则提出"成竹于胸"(《苏东坡集》前集卷三十二)和"身与竹化"(《苏东坡集》前集卷十六)的命题,探讨胸中审美意象形成之后,如何在一种忘我的精神状态中将其表现出来。黄休复在《益州名画录》中把绘画品级分为"逸格""神格""妙格""能格"等"四格",并进行了详尽的解释说明。这些都给后人以有益的启发,在美学史上也有着不可忽视的价值。

明清美学在中国美学史上具有承前启后的转折意义,它不仅对中国古典美学进行了深刻全面的总结,而且出现了具有新时代特点的新的美学精神,发展并兴盛了一些新的部门美学形式,如小说美学、戏剧美学、园林美学等,这些都为近代中国美学思想的现代转型孕育了丰腴的理论胚胎,指示了美学的新的发展路向。

明清诗文美学一直贯穿着对教条主义和复古主义美学的冲击与批判,表现出强烈的创新精神。诗文美学中新的反封建、反皇权的民主主义思想因素也逐渐萌芽、发展,强调诗歌是纯洁心灵的体现,是具有个性解放色彩的自由性情的抒发,提倡真情,反对假理,与传统的言志载道、美刺讽谏的文艺思想形成鲜明对比。这主要表现为以王守仁的阳明"心学"为哲学根基的,以师心代替师古,反理学反传统,强调率性自然的文艺新思潮。徐渭提出诗歌创作要"本于情","写其胸隔";李贽提出"童心说";汤显祖提出"因情成梦,因梦成戏"的"情真"说;袁宗道、袁宏道、袁中道三兄弟的"公安派"提出"独抒性灵,不拘格套"的"性灵"说。与之相对立和补充的是明代以李东阳为代表的"茶陵派"、以李梦阳、何景明为首的"前七子"、以王慎中、唐顺之为首的"唐宋派"和以李攀龙、王世贞为首的"后七子",为了振兴文坛,以古为师,倡导文学复古运动,提出"文必秦汉,诗必盛唐"的口号。

明清之际,诗文美学贡献最大的是王夫之和叶燮。王夫之提出的"景者情之景,情者景之情"的"情景融合"论,对诗歌意象结构作了具体分析,并以此为中心建立起一个博大精深的美学体系。叶燮在《原诗》中也建立了一个以"理""事""情"论和"才""胆""识""力"论为核心的美学体系。他们都属于古典唯物论美学体系,并都呈现出中国古典美学的总结形态。

另外,比较重要的还有清代王士禛的"神韵说"、沈德潜的"格调说"、袁枚的"性灵说"、翁方纲的"肌理说"等。

明清时期也是我国书画艺术尤其是山水画的繁荣时期,书画理论和书画美学都取得了相当的成就。重要的有项穆的《书法雅言》、包世臣的《艺舟双楫》、刘熙载的《艺概》、王履的《华山图序》、董其昌的《画旨》、笪重光的《画筌》、石涛的《画语录》等。特别是王履的"吾师心,心师目,目师华山"、祝允明的"身与事接而境生,境与身接而情生"、笪重光关于艺术意境问题提出的"虚实相生,无画处皆成妙境"、石涛的"一画"论和郑板桥关于艺术创作过程的"眼中之竹""胸中之竹"和"手中之竹"的论述,都很好地总结了传统书画理论,具有较高的美学价值。

明清小说美学的发展,为美学开辟了一个新天地,出现了许多重要的美学家,如叶昼、金圣叹、毛宗岗、张竹坡、脂砚斋等。他们密切结合具体的小说创作,通过对古典小说文本的解读与分析,对叙事文学的美学特性提出了许多精到的见解,特别是关于小说的真实性和典型形象的塑造问题,提出了一系列崭新的、合理的范畴和命题,在美学史上具有开启先河的意义。

明清戏剧美学是美学史上的另一奇葩,其中价值最高、系统性最强的著作是清代李渔的《闲情偶寄》。它分为《词曲部》和《演习部》,不但研究"曲",还研究"戏",不但研究剧本创作的理论和技巧,还研究舞台导演的理论和技巧。该书关于戏剧的真实性、通俗化问题,以及关于剧本、演员和舞台演出的论述,都包含着许多深刻的新质的美学思想。

可以说,从明清美学多声汇合的交响乐章中,我们已经可以隐约听到中国现代美学蹒跚而来的稚嫩而清晰的脚步声。

二、现代中国美学的生成

从前面的介绍可以见出,中国美学在明清时期,其现代因素已经萌芽并获得了缓慢的发展。但中国社会的历史进程在现代西方资本主义的侵略、压榨和渗透之下发生了巨变。在抵御外辱、强国新民的现代化进程中,中国美学也不得不突破原来的发展路径与格局。在西方强势文明的剧烈冲击下,在拒斥与拥抱的矛盾心态的煎熬中,中国美学开始了充满新奇与困惑、辉煌与失落的涅槃式新变的过程。这是一幅在爱国、科学、民主的时代旗帜下,传统与现代、东方与西方、守成与创新各种矛盾相交织的波澜壮阔的美学图景。中国美学独特的现代转型之旅,既是西方学说的输入引进,又是对传统思想的总结批判,波谲云诡、新变迭现,既有痛苦悲歌,也有万丈豪情。

最早在这条注定充满艰难与曲折的道路上跋涉的是19世纪末一群渴望以美学来进行文化启蒙、重铸民魂的先进知识分子。这其中最富有开创意义、同时也是成就最高的是梁启超和王国维。他们都热心于学习和介绍西方美学,并自觉把它们与中国美学结合起来,试图以此来解决中国美学艺术乃至社会和人生问题。

梁启超在中国美学史上最大的贡献在于他擎举创新的旗帜,这是时代的要求,也是美学自身发展的要求。在当时,他的呐喊不啻于一声响彻大地的春雷。从这种意义上说,他所提出的问题比他给出的答案,在美学发展史上要重要得多。

梁启超求新、求变的美学主张首先体现在他所提出的变革文学的三个口号上:"诗界革命""小说界革命"和"文界革命"。他在《汗漫录》和《饮冰室诗话》中提出并论述了"诗界革命",强调"非有诗界革命,则诗运殆将绝",热情地总结和肯定了以"诗界三杰"黄遵宪、夏曾佑、蒋智由为代表的"新诗"创作。他要求诗歌创作"以旧风格含新意境"。所谓"旧风格",是指中国古典诗词的风味格律。所谓"新意境",指的是表现变革、爱国的思想内容。在他看来,这"新意境""不可不求之于欧洲"。因此,他认为"诗界革命"的重点就在于输入"欧洲之真精神真思想"。这里,梁启超提出了一个关于中国新诗发展道路的重大问题。很显然,时代的限制使他不可能提出正确的解决方案。其实,在今天,这仍然是一个没有完全解决,需要我们认真面对的问题。

在《汗漫录》中,梁启超还同时提出"文界革命"的口号,把输入"欧西文思"作为"文界革命的起点"。这与"诗界革命"在核心内容和基本精神上是一致的,而且梁启超还以自己大量的新文体创作为"文界革命"树立了典范。

梁启超在《论小说与群治之关系》中提出的"小说界革命"影响更大。他力拨古议,为小说这种大众文学明确了地位,打破诗文一统天下的格局。他把小说作为社会改良、新国、新民的第一步,突出小说具有"熏""浸""刺""提"的独特的艺术感染力,纠正了清末一些古典小说在内容上的偏失,肯定了小说巨大的社会作用。这也可看做是小说美学理论的一次突进和发展。

"三界"革命的提出,其根本意义在于它动摇了植根于封建传统观念上的古典美学的根基,为美学的现代转型作了理论上的准备。

此外,梁启超还进一步提出并研究了一些具有美学变革意义的命题。譬如,他突出强调"美"在社会生活中的地位,说"我确信'美'是人类生活一要素,或者还是各种要素中之最要者",没有"美"的成分,"甚至活不成"(《美术与生活》)。这在美学史上是具有创新意义的看法。在他看来,"美"之所以如此重要,是因为"美"能够给人以审美趣味,而"趣味是活动的源泉","趣味是生活的动力。趣味丧掉,生活便成了无意义"。他甚至宣称他的人生观中"信仰的是趣味主义"(《趣味教育与教育趣味》)。但是,"趣味"有好坏、高下、善恶之别,什么是高等趣味呢?他认为审美趣味就是高等趣味。为此,他进一步提倡"趣味教育"或者叫"情感教育",并认为"情感教育最大的利器,就是艺术",音乐、美术、文学是情感教育的三件法宝(《中国韵文里头所表现的情感》)。因为,他指出,作为艺术,"文学的本质和作用,最主要的就是'趣味'"(《晚清两大诗钞题词》)。梁启超从关注人的生活,提高人的品质和民族素质的角度提出审美教育问题,把艺术与生活统一起来,把为人生而艺术与为艺术而艺术的美学观统一起来,这是颇具现代色彩的命题。这一点,我们在美育论一章已经谈过了。

如果说梁启超吹响了美学革新的号角,那么,真正在美学领域树立现代美学界碑的人则是王国维。

王国维开时代风气之先,大量译介西方美学思想。他当时所引进的主要是康德、叔本华、席勒和尼采的美学。这些美学思想的译介,打破了传统美学的单一性,为我国美学的发展提供了新的理论资源。同时,他把古典美学置于世界文化和美学的大系统中,寻找到一个他者作为参照系来反观自身,大大拓展了视野,使美学研究走上了中西交汇的发展道路。西方康德、叔本华等美学系统的、思辨的理论模式,也为改变中国传统美学的思维方式,突破古典美学缺乏论证、语焉不详、零散随意的话语形态提供了契机,带来中国美学理论上的新的自觉。譬如,王国维的《红楼梦评论》就是一篇在中西思想的交融中,论证充分、逻辑严密、具现代形态特征的长篇论文,在美学和文论史上具有开创性意义。

王国维的美学既是对中国古典美学的总结和继承,又是对西方美学,主要是康德的审美无功利思想、叔本华的悲观主义思想以及席勒的审美游戏说的想象性理解,是渴望把中西美学思想熔为一炉的艰难尝试。关于美的本质问题,王国维认为,美在形式,"一切之美皆形式之美也"。"美之性质,一言以蔽之曰:可爱玩而不可利用者是已。虽物之美者,有时亦足供吾人之利用,但人之视为美时,决不计及其可利用之点。其性质如是,故其价值亦存于美之自身,而不存乎其外。"(《古雅之在美学上之位置》)就是说,审美活动中,美的对象是无功利的,审美主体的审美态度也必须是超越利害关系的,必须在美的形式中寻找美的价值,而不是形式之外。基于这种认识,王国维十分强调艺术的纯粹性和独立性,反对作为政治或道德工具的艺术,认为艺术的作用是"无用之用"。因为审美活动是"无关于利用"的,所以"遂使吾人超出乎利害之范围外,而惝恍于缥缈宁静之域"(《古雅之在美学上之位置》)。艺术的目的和任务就是描写人生的痛苦与解脱之道,使人在桎梏的世界中,脱离生活利欲带来的痛苦,获得暂时的平和与片刻的逍遥。这与传统的"文以载道"的文学、美学观是根本不同的。

　　王国维美学思想极为丰富,其中影响最大的是他的"境界说"。这是他在中西交融的文化视野中对中国古典美学"意境"理论的总结。"境界"这一美学范畴虽不是王国维首创,但他确乎是把"境界"或"意境"思想理论化、系统化了,并赋予了一些新的东西:其一,借用西方的主客体二分法,将"情"与"景"作了明确的区分和界定。他说:"文学中有二原质焉:曰景,曰情。前者以自然及人生之事实为主,后者则吾人对此种事实之精神的态度也。故前者客观的,后者主观的也;前者知识的,后者感情的也。"(《文学小言》)其二,王国维明确把人心的喜怒哀乐等情感划入艺术家观照和再现的对象,指出"激烈之感情,亦得为直观之对象、文学之材料"(《文学小言》)。"喜怒哀乐亦人心之一境界"(《人间词话》卷六)。强调情感作为艺术反观的对象,是古典美学中所不曾有的。其三,他明确地从美学体系的范畴之间的关系角度,将"境界"作为美学的本质范畴,突出强调其重要地位。他说:"言气质,言神韵,不如言境界。有境界,本也。气质、神韵,末也。有境界而二者随之矣。"(《人间词话删稿》十三)其四,他认为由于艺术家审美观照的侧重点不同,形成了三种不同的审美意象,从而将意象分为"以意胜""以境胜""意境两浑"三类:"夫古今人词之以意胜者,莫若欧阳公,以境胜者,莫若秦少游。至意境两浑,则惟太白、后主、正中数人足以当之。"(《人间词话》附录:《〈人间词乙稿〉序》)

可见,王国维对传统"境界"或"意境"范畴的论述,已经不是在原来古典美学的体系框架中作自然延伸,不是将前人点点滴滴的论述简单地加以条理化、体系化。同时,也不止于以西方美学的新观念、新方法重新阐释中国古典美学的内容,而是试图寻找思维方式、知识范型的转变。这种转变不仅带来了美学话语方式和理论形态与构架的变化,也为古典美学范畴增添了一些新的意涵,是从内容到写作形式自身的变化。但这一过程中可能也存在着中国古典美学精神失真与特殊价值罅漏的危险,这其中的成败得失,为后人提供了许多值得深思的东西。

梁启超、王国维在新旧世纪之交发出了美学变革的第一声呐喊,但他们的影响还多局限于学术圈,而为了使美学在中国大地生根开花着力最大的人当属蔡元培。蔡元培一生始终不渝地宣传和普及美学思想,不遗余力地倡导和实施美育。正是得力于他的贡献,从新文化运动到上世纪二三十年代,美学的学术与美育事业获得了相当的普及,为美学的大发展奠定了基础。1912年春,蔡元培发表《对于教育方针之意见》,同年7月,作为教育总长,召集全国临时教育会议,推行他的教育主张。从此,美育作为教育体系的一个重要组成部分而受到强调。这个情况,对于美学的发展相当重要,大大有利于美育思想的普及。为了实现他的教育理想,在1917年任北京大学校长后,蔡元培更是大力推行美育。他在北京大学设立了书法研究会、画法研究会、音乐研究会、民俗研究会等等,开展学术研讨与交流,举办各种审美教育活动,并在国内外为美育的实施奔走筹款。从1921年开始,蔡元培还以校长身份亲自在北京大学第一个开设美学及美学史课程,在北京高等师范学校讲授美学课程。随后,全国其他高校陆续模仿实施。为了教学,他曾拟定编写一部《美学通论》作为教材,虽由于社会原因而未能最终完成,但已写出《美学的趋向》《美学的对象》等章节。虽然受时代和局势的限制,蔡元培的美育思想不可能完全实现,但让美学走进学校,走进课堂,使美育成为现代教育体系的一部分,把美育确立为国家的一项教育方针,这对于作为一门独立学科的美学的普及、提高和研究的深化,以及对于现代美学体系的构建,起了重要的作用。

到了20世纪五四新文化运动前后,以鲁迅、李大钊、陈独秀等人为代表的美学思想,以彻底反叛传统的决绝态度对以儒家美学为主体的传统美学进行了全面冲击,提出了全新的美学理想,形成了新的时代美学精神,整个中国美学思想为之一变。新文化运动的勃兴,有力地促进了新的美学思想的广泛传播和美学学科的空前发展。在此之前的美学革新,虽然削弱了封建正统文化,奏响了现代美学变革与建设的序曲,但王国维、梁启超、蔡元培等美学家,仍然对传统美学尚存深深的眷恋,基本上立足于对传统美学的自我反思,着眼于对传统美学的查漏补缺,目的还是进一步发展完善传统美学。

鲁迅美学思想的核心,是他对旧世界最深沉的悲愤、最彻底的怀疑和最无情的批判。其早期美学思想主要体现在他的长文《摩罗诗力说》之中。所谓"摩罗",来自印度语,是指天上的魔鬼,欧洲称之为撒旦,当时人们用它来称呼英国诗人拜伦。鲁迅把那些"立意反抗,指归在动作,而为世所不堪愉悦者"都称为摩罗诗派。这种诗歌美学反对静观无为的美学、超功利的美学,代表了一种新的美学精神:怀疑、挑战、反抗、破坏、永远斗争、永不妥协、不怕失败。鲁迅渴望的是行动美学,是魔鬼般的力与崇高之美。他指出,摩罗诗歌是争取民主、自由、解放的武器,是呼唤做奴隶的人们起来斗争的号角,因此,摩罗诗人是传播真理,并为真理、自由、民主、解放而战斗的战士。基于此,鲁迅无情地批判了中国传统美学,彻底否定了传统美学"中庸""和谐""平和""完备"的审美理想,反对传统诗学用"诗无邪"的伦理教化来约束"诗言志"的艺术冲动。认为扼杀掉人的自由性情、创造精神,那只能使民族精神委顿,丧失生命力,使国家走向衰落。介绍了阶级论和唯物史观之后,鲁迅的美学思想又获得了新的飞跃,可以说,鲁迅美学是合乎时代的新的审美理想的诞生,是那个时代最为进步和健康的美学。

随着五四新文化运动的进一步深入和中国共产党的创立,马克思主义在中国逐渐获得传播,越来越多的知识分子了解并接受了马克思主义。在此条件下,一批年轻的中国共产党人也开始尝试运用历史唯物主义和辩证唯物主义基本原理来思考中国社会和文学艺术的审美问题。1923年起,恽代英、萧楚女、瞿秋白、邓中夏、沈泽民、蒋光赤、成仿吾、沈雁冰、郭沫若等,开始发表文章,以唯物史观和阶级分析方法对当时的文学艺术做出新的分析,提出新的要求。这为以后左翼文艺和美学运动的发展提供了理论准备,也第一次为现代中国美学的发展指明了新的方向。

此时他们对文艺和美学的呼唤和要求,已经触及马克思主义美学的一些基本问题,如关于文学艺术与现实社会生活的关系问题,即艺术的本源及其在社会生活中的位置的问题。萧楚女在《艺术与生活》中提出"艺术是生活的反映"的命题。沈泽民在《文学与革命的文学》中提出:"无论我们怎样夸称天才的创造力,文学始终只是生活的反映。"如关于文学与革命的关系和文学艺术家的主观情感的改造问题。恽代英在《文学与革命》中提出:"先要有革命的感情,才会有革命的文学。"沈泽民在《我们需要怎样的文艺?》中说:"革命,在文艺中是一个作者的气概的问题和作者的立足点的文艺。"为此,他们还进一步提出革命文艺创作要深入生活、深入群众的问题。恽代英在《文学与革命》说:"倘若你希望做一个革命文学家,你第一件事是要投身于革命事业,培养你的革命的感情。"

虽然这时的探讨由于对马克思主义美学本身的理解还不够全面和深入,不可避免地因打上了革命时代的印记而不无褊狭与激进,但他们年轻而响亮的呐喊、锐利而单纯的新观念、新思想,已经从根本上不同于传统的文艺和美学,把文艺和美学与劳动人民和无产阶级及其生活与革命实践密切地联系起来,为美学和文艺的发展寻找到肥沃的土壤,大大促进了中国现代美学的跃进。

此后,马克思主义美学在与各种美学思潮的斗争与碰撞中进一步发展,不断汲取各种有益思想因子加以熔冶,其理论思想日趋系统、合理,其对中国社会现实的意义和价值也日益呈现出来,成为时代社会发展、文艺和审美活动的一种必然吁求。马克思主义美学体系也初步建立起来,并逐渐确立了它在现代中国美学话语中的主导地位。这个体系理论的真正形成是毛泽东的《在延安文艺座谈会上的讲话》(1942)以及蔡仪的《新艺术论》(1942)、《新美学》(1947)等一批著作,它们成为中国马克思主义美学走向比较成熟的代表。

20世纪20—40年代,在马克思主义美学获得强劲发展的同时,有些学者一直潜心致力于译介西方美学,并试图融贯中西美学而构建现代中国美学理论体系。这些学者都是西方美学的引入者,很早就开始致力于西方美学、艺术理论和美学史等学术思想的介绍、研究,并在翻译移植的过程中,试图以自己的话语方式来阐述西方的美学思想,渴望逐步建立属于自己的美学体系。吕澂于1923年,以立普斯的"移情说"思想为核心写作出版了中国最早的一本《美学概论》。其后,吕澂的立足点逐渐从立普斯的"纯粹心理学的美学"转向摩伊曼(Meumann)的将心理学和社会学统一起来研究美学的路数,撰写出版了《美学浅说》(1923)、《晚近美学思想》(1924)、《现代美学思潮》(1931)等著作。1924年,黄忏华出版了《美学史略》,简单评述了西方美学的历史发展概况,虽然粗略,但毕竟是独立地以西方的知识结构形式写成,有自己思想的印痕,不同于完全译介的东西。1927年他还出版了《美术概论》,通过比较西方各种学说在艺术问题上的种种见解,自己来进一步加以选择、发挥,其写作的方法与思路有一定开拓性。1927年范寿康出版了《美学概论》,其美学观点深受立普斯思想的影响。同年,陈望道也以立普斯的"移情说"为主要出发点,汲取众长,写成《美学概论》。这些著述,对引进和传播西方现代美学思想起到了重要作用,为中国现代美学的建构积累了丰富的理论资源,而且,他们很早就开始从事现代中国美学体系的建构,其筚路蓝缕之功是不可抹杀的,经验与教训都有重要价值。当然,由于时代所限,他们对西方美学的理解还不够深入,还无法谈到真正将中西美学思想融会贯通,自出机杼,还无法将这些理论运用于中国当时的文艺与生活的创美实践中,因此其理论价值还比较薄弱。

在现代中国美学的形成过程中以朱光潜的成就最为突出。一方面他有深厚的中国古典文学艺术修养,特别是有很高的诗歌审美修养,另一方面他长期游历西方,对西方文化和美学有系统深入的了解和研究。这使他能融会贯通,在古今中西思想中自如游走,其翻译、评论、著书立说,都表现出一种圆融与成熟,初步建立起以审美心理为核心即从美感经验出发达到对美的认识的美学体系。朱光潜美学思想非常丰富,成就甚高,很多方面都是填补空白的开拓性贡献,而且其思想一直处于变化之中。譬如,从他开始,在中国建立起心理学美学作为系统的学科,这是前所未有的。朱光潜早期接受的是康德、克罗齐一派的形式美学思想,认为审美是直觉的、超功利的①。后来他以批判的态度对这一派的思想加以选择,将其合理因素与各种心理学美学相融合。这样,朱光潜综合了形式派美学和布洛的"心理距离说"、立普斯的"移情说"、谷鲁斯的"模仿说"等心理学美学学说的长处,作为自己的根本方法和根本观点,从而熔铸出自己的思想见解。他先后写成并出版了一系列的心理学美学著作:《文艺心理学》(1930)、《变态心理学》(1933)、《悲剧心理学》(1933)等,此外还有大量关于西方心理学美学的翻译介绍的文字。可以说,他对我国心理学美学的贡献至今还没有人可以逾越。他还开创了美学史学科的研究,《西方美学史》一书至今仍是国内有权威性的教材。他的《诗论》(1943)以及许多文章,以新的理论视角对传统美学和文艺思想进行阐释,也取得了丰硕的成果,特别是关于"意境"问题,自成一家之言。同时,他还是一位美学思想的积极宣传者、普及者。如《给青年的十二封信》(1929)、《谈美》(1932)等,很好地将美与现实的艺术、人生联系起来,在当时的青年中产生了广泛的影响,显示了美学的勃勃生机。

此外,宗白华、邓以蛰等人也都取得了不菲的成就,为现代中国美学的形成做出了很大的贡献。

从新中国成立到"文革"之前,以马克思主义美学为主导,各种美学思想进一步发展变化,一批学术水平较高新的美学著作相继问世。特别是20世纪50年代,在"双百"方针的鼓舞下,举国上下的创造活力空前勃发,形成了一次规模巨大的美学大讨论。在大讨论中,不但出现了各种美学思想和观点,而且通过讨论唤起了人们关注美学的热情,极大地普及了美学知识,扩大了人们的理论视野。同时,一批西方美学著作的集中译介,也为美学的发展提供了稳实的基础。从世纪之初只有极少数知识分子呼唤美学学科的诞生,到此时全国学术界全面参与的美学大讨论,这其中现代美学所取得的成就以及新中国对美学事业的重视,是显而易见的。当然,今天回顾反思这次讨论时,也不能不看到,由于许多美学家理论准备的欠缺以及其他一些非学术原因的介入,大讨论只是在一些表层问题上展开,在学术层面上只是停留在探究美是

---

① 朱光潜:《文艺心理学·作者自白》,《朱光潜全集》第1卷,安徽教育出版社1987年版,第197—198页。

客观的、主观的抑或是主客观统一的哲学思辨上。论战并没有取得多少实质性的理论突破,甚至一些争论由于概念范畴不清未能形成思想的交锋而处于自说自话的状态。如何有效合理地开展美学学术论争,是一件值得思索的事情。

近几十年,随着改革开放的全面展开,美学研究重新迎来了自己的春天。现代化建设的蓬勃发展,人民物质文化生活的日益丰富,面向世界开拓创新的积极心态,都为新时期美学的热潮的到来提供了条件。新时期以来美学所取得的成就是多方面的,这里不可能进行全面概括,只能简单谈谈与学科建设有关的情况。

其一,马克思主义美学走出被束缚桎梏的僵化状态,焕发出勃勃生机。由于我国美学界主要是从苏联和日本引入马克思主义美学思想的,因此存在着大量的"误读"和"再误读",把很多不是马克思主义经典作家的思想无意中塞了进来。例如,对中国马克思主义美学影响最大的很长时间其实是普列汉诺夫的艺术论、卢那察尔斯基的实证主义美学和车尔尼雪夫斯基的唯物论美学。这些人的思想有很多唯物主义或马克思主义的成分,但与经典作家的思想还有相当大的距离。新时期,大量的马克思主义美学研究从"回到马克思"或"重读马克思"的过程中寻找其实质与灵魂,重新在开掘经典著作的思想之源中得到启迪。经过这种还原,洗去历史的尘垢,马克思主义美学显得更加年轻,也更加本真,并成为形成现代中国美学前进的核心力量。

其二,新时期以非常迅猛的态势大量引入西方美学思想,特别是现代美学思想,甚至以短短二三十年的时间,将西方美学的历史发展在中国重新上演一遍。其间形成了一次次新方法热、新观念热,以至于在上世纪末的中国美学话题中,出现了与西方美学研究同步的情况。这种新气象,打破了过去研究视野狭窄、研究手法单一的格局,开始走向观念、方法的多样化,拓展了美学研究的自由空间。

其三,古典美学研究蓬勃兴起。在西方话语不断涌入的同时,中国古典美学研究也在新的时代视野中取得了丰硕成果。较之以前对传统的研究,这些研究更注重与西方美学的比较对照,研究者在全球语境中平等交流的心态日趋形成,其建构现代中国美学的意识也更加强烈。在研究中国美学时,大胆借用西方美学理论中的某些方法、观点来重新审视和开掘中国古典美学理论宝库。有的学者力求打通中西美学的天然界线,把它们加以贯通融汇,并提炼出一些带普遍性的美学理论。

其四,上世纪80年代初全国范围的"美学热",使美学从高雅的殿堂进入人民大众之中。美是属于生活的,是人们的劳动实践创造了美,离开了人们创造美的生活实践,单纯的哲学思辨既无意义也无法获得关于美的科学认识。当年,马克思"颠倒了形而上学",将"美"拉回现实,认为美的实现其实就是人的感觉的彻底解放,是人的全面发展。在这种意义上说,美学的普及成为美学繁荣的根基。

其五,与美学走向相一致,美学研究对象日益多元化。艺术门类美学的研究热点不断兴起和深化。近些年来,文学艺术各门类各层次的美学如雨后春笋勃勃生起。如文学美学(其中又有小说美学、诗歌美学、散文美学)、音乐美学、绘画美学、雕塑美学、戏剧美学、建筑美学、园林美学、影视美学、摄影美学,等等。各艺术门类美学的研究对于深化美学基本理论、推动具体门类艺术创作的发展将起到重大作用。而且,美学与生产、生活实践相联系的必然要求,也造成了非文学艺术等美学子学科群的兴起。各种非文学艺术的部门美学方兴未艾,如技术美学、科学美学、经济美学、工艺设计美学、环境美学、服饰美学、传播美学、广告美学,等等。这些美学子学科的出现,可以促使美学由纯粹的精神思辨形态走向物质创造形态,并直接地转化为社会生产力,有利于推动物质文明和精神文明的发展,并大大拓展了审美视野,为美学的发展提供了丰富的审美经验和学理资源。

其六,随着全球文化交流的日益加强,中国美学开始了构建"中国美学"的历程。虽然这一工程还未取得实质性成绩,任重而道远,但这种独立地与西方美学平等对话的清醒意识,为我们走出"西方中心主义"或"东方中心主义"的思维模式,在更全面更宏阔的学术眼光中创造出中国气派的美学,提供了契机。

百年来,中国现代美学经过了各种各样的艰难与曲折,较好地完成了自己在中国从救亡图存到现代化建设的历史巨变中的任务与使命,并且在这一过程中逐渐展开了自己的现代转型。直至当前,这一转型尚未完成,仍处于正在进行时。进入21世纪,中国美学应如何发展?这是困扰着美学研究者的一个重大的问题。在我们看来,这样一个大问题,不可能有一个一劳永逸、简单明确的答案,美学也不可能按照一个既定目标向前发展。美学的未来只能蕴涵于当下美学所面临的问题之中,在对一个个"真问题"的解答过程之中,不断揭起美学层层神秘的面纱。所有的"真问题",都只是在它们到了能够得以解决的阶段才会出现,因此,美学基本问题的出现也就预告了美学的未来。

首先是"中国美学"的问题。"中国美学"的内涵是什么？这是一个有待厘定的范畴。一个世纪以来,现代中国美学是在西方美学、马克思主义美学、中国古典美学等多种学术资源的碰撞与对话的合力中发展变化的。上个世纪对西方美学的引进,取得了很大的成绩,但在相当程度上却存在着对西方各种新理论、新方法本身的迷恋,大量的美学论文和著作更多的是介绍和评价这些西方现代美学理论和方法,未能将这些新理论、新方法贯穿到所研究的对象本身中去,导致在形式上对新名词、新术语、新概念的滥用,而不能真正形成新视角、新观念去解决具体的理论问题和实际问题,因此,并没有从根本上改变"西方美学在中国"的理论状态。当我们以西方美学为学术依据来观照现实生活,进行审美活动,表达美学思想,构造美学体系,并以此来反思、阐释中国古典美学思想的时候,还是在把"西方美学"作为"世界美学"看待。

马克思主义美学在中国取得了长足的进展,相当长一段时间取得了主导地位,而且,随着时代的变化,它也正改变着自己的理论形态。但是,严格说来,我们对马克思主义美学的研究和创造性的发展、推进,还是很不够的。如何使它以新的面貌出现,并更紧密地同中国的实际结合起来,焕发更鲜活的理论威力,我们还需做艰巨的努力。

对于中国古典美学的发掘和探讨、新化和活化,同样也面临着繁重的任务。

那么,如何有效地开掘和消化各种美学资源,走自己的路,可操作性的"综合创新"的具体方法在哪里？从哪种逻辑起点出发来建构当代中国美学体系？中国美学的特殊性与普遍性品质究竟是什么？在现代西方美学陷入危机的历史语境中,中国古典美学能否承担起拯救美学的重任？马克思主义美学思想的指导作用主要应体现在哪些方面？参照西方美学体系而形成的现代中国美学学术传统在新的美学体系建设中有无合法性,其价值在何处？……这些问题,是我们"中国美学"研究所不得不回答的问题。

其次,美学的学科定位与美学学科的合法性问题。美学曾长期附属于哲学,现在虽已是一门独立的学科,它是否还必须以哲学致思的方式来构建知识体系,成为一种哲学的延伸?美学学科的特殊性在哪里?美学与哲学究竟是何种关系?艺术问题是美学关注的中心,美学是否就是艺术哲学或艺术理论?美感经验构成了美学学科的核心内容,那么,美学是研究审美经验的心理学科吗?曾几何时,我们厌倦于美学与意识形态的纠缠,渴望美学的"自为自律",而西方对审美的意识形态性研究却兴盛起来。美学是意识形态吗?二者是什么关系呢?

随着人类社会生活的现代化转型,"审美现代性"成为一种以审美活动对抗技术工具理性而追求人的完善性的内在冲动。这种"审美现代性"是否仅仅只是一种人文性或感性,有没有内含科学性?并且,"审美现代性"是否就是美学学科的现代性?审美是以感性、直觉的方式展开的,而作为一种学科,美学是否也只是一种不能认识、不可言传的审美直觉和体验?可不可以形成知识的体系,成为一种"学"?美学研究者需要良好的审美修养,但他能否以审美体验的方式去产生美学?它是一种不具有科学性质的人文学科吗?美学属于一般的社会科学吗?

在后现代思潮影响下,在"消解中心、消解价值、怎么都行"的思维框架中,传统美学的研究对象已不再是自明的,研究什么才有合法性变成了巨大的疑问。美学已有的范畴,如美与崇高等,也已不再具有任何特殊的意义,甚至只能是解构的对象。可以说,美学在所谓"后学"时代已经失去其存在意义与合法性。美学研究中所出现的危机是否真的演变成整个美学学科的合法性危机,美学是否真的只能靠"反美学"或"解构"传统美学而存在?

应该说,以美学学科属性问题为核心存在着一个问题群,这是美学发展到特定阶段的产物。这些问题,有的是我国美学发展过程中一直没有来得及解决的,有的则是正在出现的,这在全世界范围内也不例外。

再次,人类两千年来关于美的本质问题,美学家们殚精竭虑,提出了不计其数的答案,但至今仍然是众说纷纭、见仁见智。是不是一开始以本质研究为中心的美学研究思路就有问题?美学危机是否真的出现在这里?正如西方哲学大师所指出,"美是难的",美在"不可言说之列"。而且,西方美学的中心概念"美"(beauty)和"艺术"(art),是在西方思想文化中演化而来的。由于中国思想和文化的历史与西方存在巨大差异,在中国古典美学体系中,"美"并不是中心的范畴,也不是最高层次的范畴,"美"这个范畴在中国古典美学中的地位,远不如在西方美学中那样重要。现代中国美学的建立,能否绕过美的本质问题而获得成功?本质研究是否就意味着断裂中国学术传统、建立一种无根无本的西方文化的中文注释本?

如果我们冷静地反思一下,不难发现,抽象的"善"和抽象的"真",不同样也是"难的"或"难以言说"的吗?广而言之,人类社会任何普遍性"存在",只要被提升到形而上高度,恐怕都会成为永恒的难题。只要我们不是渴望寻求那并不存在的终极答案和单一的美的本质,在人类一代一代不舍的追问中,我们是否也是在不断逼近对美的多层级本质的认识呢?说科学研究就是不断试错,是偏激的看法,但说科学的真理是一个过程,却是有见地的。美学作为一门精神科学,如果其"真理"或"意义",如同阿基米德定律、勾股定理那样一旦明了便世代无疑,那它还有存在的价值吗?因此,当前所谓的美学危机,是不是并不在于美学研究本身的空疏、玄奥,而在于人类对形而上玄奥问题探索能量的衰竭?那么,美学又如何走出目前的困境,取得理论的巨大突破呢?

这里,问题是多层面的,有的是基本的,有的是派生的;有的是局部性的、易解的,有的是根本性的、全局性的、难解的;有的是属于中国美学的,有的则是世界性的。面对它们,我们需要的不是随时变换美学城头的理论旗帜,而是一种不畏困难的求索精神。这一过程是痛苦的,但快乐也蕴于其中。只要我们带着"问题化"研究意识和"推进性"研究态度,知难而进,就能不断实现对问题和难题在不同程度和层面的掘进与深化,"美"也就会不断向我们敞露自身。这将是不只属于美学家的事业,而是所有能用全部身心去体验艺术、生活和自然之美的人们的共同事业。美属于大众,美学亦然。

修订后记

本书是2003年教育部人才培养模式改革和开放教育试点教材《美学概论》的修订版。当年,参与本书编写的除我之外,还有李心峰、饶光耒、马建辉、金永兵、赵文、徐贞和王彦霞博士。这是不能忘记的。

董学文

2013年3月25日

于北京大学蓝旗营寓所